최신 관광학의 이해

Understanding the New Tourism

위정주 · 김종견 · 최정환 · 김상윤

백산출판사

머리말

오늘날 관광산업은 21세기 글로벌시대의 무한성장산업으로 각광을 받으면서 국가적 전략산업으로 육성하고 있는 것이 세계 각국의 공통된 추세이다. 우리나라도 관광산업을 우리들 삶의 질을 향상시키는 인간의 기본적 권리로까지 인식하고 국가전략산업으로 지정·육성한 이래 비약적인 변화·발전을 거듭함으로써 우리나라 경제발전에서 관광이 차지하는 비중이 한층 고양되었으며, 이제는 우리들의 필수적 생활양식으로까지 인식되기에 이르렀다고 해도 지나친 말은 아니라고 본다.

우리나라의 관광산업이 본격적으로 진흥되기 시작한 것은 1961년 8월 우리나라 관광에 관한 최초의 법률인 「관광사업진흥법」이 제정되면서부터라고 하겠다. 그 후 우리나라는 1980년대 관광의 도약기를 거쳤으며, 1990년대에는 국민관광욕구 변화의 능동적 수용과 국제협력강화를 통한 관광산업의 경쟁력 강화에 적극 노력해 왔다. 그리고 2000년대에 들어와서는 관광산업을 국가경제의 기반산업으로 육성하기 위해 각종 규제를 완화하고 많은 재정지원을 하면서 21세기 관광선진국으로의 힘찬 도약을 준비하고 있다.

특히 2012년 11월에는 한국을 방문한 외래관광객이 1,114만명을 기록하면서 외래관광객 1,000만명 시대가 개막되었다. 이는 우리나라가 세계 관광대국으로 진입하고 있음을 알리는 쾌거인 동시에, 우리나라 관광산업이 이제 양적 성장 못지 않게 질적 성장을 동반해야 한다는 과제를 안겨 주었다. 이에 따라 문화체육관광부와 한국관광공사는 대규모 국제회의 유치, 의료관광, MICE산업 등 고품격·고부가가치 관광상품 개발과 육성에 다양한 정책적 역량을 기울이고 있다.

이와 같이 오늘의 관광환경이 점점 더 복잡해지고 급격하게 변화하고 있는 현실 속에서 이 시대상황에 걸맞은 관광학 교재를 집필한다는 것은 결코 쉬운 일은 아니라고 본다. 그럼에도 모든 점에서 부족한 본서는 관광학을 처음 배우는 학생들에게 관광학은 무엇을 대상으로 하고 또 무엇을 추구하는 학문이며, 우리나라 관광이 앞으로 어떻게 발전되어야 하는가를 이해하기 쉽도록 설명하는데 초점을 맞추어 구성하여 보았다. 그러나 의욕과는 달리 제반 사정으로 인해 미흡한 점이 한두 가지가 아님을 자성하면서, 앞으로 관심있는 분들의 아낌없는 질책을 받아 수정하고 보완해 나갈 것을 약속드린다.

그리고 본서는 결코 저자의 독창물이 아니고, 여러 저명한 학자들의 저서와 논문 및 정부간행물들을 참조하여 만들어졌음을 밝혀 두고자 한다. 또한 본서가 완성되기까지에는 많은 분들의 도움이 있었으며, 특히 관련 자료수집과 편집체제 등에 있어서 조진호(전 백산출판사 전무)님의 도움이 컸음을 밝히고 이 자리를 빌어 감사의 말씀을 드린다.

끝으로 경제적 여건이 어려운 현시점에서 부족한 내용의 본 저서 출판을 기꺼이 승낙해 주신 백산출판사 진욱상 회장님께 감사드린다.

2014년 12월

저자 씀

차 례

제1장 관광의 개념

제2장 관광의 역사

제3장 관광의 효과

제6장 관광정책과 관광행정

제7장 관광사업의 이해

제8장 호텔사업

제10장 관광교통업

제 1 장

관광의 개념

제1장 관광의 개념

제1절 관광이란 무엇인가

1. 관광의 어원

1) 동양에서의 관광의 어원

현재 우리가 일상적으로 사용하고 있는 동양에서의 '관광(觀光)'이란 용어의 어원은 기원전 8세기 중국 고대국가인 주(周)나라 때 편찬된 역경(易經 : 五經의 하나로서 周易이라고도 부른다)의 "觀"괘(卦)에 "觀國之光 利用賓于王"(관국지광이용빈우왕)이라는 표현이 있는데, 이 "觀國之光"에서 '觀光'이라는 용어가 유래되었다고 전해지고 있다.

그러나 당시의 '나라의 빛을 본다'는 관국지광(觀國之光)은 그 나라의 정치·경제·사회·문화 등 백성을 다스리는 정치제도를 살피는 것으로 해석, 「遊覽視察一國之政策風習爲觀光」 즉 한 나라의 정책과 풍습을 유람하면서 시찰하는 의미로서의 '관국지광'임에는 이론이 없는 것 같다. 예를 들어 3세기경 중국의 삼국시대에 위(魏)나라 조조(曹操)의 아들로서 '七步之詩(칠보지시)'의 문재(文才)였던 조식(曹植)이 "시이준걸래사 관국지광"(是以俊傑來仕 觀國之光: 이로써 재주와 슬기가 뛰어나고 어진 사람이 와서 벼슬을 살며 나라의 풍광을 본다)라는 문구를 남겼다. 또 중국 당나라 시대에 오언율시(五言律詩)에 뛰어났던 맹호연(孟浩然: A.D. 688~740)은 그의 저서 「孟浩

然集」에서 “하신우휴명 관광래상경”(何辛遇休明 觀光來上京: 어찌 다행이 시간을 내어 관광차 서울로 올라 왔다)이라는, 현대적 의미에 가까운 관광용어를 사용하였다고 한다.

2) 한국에서의 관광의 어원

관광이라는 용어가 언제 우리나라에 들어왔으며, 언제부터 친숙한 용어로 자주 인용되었는가에 대하여는 이제까지 별로 알려진 바 없다. 또한 언제 이 어구가 현대적 의미로 관광현상을 지칭하는 뜻으로 바뀌어졌는가에 대해서도 밝혀진 바 없다. 단지 역사기록을 참조해 볼 때 삼국시대부터 지식인들 사이에서 간간이 이 어구가 사용되지 않았나 짐작될 뿐이다. 특히 14세기 말, 즉 고려 말과 조선시대 초기의 문헌에 자주 등장하고 있는 점에 주목할 따름이다.

신라 말기 대학자인 최치원(崔致遠)의 계원필경(桂苑筆耕) 속의 한 구절에는 “人百已千之觀光六年銘牓尾”(인백이천지관광육년명방미: 남이 백번하면 나는 천번 해서 관광 6년만에 과거급제자 명단에 오르게 되었다)라는 말이 기록되어 있는데, 여기서 ‘觀光六年’이란 ‘중국에 가서 선진문물을 살피며 체류한 지 6년’이란 뜻으로 해석되고 있다.

고려시대에 들어와서는 두 건의 용례가 발견된다. 그 하나는 고려사절요(高麗史節要)인데, 고려 예종 11년(1115년)에 중국 宋나라 임금이 우리나라 사신에게 “...觀光上國 盡損宿習...”(관광상국 진손숙습: 우리나라를 관광하여 구습을 전부 버리도록 하고...)라고 교시하였다고 기록되어 있다. 다른 또하나는 고려 말인 우왕 10년(1385년)에 당시의 유명한 문사(文士)였던 정도전(三峰 鄭道傳)도 ‘觀光’이라는 용어를 사용한 것으로 밝혀졌다. 정도전은 당시 그의 친구인 이숭인(李崇仁)이 중국 북경에 하정사(賀正使: 신년하례 단장)로 떠난 뒤 그의 문집에서 이르기를, 명나라의 명을 받아 중국으로 간 그의 친구 이숭인이 그곳의 선진문물을 돌아보고 귀국하게 되면 자신은 그의 견문록 제목을 ‘觀光集’이라 붙여 주겠노라고 서술하였다고 한다.

그 후 조선시대에 들어와서는 관광이라는 용어는 지식인 사회에서 아주 일반화된 용어로 자리잡은 것 같다. 조선 건국 직후인 태조 5년(1396년)에 도읍을 개경으로부터 지금의 서울인 한성으로 옮기면서 정도전, 조준 등은 신도읍지(新都邑地)의 지명을 정하였는데, 서울 북부에 지금의 동(洞)에 해당하는 10개의 방(坊)을 설치하면서 그 중 한 방(坊)의 명칭을 "觀光"으로 정하였다고 조선왕조실록은 기록하고 있다(朝鮮王朝實錄, 太祖 卷九 및 世宗 卷一 八).[1)]

우리나라에서 관광이라는 말이 오늘날과 같은 뜻으로 사용된 것은 제2차 세계대전 이후의 일이며, 당시에는 국제관광만을 뜻하는 경향이 있었으나, 지금에 와서는 국제뿐만 아니라 국내국내의 경우도 관광이라 부르고 있다.

3) 서양에서의 관광의 어원

서양의 경우, 18세기 영국의 귀족 자제들이 일종의 통과의례로 유럽대륙(특히 프랑스와 이탈리아)을 몇 년에 걸쳐 수학여행을 하는 것을 두고 '그랜드 투어(grand tour)'라고 불렀다고 한다. 이후 '투어리스트(tourist)'라는 용어가 1800년에 사용되기 시작했으며, '투어리즘(tourism)'이라는 용어는 1811년에 「The Sporting Magazine」 잡지에 최초로 언급된 것으로 옥스포드 영어사전(Oxford Dictionary)은 밝히고 있다.

Tourism이라는 말은 영어로 '짧은 기간의 여행'을 뜻하는 tour의 파생어이고, tour라는 말은 라틴어의 도르래를 의미하는 tornus에서 유래한 것으로서 처음에는 순회여행(巡廻旅行)을 의미했다고 한다.

따라서 tourism은 주유(周遊)를 의미하는 'tour'에 행동이나 상태 혹은 ~주의(主義) 등을 나타내는 접미어 '-ism'이 붙어 만들어진 말로서, 문맥에 따라서는 관광, 관광대상, 관광사업을 의미하기도 한다. 또 tour에 접미어 '-ist'가 붙어서 만들어진 tourist는 관광객을 의미한다. 이와 같은 투어(tour), 투어리스트(tourist), 투어리즘(tourism) 등의 용어가 일반적으로 사용된 것은 1930년대 이후의 일이라고 한다. 그 후 1975년부터는 모든 국제기구에서 관광의 영어적 표현을 tourism으로 통일하였다.

한편, 독일에서는 제2차 세계대전 이전에는 관광을 뜻하는 용어로서 'Fremden 외국의, 외국인)'과 'Verkehr(왕래 또는 교통)'라는 합성어인 'Fremdenverkehr'

1) 김사헌, 관광경제학(서울:백산출판사, 2010), p.54에서 재인용.

를 사용하였는데, 전후에는 'Tourismus'로 바뀌었으며, 프랑스에서도 'tourisme' 이라는 용어를 사용하고 있다.

2. 관광에 관한 여러 학자들의 정의

관광의 정의는 역사적인 변천과정을 통하여 많은 국내외 학자들에 의하여 매우 다양하게 정의되면서 발전하여 왔다. 원래 관광학연구는 경제학자들이 국제관광을 '무형의 수출(invisible export)'로서 주목함에 따라 그 연구가 시작되었는데, 최초의 관광연구 과제는 관광에 의한 경제효과를 측정하는 데 있었다. 여기서는 여러 학자들의 관광에 관한 여러 학제적(學際的)인 연구 가운데서 대표적인 연구만을 소개하고자 한다.

먼저 우리가 검토할 수 있는 정의 가운데서 가장 오래된 것으로는 1911년에 발표된 슐레른(H. Schulern)의 정의를 들 수 있다. 그는 "관광이란 일정한 지구(地區)·주(州) 또는 타국에 들어가서 머물다가 되돌아가는 외래객의 유입(流入)·체재(滯在) 및 유출(流出)의 형태를 취하는 모든 현상과 그 현상에 직접 결부되는 모든 사상(事象), 그 중에서도 특히 경제적인 모든 사상을 나타내는 개념"이라고 했다.[2)]

다음으로 로마대학의 마리오티(A. Mariotti)는 1927년에 발간한 「관광경제학강의(*Leizioni di Economia Turistica*)」에서 외국인 관광객의 이동에 따른 관광활동을 여러 가지 측면에서 다루고 있는데, 특히 관광의 경제적 의미를 강조하였다. 관광경제학강의의 사상적 체계를 완성하였고, 특기할 만한 것은 관광흡인중심지이론(觀光吸引中心地理論)이다.

관광이론에 관한 연구가 왕성하였던 1930년대 독일의 보르만(A. Bormann)은 1931년에 출판된 저서 「관광학개론(*Die Lehre von Fremdenverkehr*)」을 통해 "관광이란 직장에의 통근과 같이 정기적 왕래를 제외하고 휴양의 목적이나 유람, 상용 또는 특수한 행사의 참여나 기타의 사정 등에 의하여 거주지에서 잠시 떠나는 여행"이라고 하였다. 이러한 그의 주장은 현실적으로 관광현상에 대한 이론적 비판의 여지는 있으나, 전반적인 관광현상을 포

2) 鈴木忠義(스즈키 타다요시), 現代觀光論(東京:有斐閣, 1974), p.8.

괄적으로 수용하고 있다는 점에서 종합학문으로서의 관광이론 체계는 높이 평가되어진다고 하겠다.

영국의 오길비(F.W. Ogilvie)[3]는 관광연구자로서 투어리스트의 이동에 관한 문제를 취급한 사람인데, 1933년에 그의 저서 「관광객이동론(*The Tourists Movement*)」에서 "관광하는 사람은 복귀할 의사를 가지고 일시적으로 거주지를 떠나지만, 1년 이상을 넘지 않는 기간 동안에 돈을 소비하되, 그 돈은 여행하면서 벌어들인 것이 아닐 것"이라고 하여 이른바 '귀환예정소비설'을 주창하였다. 즉 오길비는 관광의 본질을 '타지에서 얻은 수입을 일시적 체재지에서 소비하는 것'에 있다고 본 것이다.

보르만과 같은 시대에 활약한 그뤽스만(R. Glücksmann)은 독일 베를린 상과대학 관광사업연구소 소장으로서 관광론의 체계화를 시도하고 관광동기의 분류를 포함한 관광원인의 분류를 제시한 사람이다. 그는 1935년에 출판된 저서인 「일반관광론(*Allgemeine Fremdenverkehrskunde*)」에서 "관광이란 체재지에서 일시적으로 머무르고 있는 사람과 그 지역에 살고 있는 사람들과의 여러 가지 관계의 총체로서 정의할 수 있다"고 했다. 따라서 그의 주장에 따르면 관광연구의 접근범위는 지리학을 비롯하여 기상학, 의학, 심리학, 국민경제학, 사회학, 경영경제학 등의 학문분야까지 포함하는 것으로, 관광론은 관광에 관한 기초는 물론 원인과 수단 및 영향 등에 관해 광범위한 연구분야가 되어야 한다고 했다.

1942년에 훈지커(W. Hunziker)와 크라프(K. Krapf)는 공동으로 저술한 「일반관광학개요(*Grundriss der allgemeinen Fremdenverkehrslehre*)」에서 "광의의 관광은 본질적으로 외국인이 여행지에 머무르는 동안 일시적으로나 계속하여 주된 영리활동의 추구를 목적으로 정주하지 않는 경우로서, 외국인의 체재로부터 야기되는 모든 관계나 현상에 대한 총체적 개념을 의미한다"고 하였다. 이는 이제까지 단순한 개념보다는 새로운 개념으로의 전환을 도모한 것이다.

오스트리아의 베르넥커(P. Bernecker)는 1962년 그의 저서 「관광원론」에

3) 오길비(F.W. Ogilvie)는 영국 에든버러대학 경제학부 교수로 세계의 관광사업계에 남긴 업적은 높이 평가되고 있다.

서 “상업상 혹은 직업상의 여러 이유에 관계없이 일시적 또는 개인의 자유의사에 따라 이동한다는 사실과 결부된 모든 관계 및 모든 결과를 관광이라고 규정할 수 있다”고 하여 관광주체로서의 관광객의 역할을 중시하면서 ‘관광주체론’을 주창하였고, 관광현상 속에서 겸목적 관광을 인정하였다.

그리고 메드상(J. Medecine)은 1966년에 “관광이란 사람이 기분전환을 하고 휴식을 하며, 또한 인간활동의 새로운 여러 가지 국면이나 미지의 자연풍경에 접촉함으로써, 그 경험과 교양을 넓히기 위하여 여행을 한다든가, 정주지(定住地)를 떠나서 체재함으로써 성립하는 여가활동의 일종이다”라고 정의하고 있다.

일본의 경우에는 전후 관광연구자들의 관광에 관한 정의가 다수 존재하는데, 그 중에서 가장 일반적인 것으로는 1961년에 발표된 이노우에 만주조(井上万壽藏)의 「관광교실」이 있다. 이노우에는 이 책에서 “관광이란 인간이 다시 돌아올 예정으로 일상생활권을 떠나 정신적 위안을 얻는 것이다”라고 하였다. 그는 정신적 위안이 관광의 본질이며 관광욕구란 것은 정신적 위안을 구하는 마음이라고 했다. 이 밖에 쓰다 노보루(津田 昇)의 「국제관광론(1969)」, 스즈키 타다요시(鈴木忠義)의 「현대관광론(1984)」, 시오다 세이지(鹽田正志)의 「관광경제학(1974)」, 그리고 일본관광정책심의회 보고서 「관광의 현대적 의의와 그 방향(1969~1970)」 등에서 각각 관광의 정의를 규정하고 있다.

3. 관광의 개념정의

이상에서 소개한 여러 학자들의 관광에 대한 정의(定義)를 통해서 볼 때, 관광은 한마디로 집약할 수 없는 복잡한 사회현상이라 생각된다. 따라서 관광을 간단명료하게 정의한다는 것은 그리 쉬운 일이 아니다. 다만, 여러 학자들의 정의를 종합해서 관광개념을 규정한다 하더라도 가급적 일상적인 용어법에서 어긋나지 않도록 해야 하며, 일반적으로 누구나 쉽게 이해할 수 있는 현실적 감각에 따른 개념정의가 바람직하다고 생각된다.

사실 관광이 인간생활의 여러 가지 요소들이 종합되어진 사회·문화적 현상으로 인식되고, 그에 따라 하나의 사회과학으로 영역을 찾아가고 있는 것은 최근의 일이라고 본다. 관광이 아직 하나의 학문으로 인정받기에는 많은 부문에서 미진한 점이 있고, 위에서 소개한 바와 같이 한마디로 정의를 내릴 만큼 학자들 간에 합의도 도출되어 있지 않다.

하지만 지금까지 학자들에 의해 논의된 관광의 정의를 종합해 보면, 관광은 변화를 추구하려는 인간의 욕구로 인하여 자기의 생활범주를 벗어나 새로운 환경 속으로 이동하는 행위로서 심신의 변화를 추구하고 다시 일상생활로 돌아올 때까지 변화된 여러 환경을 즐기는 인간활동의 일체를 의미한다고 볼 수 있다.

다시 말해서 관광은 인간이 일시적으로 반복되는 일상생활을 벗어나지만, 다시 그 일상생활로 복귀할 것을 전제로 다른 지역의 제도·풍습·자연 등을 감상하며 배우고 견문하는 행위를 총칭한다. 그리고 넓은 의미에서는 여기에서 파생되는 여러 산업적 효과와 정치·경제·사회·문화·기술 등의 여러 환경적인 효과를 관광의 범주에 포함시키기도 한다.

따라서 본서에서는 관광을 다음과 같이 정의내리고자 한다.

"관광이란 사람이 일상생활권을 벗어나서 다시 돌아올 예정으로 이동하여 영리를 목적으로 하지 않고, 휴양(休養)·유람(遊覽) 등의 위락적 목적으로 여행하는 것이며, 그와 같은 행위와 관련을 갖는 사상(事象)의 총칭이다."

4. 관광의 중요성

관광은 현대사회에서 국민 모두가 관심을 가지고 있고 또 실제로 참여하고 있는 여가문화활동의 하나로서 점차 그 중요성을 더해가고 있다. 실제로 주말이면 관광을 하기 위해 도시를 탈출하여 고속도로를 메우는 승용차 행렬을 통해서도 알 수 있듯이, 이러한 현상은 현대사회의 인간생활에서 관광이 차지하는 비중을 입증해주고 있다고 하겠다. 어떠한 이유로 관광이 인간의 삶 속에서 이렇듯 중요성을 띠고 있을까 하는 의문은 관광이 가지는 기본적 성격을 이해했을 때 보다 명확히 되어질 것이다.

일차적으로 관광은 외래관광객이 소비하는 관광외화 획득이라는 경제적 효과의 측면에서 이해하는 것이 필요하다. 이 때문에 세계 각국은 관광을 국가전략산업으로 육성하고 있다. 더불어 관광은 국제화·세계화로 가는 우리나라 국가사회 발전에 핵심적인 역할을 수행하는 국제교류활동으로서, 국민적 참여를 통해 한국과 세계를 하나로 연결시키는 문화행동이다. 오늘날 관광은 국제교류를 통한 국제친선 도모 및 세계평화에 기여하는 민간외교적 효과까지도 창출한다.

그래서 오늘날 서양사람들은 관광산업을 일컬어 '굴뚝 없는 수출산업', '교실 없는 교육', '언론 없는 통신', '의전 없는 외교'라고 국민들에게 홍보하면서 일석사조(一石四鳥)의 효과를 갖는 주요한 산업이라고 선전하고 있는 것이다.

이와 같은 중요성을 지니는 관광의 이념으로서는 자유성, 평등성, 행복성, 평화성, 교육성, 인간성 회복 등으로 요약할 수 있겠다.

관광은 구속에서 해방되고 자유롭게 이동하는 차원에서 자유성에 기초한다. 따라서 거주·이전의 자유는 일반적 자유권으로서 인간의 자유로운 이주 및 이동을 보장하는 자유권적 기본권이다. 따라서 이동뿐만 아니라 자유롭게 휴식할 수 있는 여가의 자유가 보장되어야 하고, 미래의 사회복지관광에 따른 공공복리에 적합한 자유의 분배 또한 있어야 한다. 이는 모든 국민의 행복권(幸福權)과 자유롭게 여행할 수 있는 자유권(自由權)과 여행권(旅行權)을 보장하고 이를 위하여 국가는 지원을 아끼지 않음을 뜻한다.

또한 관광은 모든 사람에게 기회가 균등하게 주어진다는 차원에서 평등성에 근거하여 행해지고 있다. '관광헌장'에서는 "모든 국민은 관광할 수 있는 권리를 가진다. 관광할 수 있는 여행의 권리는 어떤 조건에 있어서도 평등한 기회와 이용의 기능을 가진다"고 규정하고 있다.

한편, 구속에서 해방되어 빛을 본다는 것은 인간이 추구하는 지고지선(至高至善)의 행복을 의미한다. 또한 관광이 교류를 통하여 상호 이해를 증진시킨다고 하는 것은 관광을 통해 인류평화에 기여할 뿐만 아니라 남을 이해하고 또 교류함으로써 상호 배우는 교육성을 가진다. 따라서 관광이라는 여가활동을 통하여 균형된 삶을 찾을 수 있으며, 심신을 단련시키고 결국은 인간성회복에도 기여하게 되는 것이다.

제2절 관광과 유사개념

관광과 유사하거나 다소라도 상호관련성을 가진 개념은 많다. 이 중에서도 여행(travel)·여가(leisure)·위락(recreation)·놀이(play) 등 유사개념은 우리들의 일상 생활주변에서 자주 사용되는 관계로 각 개념에 대한 사회적 가치가 부여되어 버린 경우가 많다. 그럼에도 유사개념 자체의 명확한 정립은 앞으로 관광현상의 학문적 연구에 있어서나 또는 관광의 학문적 체계확립에 있어서 선결조건이라고 생각되므로, 여기서는 먼저 유사개념들의 본질을 파악해 보고 이를 다시 관광이라는 개념과 상호 대비시켜 그 유사점이나 차이점을 살펴보고자 한다.

1. 여 행

여행(travel)은 의미 그대로 어떤 수송수단을 통해서든 한 장소에서 다른 장소로 이동하는 행위로서 목적이나 동기에 관계없이 모든 이동행위를 일반적으로 지칭할 때 사용하는 포괄적인 개념이다. 여행은 그 본질이 이동이라는 점에서 다른 개념들보다 관광과 더욱 밀접한 관계를 가진다. 그래서 여행과 관광은 동의어로 착각될 만큼 현실사회에서 혼용되기도 한다. 특히 우리나라에서는 일반적으로 관광의 의미를 이동, 즉 교통과 가장 밀접히 관련시켜 보는 경향이 강하다.

관광은 본질적으로 여행의 한 형태라고 볼 수 있으며, 여행은 대체로 다음과 같이 정의된다. “여행자는 출발의 원점으로 되돌아오거나 그렇지 않아도 되며, 어떤 목적을 가지고 어떠한 교통수단에 의존하여 한 장소에서 다른 장소로 이동하는 행위”로서 관광과는 관계없이, 뚜렷한 목적이나 동기에 관계없이도 행하여지는 것이다. 이와 같이 오늘날 이 travel(여행)은 단순형태의 여행을 가리킬 때 사용하는 개념이다.

2. 여 가

1) 여가의 어원

오늘날 우리가 사용하고 있는 여가(leisure, 레저)의 어원은 '자유스러워진다'라는 뜻을 가진 라틴어 리세레(licere)에서 유래하였다고 한다. 이 말은 프랑스어의 'leissir' 즉 '허락되다'로 발전하였고, 오늘날 영어의 레저(leisure)로 진전되었다. 이 말은 고대 이래 귀족계급은 일을 할 필요가 없으며, 따라서 그들이 지적·문화적 및 예술활동을 할 자유를 부여받고 있다는 것을 함축해주고 있다.

여가에 해당하는 그리스어 스콜레(scole)는 '정지, 중지, 평화 및 평온'을 의미하는데 비하여, 로마어의 오티움(otium)은 '아무것도 하지 않은 것'(doing nothing)을 의미하며, 어원상 전자는 자기계발(self-cultivation)을 위한 적극적인 정신활동상태를 뜻하는데 반하여, 후자는 소극적인 무위(無爲)활동상태를 뜻한다. 다른 관점에서 스콜레가 자신의 교양을 높이는 적극적 행위인 반면, 오티움은 아무것도 하지 않는 소극적 행위로 보는 경우도 있다. 그러나 이들 어원은 모두 정지상태와 평화상태를 내포하며 시간적 의미가 부여되어 남은 시간(spare time)에서 자기를 위한 시간(time for oneself)으로 발전하였다.[4)]

2) 여가의 정의

(1) 여가의 시간적 정의

인간은 직업이나 생활양식 등에 따라 다소 다르겠지만, 일반적으로 일상생활이 반복되는 사이클을 벗어나지 않는다. 그리하여 인간의 생활시간을 크게 생활필수시간, 노동시간 및 자유시간으로 대별하게 될 때, 여가는 보통 1일 24시간이라는 절대적인 시간의 한계 속에서 생활필수시간과 노동시간 등 구속시간을 뺀 나머지 자유시간으로 볼 수 있다.

---

4) 김광득, 여가와 현대사회(서울: 백산출판사, 2008), pp.15~16.

(2) 여가의 활동적 정의

여가는 개인이 생활의 만족과 삶의 질(quality)을 추구하고자 자유로이 선택하는 활동으로서 수면, 식사, 노동과 같이 고도로 상례화된 활동(routinized activity)이 아닌 것을 말한다.

(3) 여가의 상태적 정의

여가에 대한 다분히 주관적인 정의로서 주요 철학자나 심리학자, 그리고 종교학자들에 의해 대변되어 왔다. 오늘날 인간이 필요로 하는 여가는 단순한 자유시간(free time)이 아니라 자유정신(free spirit) 내지 자유의지(free will)이며, 우리의 바쁜 일상생활사로부터 심리적으로 해방시켜 줄 수 있는 신(神)의 은총에 대한 감사의 마음과 평화상태임을 강조하고 있다.

(4) 여가의 제도적 정의

여가에 대한 제도적 정의는 여가의 본질을 노동, 결혼, 교육, 정치, 경제 등 사회제도의 상태나 가치패턴과의 관련성을 검토하여 그 의미를 규정하고자 하는 것이다.

(5) 여가의 포괄적 정의

여가는 복합적이며 다양한 면을 가지고 있어, 앞서 언급한 네 가지 속성으로는 여가의 본질을 폭넓게 수용할 수 없다는 시각이 최근에 들어와 자주 논의되고 있다. 따라서 여가는 시간적, 활동적, 상태적 그리고 제도적 요소가 적절히 배합된 복합적 속성을 갖는다고 할 수 있다. 이에 따라 현대사회에 있어서 점차 복잡성을 띠고 있는 여가를 제대로 파악하기 위해서는 여가의 다면적 속성을 포괄할 수 있는 개념정의가 요구된다고 하겠다.

(6) 결 론

이상의 개념들을 종합하여 보면 결국 여가는 생리적 필요, 개인 및 사회적 의무와 책임으로부터 벗어나 자유로운 시간 동안 자유의사에 의해 이루어지는 활동이라고 할 수 있으며, 일상생활에서는 노동과 상반되는 개념으로 파악되며, 대체로 네 가지 측면에서 정의가 이루어지고 있다. 즉 여가의 시간, 활동, 상태, 제도적인 관점이다.

본서에서는 여가를 "개인이 노동과 가사활동, 생리적 필수활동 및 기타 사회적 의무와 책임으로부터 자유로운 상태 아래에서 휴식, 기분전환, 자기계발은 물론이며 사회적 참여를 위해 이루어지는 모든 활동과 시간"으로 정의하고자 한다.

3) 여가의 기능

활동개념으로서의 여가에는 자유시간에 행해지는 자유로운 활동이라는 형태로 '자유'를 강조하는 뜻과, 자유시간에 행해지는 창조적인 활동이라는 형태로서 '창조성'을 강조하는 뜻의 두 가지 정의가 포함되어 있다고 하겠다. 그렇지만, 일반적으로 활동개념으로서의 여가는 자유시간에 행해지는 자유로운 활동이라는 형태로서 '자유'를 강조하는 뜻에서 사용되는 경우가 많은데, 이럴 경우 여가의 기능으로서 휴식, 기분전환, 그리고 자기계발 등이 열거된다. 따라서 여기서는 이와 같은 여가의 기능에 관하여 살펴보기로 한다.

(1) 휴식기능(休息機能)

휴식은 피로를 회복시킨다. 이런 면에 있어서 여가는 일상생활, 특히 근로생활에서 기인하는 스트레서에 의해서 가해진 육체적·정신적 피로를 회복시킨다. 오늘날 노무(勞務)는 상당히 경감되어 왔을지는 모르나, 노동밀도(勞動密度)의 증대, 생산공정(生產工程)의 복잡화, 대도시지역에 있어서 통근거리의 장거리화 때문에 근로자는 아무 일도 하지 않은 채 있는다든지, 또는 조용히 여유 있게 쉬는 것이 점점 긴요해지고 있다. 그런 필요성은 특히 경영관리층에서 더욱 절실하다.

(2) 기분전환(氣分轉換) 기능

기분전환은 인간을 권태로부터 구출한다. 세분화된 단조로운 작업은 노동자의 인격에 부정적 영향을 가져온다. 그리고 현대인의 소외감은 일종의 자기상실의 결과에서 오는 것이기 때문에, 일상적인 세계로부터 탈출의 필요성이 생기게 된다. 이와 같은 탈출은 지역사회의 법률적·도덕적 규율을 범하는 형태를 취하는 경우도 있고, 다른 한편에서는 사회병리적 요소를 포함하게 되기도 한다.

그러나 반대의 입장에서 보면, 그것은 평행유지적 요인이 되고, 사회적으로 필요한 수련이나 규율을 지켜나가는 하나의 수단이 되기도 한다. 그 곳에서 기분전환을 시켜 보상적 경험(補償的 經驗)을 추구한다든가, 일상적 세계와 격리된 세계로 도피한다든가 하는 행동이기도 하다. 현실의 세계에서 탈출을 하게 되면, 장소나 리듬이나 스타일의 변화추구(여행, 유희, 스포츠)가 된다. 탈출이 가공의 세계(영화, 연극, 소설)로 향하게 되면 등장인물에 자기를 투사하고, 주인공과 자기를 동일시하여 그 기분을 즐기는 등의 행동이 나타난다. 이는 공상적(空想的) 세계에 의존하여 공상적 자아(自我)를 만족시키려고 하는 행동이다.

(3) 자기계발(自己啓發) 기능

자기계발은 자기의 능력을 발전시키는 것이다. 여가는 일상적 사고(思考)나 행동으로부터 개인을 해방시키고 보다 폭넓고 자유로운 사회적 활동에의 참가나 실무적이고 기술적인 훈련 이상의 순수한 의미를 가진 육체·감정·이성(理性)의 도야를 가능케 한다. 유희단체·문화단체·사회단체에 자발적으로 가입하여 활동하는 데에 여가의 계발적 기능이 나타난다. 학교교육에서 채워졌다고는 하지만, 사회가 끊임없이 진보해지고 복잡해져 감에 따라 시대에 뒤떨어지기 쉬운 지식능력은 여가를 통하여 다시 한번 자유로이 뻗어나갈 기회가 주어진다. 또한 옛것이나 새로운 것을 불문하고 여러 정보원(신문·잡지·라디오·TV)을 적극적으로 이용하는 태도도 키워나간다.

여가는 평생 계속하는 자발적인 학습의 형태를 낳게 하고, 새로운 창조적인 태도의 형성을 돕는다. 의무적 노동으로부터 해방되어 개인은 스스로 선택한 자유로운 훈련을 통하여 개인적·사회적인 생활형태 가운데서 자아실현(自我實現)의 길을 펼쳐 나가는 것이다. 이러한 여가이용은 기분전환적인 이용만큼 일반적인 것은 아니지만, 대중문화 일반에서 본다면 대단한 중요성을 가진다.

이상의 세 가지 기능은 흡사 대립하고 있는 것처럼 보이기도 하지만, 상호간에는 밀접한 관련을 가지고 있다. 실제로 이들은 각 개인이 처해 있는 상황에 따라서 정도의 차이는 있어도 모든 사람들의 일상생활에서 거의 인정되고 있다. 또한 이 세 가지 기능은 계기적 관계(繼起的 關係)에 설 경우가 있는가 하면, 공존하고 있는 때도 있다. 순차적으로 기능하는 때도 있고, 동시적으로 작용할 때도 있으며, 또한 중층적(重層的)으로 작용할 때도 있어서 각각 분리하기가 어렵다. 각 기능은 보통 하나의 우월적 요소로 존재함에 지나지 않는다.

프랑스의 사회학자 듀마즈디에르(J. Dumazedier)는 여가를 '휴식', '기분전환', '자기계발'과 같은 세 가지 기능을 가진 활동의 총칭으로 파악하면서, "여가란 개인이 직장이나 가정 그리고 사회로부터 부과된 의무에서 벗어났을 때에 휴식이나 기분전환을 위하여, 혹은 소득과는 관계없는 지식이나 능력의 배양 및 자발적인 사회참여와 자유로운 창조력의 발휘를 위하여, 오로지 임의적으로 행하는 활동의 총체"라고 정의했는데, 이 정의는 이해하기 쉬운 설명이어서 오늘날 널리 이용되고 있다.

3. 레크리에이션

레크리에이션(recreation, 위락)은 그것이 개인이나 집단에 의해서 여가 중에 영위되는 활동이고 그 활동으로 인하여 얻어지는 직·간접적 이득 때문에 강제되는 것은 아니며, 그 활동 자체에 의하여 직접적으로 동기가 주어진 자유롭고 즐거운 활동이다.

레크리에이션은 라틴어의 recreate에서 유래한 말로서 기분을 전환하다(refresh)와 저장하다(restore)의 의미를 가진 것으로 인간을 재(re)생(creation)시키고, 인생에 활력을 회복시키며, 또한 이것은 노동과 더 많은 관련이 있는 사회기능적이고 교육적인 것이다. 그라지아(Grazia)는 이를 "노동으로부터 인간이 휴식을 취하고 기분전환을 하고 노동 재생산을 위한 활동"으로 정의하고 있으며, "각 개인이 자발적으로 행하여 그 행위로부터 직접 만족감을 얻어 즐길 수 있는 모든 여가의 경험"으로 인식하고 있다.

따라서 여가와 레크리에이션의 관계는 전자를 시간개념으로 보고 후자를 활동개념으로 보려는 견해가 지배적인데, 레크리에이션은 사회적인 편익을 증진하고자 조직되는 자발적 활동으로서 다음과 같은 특징을 지닌다.

① 레크리에이션은 육체, 정신 및 감정의 활동을 표현하기 때문에 단순한 휴식과 구별된다.
② 레크리에이션의 동기는 개인적 향락과 만족의 추구이므로 노동의 동기와 구별된다.
③ 레크리에이션은 선택의 범위가 무한정하기 때문에 수많은 형태로 나타난다.
④ 레크리에이션은 자발적 의사에 의해 참여한다.
⑤ 레크리에이션은 여가시간에 행해지는 활동이다.
⑥ 레크리에이션은 시간, 공간, 인원 등의 제한이 없고 실행과 탐색이라는 보편성을 지닌다.
⑦ 레크리에이션은 진지하며 목적을 가지고 행하여진다.

이러한 점에서 레크리에이션은 여가시간에 영위되는 자발적 활동의 총체로서 여가의 하위개념이라고 하겠다.

여가와 레크리에이션의 차이점을 좀더 상세히 살펴보면, 여가는 포괄적이고 덜 조직적이며 개인적인 동시에 내적 만족을 추구하는데 반하여, 레크리에이션은 범위상 한정적이고 비교적 조직적이며 동시에 사회적 편익을 강조하고 있다. 또한 여가가 보통 시간의 기간이나 마음의 상태를 말하는데 비해 레크리에이션은 공간에서의 활동을 가리킨다. 나아가 여가가 쾌락과 자기표현을 위한 것이라면, 레크리에이션은 활동과 경험의 직접적 결과로서 발생한다.

레크리에이션과 관광의 차이점은 시간과 활동공간의 차이에 있다고 하겠다. 관광도 넓은 의미에서는 레크리에이션활동의 하나이지만, 그러나 관광은 일상거주지와는 멀리 떠나는 활동이라는 데에 차이점이 있다. 비교적 관광은 이동의 거리가 멀고 시간적으로도 길지만, 레크리에이션은 일상공간의 주변에서도 일어난다. 물론 관광은 일상거주지를 떠나 다시 일상생활권으로 돌아오기까지의 전 과정에서 일어나는 수많은 복합적인 현상이며 그 영향이 크다는 특징을 가지고 있기도 하다.

4. 놀 이

놀이(play)라는 개념도 여가 및 레크리에이션과 더불어 관광과 밀접한 관련성을 가진다고 하겠다. 인간을 놀이하는 존재, 즉 '유희하는 인간'(Homo Ludens)으로 보는 호이징하(John Huizinga, 1955)나 그 비판적 계승자라고 할 수 있는 카이요와(Roger Caillois, 1994)는 놀이를 인간의 본질이며 동시에 문화의 근원으로 파악하고 있다. 이들의 견해에 따르면, 문화가 놀이의 성격을 상실하게 되면 마침내 문화는 붕괴의 길을 걷게 된다고 한다. 특히 호이징하는 놀이를 인간의 본질, 나아가 문화의 근원으로 파악하고, 놀이의 본질과 그 표현형태를 인류역사의 전 과정 속에서 파악한 후 놀이가 문화를 만들어 내며 또한 그것을 지속시킨다고 결론짓고 있다. 호이징하는 놀이의 특성으로서 다음 네 가지를 들고 있다.

① 인간의 자발적 자유의사에 의해 행해진다.
② 일상생활의 막간에 이용되며 탈일상적이고 사심이 없다.
③ 전통화·반복화라는 지속성을 가지며, 놀이공간으로 미리 구획되어진 공간에서 행해진다.
④ 게임이 끝나면 놀이집단은 영구히 내집단화되어진다.

한편, 카이요와(Roger Caillois)는 놀이의 기준 또는 특성으로서 ① 참가의 자유, ② 일상생활로부터의 격리, ③ 과정과 결과의 불확실성, ④ 생산성을 목적으로 하지 않음, ⑤ 규칙의 지배, ⑥ 가상성 등 6가지를 들고 있다. 이와 같은 놀이의 특성을 볼 때, 그것이 곧 여가의 한 형태로서 자유의사에 근거한 활동인 것은 틀림없지만, 질서·규칙·전통화 등의 관점에서 보면 레크리에이션 또는 관광과 개념적으로 다름을 알 수 있다.

그러나 놀이는 또한 관광과 여러 가지 공통적인 측면도 없지 않다. 그레번(Graburn, 1983: 15)은 그 공통속성을 다음과 같이 지적한다.

"인간의 놀이는 관광에서 말하는 여행이라는 요소를 갖고 있지는 않지만,

관광이 지닌 여러 속성을 공유한다. 즉 놀이가 지닌 정상규칙으로부터 이탈, 제한된 지속성, 독특한 사회관계, 그리고 터너(Turner)가 유동(flow)이라고 이름한 몰입과 열중성을 지닌다. 관광과 마찬가지로 놀이로서 게임은 일상생활의 구조와 가치관과는 다르면서도 그것을 강화시켜 주는 의례(rituals)인 것이다."

5. 관광현상과 인접개념과의 관련성

이상에서 우리는 인접개념들 중 비교적 중요하다고 생각되는 여행·여가·레크리에이션·놀이 등의 본질을 포괄적으로나마 파악하여 보았다. 그런데 이들 유사개념들은 우리가 논의삼는 관광이라는 현상과 유기적으로 연관되어 서로간의 명확한 상관관계를 밝히기가 어렵다. 최근에는 이들 개념들 간의 상호관련성에 대해 많은 연구들이 나타나고 있으나, 인접개념 간의 유사성과 관광현상의 개념적 실체를 명료하게 파악하기에는 부족한 점이 많아 보인다.

관광과 인접 유사개념 간에는 공통성(共通性)과 상이성(相異性)을 동시에 가지고 있기 때문에 각자를 따로 분리시켜 적절한 개념정의를 내리기는 결코 쉬운 일이 아니다. 그러나 위의 논의를 바탕으로 하여 각 개념들의 고유특성을 분명히 밝혀봄으로써 관광의 실체가 무엇인가를 파악해 볼 필요가 있다. 이는 기초이론의 확립을 위해서는 반드시 극복해야 할 연구과제로 보기 때문이다.

먼저 관광과 레크리에이션(위락)의 차이점은 무엇인가? 그 차이는 종류의 문제라기보다는 오히려 정도의 문제이다. 레크리에이션 특히 야외레크리에이션은 —골프·스키 등의 스포츠에서 볼 수 있듯이— 성격상 관광보다 역동성(dynamism)과 신체적 노력(physical exertion)의 정도가 더 크다. 또한 레크리에이션은 관광보다 육체적 또는 정신적 회복이라는 목표추구의 정도가 더 크며, 역내(域內: intra)란 의미가 강하다. 반면에 관광은 레크리에이션이나 여가보다 견문획득을 통한 지식의 향상, 혹은 자기계발(自己啓發: self-enlightenment)이라는 성취욕구 성향이 더 크다고 볼 수 있다.

관광이 여가나 레크리에이션(특히 야외위락)과 크게 다른 점은 '상당한 정도의 거주권역 이탈'(displacement)이라는 공간이동성에 있다. 옥외 혹은 야외라는 개념도 역시 어느 정도의 공간적 이탈을 전제하고 있지만, 문자 그대로 '문 밖'이면 충분한 것이지 자신이 거주하는 지역사회를 상당히 이탈하여 다른 지역 또는 이국문화 환경을 접촉한다는 의미는 시사해 주지 않는다.

그러나 다른 문화나 다른 환경을 접촉할 수 있는 상당한 거리의 이동이라고 해서 관광을 이주(移住: migration)와 혼동해서는 안된다. 이주는 회귀를 전제하지 않는 영구체류를 목적으로 한다는 점, 그리고 유흥목적의 이동이 아니라 생계목적의 이동이라는 점에서 다르다.

이동(移動)이라는 점에 관한 한, 관광은 여행(travel)과 같은 부류에 속한다. 그래서 흔히들 관광을 여행과 동일시하는 경향도 적지 않다. 관광이라는 개념 속에는 여행 등 온갖 뉘앙스가 뒤섞여 있어 실체화에 어려움이 있다고 보아 미국여행통계센터(USTDC) 같은 기관은 아예 관광이라는 용어를 쓰지 않고 여행이라는 용어로 일관해 오기도 하였다(Frechtling, 1976).

그러나 앞에서도 밝혔지만, 서로간에 분명히 다른 점은 여행이라는 개념은 단지 이동이라는 현상만을 그 속성으로 하고 있을 뿐, 목적이나 동기를 전제하지 않는다는 것이다. 즉 여행이란 개념은 관광과 같이 유흥이나 위락을 목적으로 하거나 자기발전을 도모하는 것이 아닌, 행위목적이나 행위동기를 묻지 않는 포괄적 이동개념이다. 따라서 모든 관광행위는 전부 여행 속에 포함되지만, 역으로 모든 여행이 전부 관광일 수는 없다. 즉 여행은 관광의 필요조건은 되지만 충분조건은 될 수 없다.

제3절 관광의 구성요소

1. 관광의 구조

관광은 일반적으로 주변환경에 의해 영향을 주고받는 관광주체, 관광객체, 관광매체라는 3대 범주에서 이루어지고 있으며, 이들 세 가지의 요소들이 연속적·기능적으로 상호 의존관계를 통하여 발생하는 하나의 체계(system)라고 말할 수 있다. 이러한 관광체계는 정치적 환경, 경제적 환경, 사회적 환경 및 생태적 환경과 밀접한 상호작용관계에 있으며, 관광체계를 구성하는 관광매체인 관광시장, 관광교통, 관광기업, 그리고 관광행정 등 네 가지 요소간의 연속적·기능적 통합을 통하여 현상화하는 것이다.

이와 같이 관광의 구성요소는 첫째, 관광수요의 유발자이자 이동의 주체인 관광객(관광주체)과, 둘째, 관광객의 욕구를 충족시키는 관광대상(관광객체), 셋째, 관광객과 관광대상을 연결해주는 각종 서비스(관광매체) 간의 상호작용인 관광활동의 체계라고 볼 수 있다. 그리고 이러한 관광체계는 상호 매우 밀접한 연관성을 지니고 있어 구성요소 중 한 가지라도 정상적이지 못할 경우 온전한 관광현상이 이루어질 수 없다.

관광주체, 관광객체, 관광매체를 일반적으로 관광의 3요소라 한다. 먼저 세 요소를 살펴보고 관광체계의 성격을 규명해보도록 한다.

2. 관광주체

관광의 구성요소로서 가장 중요한 것은 말할 것도 없이 관광을 하는 사람으로, 관광을 행하는 주체(主體) 곧 관광주체를 관광객(觀光客)이라 말한다. 관광은 관광객의 관광을 하고 싶어하는 관광욕구와 관광동기로부터 시작된다. 관광객은 관광의 수요자인 동시에 소비자이며 관광시장(觀光市場)을 형성하는 최대의 요소가 된다. 즉 관광주체가 가지는 사회경제적인 여건과 관광동기는 관광수요를 구성하는 중요한 결정요인이 되는 것이다.

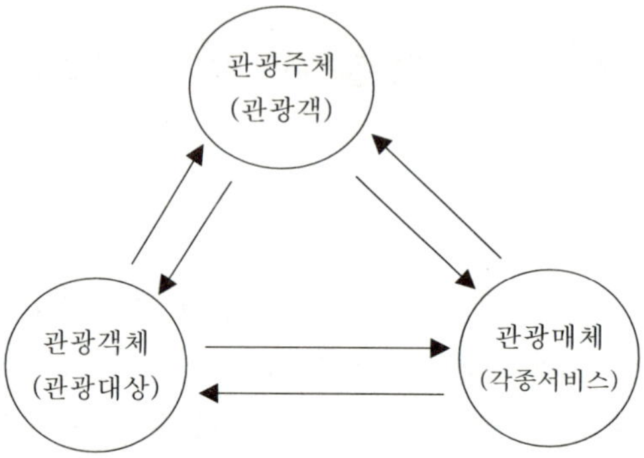

[그림 1-1] 관광의 구조

3. 관광객체

관광의 주체인 관광객은 관광욕구나 동기에 따라 관광대상(觀光對象)을 찾게 된다. 이와 같이 관광욕구를 충족시켜 주는 역할을 하는 것이 관광대상이다. 관광대상은 관광목적물이며 관광의욕의 대상이 되고 관광행동의 목표가 되는 것이다. 그러므로 관광대상은 보는 것에만 한정되지 않으며, 보고, 듣고, 맛보고, 배우고, 행하고, 생각하는 모든 것을 포함한다. 관광대상은 관광자원(觀光資源)과 그 자원을 살려서 관광객의 욕구충족에 직접적으로 기여하는 관광시설(觀光施設)로 대별된다.

전자인 관광자원은 유형적 자원(자연·인문), 무형적 자원(인적·비인적), 문화적 자원(유형문화재·무형문화재·기념물·민속자료) 등으로 구성되며, 후자인 관광시설은 하부시설(항만·공항·주차장·통신시설 등의 기반시설)과 상부시설(여행·행정·숙박시설·레크리에이션 시설 등)로 이루어진다.

4. 관광매체

관광의 주체와 객체를 연결시키는 역할, 즉 관광주체의 욕구와 관광대상을 결합시키는 역할을 하는 것을 관광매체(觀光媒體)라고 한다. 이들 관광매체를 분류하면, ① 시간적인 매체인 숙박시설·관광객이용시설·관광편의시설, ② 공간적인 매체인 교통기관·도로·운수시설, ③ 기능적인 매체인 여행업·통역안내업·관광기념품판매업·관광정보와 선전물 등이 있다. 관광매체의 대부분은 관광시장 내의 사업에 의해서 제공되고 있으며, 그 내용은 다음과 같다.

1) 관광시장

관광시장(觀光市場)은 관광수요를 창출하는 관광객(관광주체)의 행동체계가 원활히 활동할 수 있도록 하는 기본적 매체기능을 가지고 있다. 관광시장은 국적(國籍)구분에 따라 내국인시장과 외국인시장으로 구분할 수 있고, 활동공간의 측면에서는 외래시장, 해외시장, 국내시장으로 분류할 수 있다. 이 체계는 관광을 하려는 욕구와 동기·지각·학습·성격·태도 등의 심리적 요소뿐만 아니라, 문화·사회계층 및 집단과 준거집단 등의 사회적 요소에 따라 작용한다.

2) 관광교통

관광교통(觀光交通)은 관광행동의 주체를 관광자원과 시설에 직접 연결시켜 주는 이동체계를 말한다. 관광은 관광객의 이동(회귀이동)이 전제되기 때문에 교통수단에 대한 논의 없이 관광체계를 거론하기는 힘들다. 그리고 교통은 보통 목적지까지 도달하는 수단인 동시에 목적지에서 이동수단으로 정의된다. 따라서 관광교통에는 공간적 차원의 이동체계와 국내외 교통수단 그리고 하드·소프트웨어적 교통체계, 영리적·비영리적 교통수단도 모두 고려할 수 있다.

3) 관광기업

관광기업(觀光企業)은 관광객에게 관광대상에 대한 정보를 제공하거나 상품화하여 이윤을 추구하는 기업체계를 말한다. 관광기업은 대개 관광의 준비와 숙박 및 활동과 관련된 여행업, 관광숙박업, 관광안내업, 관광시설업 등으로 구성되어 있다. 그리고 이 체계는 관광객의 행동을 유도하고 관광대상의 개발을 담당하며, 주로 제품·가격·유통·촉진 등의 요소로 구성되어 있다.

4) 관광정책과 관광행정

관광정책(觀光政策)과 관광행정(觀光行政)도 관광성립에 필요한 요소로서 결정적인 역할을 한다. 여기서 정책이란 관광에 대한 국가의 방침을 뜻하며 행정이라는 방침에 의거한 구체적인 시책을 의미한다. 따라서 관광행정은 관광체계의 핵심적 요소들이 원활한 상호작용을 할 수 있도록 조정 또는 규제하는 체계인 것이다.

이 체계는 관광체계의 기능적 발전을 위한 지원적·보조적 역할을 수행하며 행정목표, 행정조직, 행정기능, 행정인력, 행정예산, 행정정보 등으로 구성되어 있다. 따라서 현대의 관광은 관광시장, 관광교통, 관광대상, 관광기업 간의 핵심적 상호작용관계 속에서 성장하고 있으며, 특히 개발도상국과 같이 관광이 아직 충분히 발전하지 않은 국가에서는 관광행정체계의 지원적 역할이 필수적이다.

제4절 관광학의 학문적 성격 및 연구방법

1. 관광학의 성격

관광학이 어떤 내용을 가지고 있으며, 어떤 역할을 담당하고 있는 것인가라는 성격론(Charakteristik)에 관해서는 관광학이 성립된 때부터 논의되어져 왔다. 그와 같은 논의를 통해서 명백해진 것은 관광학이 언제나 실천적 의식(實踐的 意識)과 결부되어 있다는 점이다. 이는 관광 특히 국제관광이 한 나라에 가져다 주는 경제적 이익이 강하게 의식되어, 그와 같은 이익의 증대를 위한 여러 가지 정책을 추구하는 것이 관광학에 부과된 과제였다는 점으로 미루어 보아도 명백하다. 이와 같이 관광학을 필요로 하는 목적이 뚜렷했었다는 것이 관광학의 성격을 사변적(思辨的)이라기보다는 오히려 실천적(實踐的)인 것으로 만들었다고 할 수 있겠다.

오늘날 관광이라는 사회현상이 갖는 사회적 의의는 국내적으로나 국제적으로 옛날과는 비교도 할 수 없을 정도로 커졌고, 그 가치가 널리 인식되기에 이르렀으나, 관광학의 성격과 역할은 본질적으로 달라지지는 않았다. 그것은 오늘날에 와서도 관광현상을 건전하게 발달시키기 위한 여러 방책을 탐구하는 기초로서 기본적 이해를 얻기 위한 연구에 두고 있으므로, 그 의식(意識)은 단순한 지적 유희(知的 遊戱)가 아니라 실천적인 것이라 생각된다. 여기서 실천적인 것이라고 하는 것은 반드시 기술적이며 실용적인 것만을 의미하는 것이 아니라, 실증(實證)을 통한 과학적·객관적인 것이라야 한다는 것이다. 이와 같은 생각은 오늘날 관광학을 연구하고 있는 학자들 사이에서는 일치된 견해라고 할 수 있다.

관광의 연구는 화석(化石)을 연구하는 것이 아니며, 산이 그곳에 있기 때문에 올라가는 것도 아니다. 그것은 관광이 지니는 현대적 의의가 너무나 클 뿐만 아니라, 그 연구가 매우 시급한 것이라서 하는 것이다. 관광은 유람이며 별로 생활에 긴요한 것이 아니라고 생각되었던 때도 있었지만, 오늘날에 와서는 관광은 국민의 정신위생과 건전한 육체를 유지하기 위해서, 한 걸음 더 나아가서 항구적인 세계평화를 위해서도 그야말로 필요불가결한 생활요건이 되고 있다.

2. 최초의 관광연구

관광학은 관광과 관련한 모든 사상(事象) 즉 관광현상을 연구대상으로 하는 학문인데, 본격적으로 과학적인 연구가 시작된 것은 19세기 말부터라고 한다. 먼저 1899년 이탈리아 정부통계국장인 보데이오(L. Bodio)는 "이탈리아에 있어 외래객 이동 및 소비액에 대해서"라는 보고서를 작성하여 발표하였는데 이것이 관광연구의 효시로 알려져 있다[5]. 당시 이탈리아에서는 외

5) 당시 이탈리아를 방문하는 미국인 관광객의 동태를 파악하여 대미(對美)선전을 강화할 목적으로 수행된 통계관련 보고서로서 관광객수, 체재기간, 소비액 등을 조사하였다.

화획득을 목적으로 외국인 관광객을 유치하는 일이 국가의 주요 사업이 돼 있었는데, 이는 외국인 관광객의 동태를 파악하고 국제관광의 진흥을 도모하기 위해서였다.

20세기에 들어오면서 유럽에서는 미국인 관광객을 유치하려는 움직임이 활발해지면서 국제관광통계 분야에서의 연구가 계속 진행되었는데, 보데이오에 이어 이탈리아의 니체훼로(A. Nicefero)가 1923년에 발표한 똑같은 논문인 "이탈리아에 있어서 외국인의 이동" 및 베니니(R. Benini)가 1926년에 발표한 논문 "관광객 이동의 계산방법의 개량에 관하여" 등 두 편이 발표되었다. 이 밖에도 관광통계에 관한 많은 논문이 유럽의 여러 나라, 특히 독일, 이탈리아, 스위스 등을 중심으로 발표되었으며, 경제학적인 전문서적들이 출간되었다.

이와 같은 현상은 유럽대륙과 북미대륙 간의 관광객 이동의 증가가 그 배경이 되었으며, 그 중에서도 19세기 말엽부터 20세기의 1920년대까지의 미합중국으로부터의 관광객 증가는 유럽 각국으로 하여금 관심을 갖게끔 만들었으며, 그 동태를 분석해서 대미(對美)선전을 강화함으로써 달러를 벌자는 것이 목적이었다.

이들 관광통계에 관한 많은 논문들의 주된 내용은 ① 관광객의 수, ② 체재기간, ③ 소비액 등에 관한 것으로 이것들을 어떠한 방법으로 조사하는 것이 타당한가 하는 것이었다.

3. 관광학의 연구방법

1) 관광학 연구의 접근방법

관광학이 하나의 과학으로 성립하기 위해서는 필연적으로 과학적 문제가 제기된다. 일반적으로 과학의 특성은 그 대상에 있는 것이 아니라 어떠한 대상이든 간에 그 대상에 접근하는 방법에 있는 것이다. 여기서 과학적 방법이라 함은 일반적으로 연구하려는 대상을 객관적·체계적으로 정밀하게 관찰·검증·분류·해석함으로써 보편적인 이론을 도출하는 과정이라고 말할 수 있다.

관광을 체계적으로 연구하는 방법에는 두 가지가 있음을 알 수 있다. 하나는 관광현상이 매우 복잡한 현상이라는 이유로 관광을 연구하려는 관광학을 단순히 사회과학의 한두 가지 학문뿐만 아니라, 자연과학 등 다른 수많은 학문분야를 고르게 취급한 종합문화과학적인 것이 아니면 안된다는 입장이다. 즉 그뤽스만(R. Glücksmann)의 견해는 이러한 입장을 대표하고 있다.

다른 하나는 관광현상의 복잡한 다양성을 인정하면서도 연구의 방법을 한정하지 않는 연구는 성립할 수 없다는 입장이다. 관광연구를 종합문화과학, 개별과학 가운데 어떤 방법으로 접근하느냐 하는 것에 관해서 후자의 입장을 취한다면, 그것은 이른바 기성과학(既成科學)의 한 분야의 성과에 비추어 관광현상을 해명하고, 그러한 사실을 모아서 쌓은 후에 개별과학의 응용과학으로서 관광학을 수립하려는 입장이다.

즉 그것을 최초로 실천한 사람은 마리오티(A. Mariotti)교수이며, 그 마리오티의 입장을 이론적으로 뒷받침한 사람은 보르만(A. Bormann)이다. 훈지커(W.Hunziker)와 크라프(K. Krapf)는 이념적으로는 종합문화과학이 바람직하다고 인정은 하면서도 기술적인 어려움과 실용상의 가치에서 경제학에 기울어진 관광연구를 하였다는 점에서 개별과학의 응용학으로 관광학을 수립하려는 입장에 속한다.

2) 관광론에서 관광학으로

관광연구의 체계화는 순수이론으로서의 관광학이라기보다는 이론으로서의 관광학에 정책론을 포함한 보다 큰 범주, 말하자면 관광학으로서의 체계가 아직 정비되지 못한 단계의 관광론에서부터 시작되었다. 그것은 아마도 당시 관광연구자들이 스스로 관광의 학문체계가 불충분하다는 것을 인식했기 때문인 것 같다.

그래서 그뤽스만은 자신의 저서를 「일반관광론」이라 불렀고, 또한 보르만도 「관광론」이라 불렀다. 여기에서 두 사람의 저서는 모두가 지식의 집합체로서의 '논(論)'이라는 점에서는 동일하다. 그런데 마리오티 교수는 「관광경제학강의(*Lezioni di Economica Turistica*)」라는 명칭을 사용하고 있다. 이탈리아어의 economica에는 '경제'와 '경제학'의 두 가지 의미가 있으나, 여기에서는 '경제'의 의미로서 사용했음을 마리오티 교수 자신이 인정하고 있다. 이상에서 보는 바와 같이 제2차 세계대전 이전까지는 '관광학'이라는 명칭은 전혀 사용하지 않았고, 오로지 '관광론'이라는 명칭만이 있었던 것이다.

훈지커도 1942년 이전에는 다른 사람처럼 '관광론'이란 용어법을 쓰고 있었지만, 1943년에 저술한 「과학적 관광론의 체계와 주요문제(*System und Hauprobleme einer wissenschaftlichen Fremdenverkehrslehre*)」란 책에서는 처음으로 '과학적인 관광론'이란 말을 사용하였고, 나아가서 그 후로는 계속하여 오늘날까지 '관광학'이란 말을 사용하고 있다.

3) 관광학의 방향

지금까지의 관광연구에는 두 가지 접근방식이 존재해 왔음을 알고 있다. 즉 하나는 종합사회과학으로서의 관광학이며, 다른 하나는 개별과학의 응용학으로서의 관광학이다. 이와 같은 두 가지 입장이 오래도록 상치하며 지속되고 있다는 것은 그들 나름대로의 이유와 신념이 있었기 때문일 것이다.

개별과학의 응용학으로서의 관광학 연구는 상당한 수준까지 도달하여 전문화되었고, 그 분석기법도 매우 실용적인 것이 되었다. 그러나 이러한 경향은 "나무를 보고서도 숲 전체를 보지 못하는 위험성을 내포하고 있다"고 한 시오다 세이지(鹽田正志)의 지적은 적절한 표현이라 하겠다(鹽田正志, 1974:71).

반면에 종합사회과학으로서의 관광학 즉 위로부터의 관광학이 지닌 문제점에 대해서도 역시 시오다(鹽田)가 다음과 같이 가장 잘 요약하고 있다. 즉 "......숲 전체의 모습을 파악하는 데는 좋을지 모르나, 이 방식은 지식의 집적(集積)은 있어도 법칙(法則)은 없고, 따라서 그것은 진실된 학문이라고 보기는 어려우며, 관광학이라는 호칭은 편의적인 것밖에는 안된다. 왜냐하면, 모든 분야의 여러 법칙들을 동일한 차원에서 파악할 수는 없기 때문이다. 또한 엄밀한 법칙으로서 자연과학의 법칙과 대수법칙(大數法則)[6]으로서 사회과학의 법칙을 하나의 과학의 이름아래 한 울타리 안에 둘 수는 없는 일이며, 또 사회과학의 법칙과 윤리학 같은 정신과학의 법칙을 동일시할 수도 없다.

관광학의 형성배경은 기존학문의 분화나 이론의 진화에 기인한다기보다는 새로운 삶의 문제의 출현에 더욱 근거하고 있음을 의미하며, 학문 자체의 자발적인 인식보다는 사회의 요구와 요청에 더욱 기초하고 있음을 보여준다. 이렇게 볼 때 오늘의 관광학이 소유하는 현실성과 실천성의 특징은 너무나 당연한 귀결이라고 할 수 있으며, 바로 이 점에서 관광학의 존재이유를 찾을 수도 있다.

따라서 관광학의 연구자세로서는 철학적 이해와 사회과학적 연구방법을 병행시켜 나가야 할 것이며, 다방면의 교양과 지식을 바탕으로 하여 점차 독자적인 학문적 연구방법을 다져나가야 할 것으로 본다.

한편, 관광학은 학문의 성격상 종합학문에 속한다. 그러므로 어느 특정 학문적 연구에 의존하기보다는 다양한 학문분야로부터 다각적인 접근이 이루어지는 이른바 학제적 접근방법(interdisciplinary approach)이 시도되고 있다.

결론적으로 관광은 종합학문으로서 철학적인 관광학의 이해와 여러 학문으로부터의 응용을 통하여 연구해 나가야 관광학의 문제를 풀어갈 수 있다고 본다.

---

6) 大數의 法則(law of large numbers)이란 관찰표본수가 적으면 틀릴 확률이 많으나, 관찰표본수가 많아지면 맞을 확률이 아주 높아지는 일종의 확률법칙을 뜻한다. 사회과학에서 내세우는 법칙이란 이러한 대수의 법칙에 바탕을 둔 확률법칙에 그 근거를 두고 있다. 예컨대, 우리나라에 사는 어떤 특정 개인의 수명은 예측하기 어려우며 법칙화할 수 없다. 그러나 수십만명의 평균수명을 종합해 본다면 우리나라 사람의 평균수명을 예측할 수 있다.

제2장

관광의 역사

제2장 관광의 역사

제1절 관광의 발전단계

관광은 사람의 이동을 바탕으로 인류의 발전과 함께 다양한 형태로 발전되어 온 사회현상의 하나이다. 이러한 의미에서 관광은 인류와 함께 오랜 역사를 갖고 있다고 말할 수 있다.

관광현상은 환경에 크게 변화하는 특색을 보이고 있는데, 이는 관광이 외부환경에 의해서 끊임없이 영향을 받아왔으며, 외부환경의 영향은 시대에 따라 다르고, 특정한 사회적 분위기에 따라서도 다르게 나타나기 때문이다.

이러한 관광현상의 변천과정을 살펴봄으로써 인류의 오랜 역사 중에서 관광의 개념을 규정지을 수 있는 사회현상을 찾아보고 그 차이점과 유사점을 함께 밝히는 데 있어서 학자에 따라 관광의 역사를 구분하는 시각이 약간의 차이를 보이고 있다.

그러나 관광의 일반적인 발전단계를 관광내용, 즉 관광객층, 관광동기, 조직자, 조직의 동기 등의 특성에 따라 구분하면 다음과 같이 요약할 수 있다. 즉 여행(tour)의 시대, 관광(tourism)의 시대, 대중관광(mass tourism)의 시대, 신관광(new tourism)의 시대로 구분할 수 있다. 다만, 세계의 역사부분에서는 주로 유럽을 대상으로 했으며, 이러한 발전단계를 도표로 요약해본 것이 〈표 2-1〉이다.

〈표 2-1〉은 일본의 관광학자인 시오다 세이지(鹽田正志)교수가 유럽의 관

광을 중심으로 관광의 발전단계를 그린 도표를 참고하여 최근의 신관광(new tourism)의 시대를 포함하여 재작성한 것이다.[7]

1. 여행(tour)의 시대

고대 이집트, 그리스와 로마시대로부터 1830년대까지를 총칭하여 여행(tour)의 시대라고 할 수 있다. 이 시대의 특징은 귀족과 승려, 기사 등이 속하는 특수계층이 종교와 신앙심의 향상을 위한 교회중심의 개인활동으로서 여행을 하였고, 관광사업의 형태는 자연발생적인 특징을 지니고 있었다.

고대 그리스와 로마시대의 경우, 올림피아(Olympia)에서 열렸던 경기대회 참가를 위한 여행행위나 신전참배 등의 종교활동을 위한 여행이 주류를 이루고 있었다. 로마시대 후기에는 교통·학문의 발달로 지적 욕구의 증대에 따른 탐구여행, 종교 및 예술활동을 위한 여행, 식도락 관광 등의 형태로 발전하였다. 그리고 중세시대에는 십자군 전쟁의 영향으로 일부 중간층도 관광에 참여하게 되고 가족단위의 관광형태도 생겨났으며, 주로 수도원이 숙박시설 기능을 담당하였다.

우리나라의 경우를 살펴보면, 신라시대의 화랑 등에 의한 집단심신수련이 있었고, 관리의 지방시찰, 과거시험, 종교활동 등에 의한 상류층 중심의 수련여행이 있었던 시기로서, 전반적으로 소규모의 개별적 여행이 주류를 이루고 있었으며 시대상에 따라 특별한 목적을 띤 일부계층의 특별한 여행이었다고 할 수 있다.

7) 시오다 세이지(鹽田正志)는 일본의 亞細亞大 교수로서 그의 저작물로는 관광경제학서설(1960), 관광경제학, 관광학연구 I (1974) 등이 있다. 스즈키 타다요시(鈴木忠義)의 현대관광론(東京:有斐閣, 1974)에 나오는 도표를 참고로 하여 new tourism시대를 추가하여 재작성하였다.

〈표 2-1〉 관광의 발전단계

단계구분	시 기	관광객층	관광동기	조직자	조직동기
여행(tour)의 시대	고대부터 1830년대 말까지	귀족, 승려, 기사 등의 특권계급과 일부의 평민	종교심 향락	교회	신앙심의 향상
관광(tourism)의 시대	1840년대 초부터 제2차 세계대전 이전까지	특권계급과 일부의 부유한 평민(부르주아)	지적 욕구	기업	이윤의 추구
대중관광 (mass tourism) 복지관광 (social tourism) 국민관광 (national tourism) 의 시대	제2차 세계대전 이후 근대까지	대중을 포함한 전국민(장애인, 노약자, 근로자 포함)	보양과 오락	기업 공공단체 국가	이윤의 추구, 국민복지의 증대
신관광 (new tourism) 의 시대	1990년대 중반 이후 최근까지	일반대중과 전국민	개성관광의 생활화	개인 가족	개성추구와 특별한 주제 또는 문제해결

2. 관광(tourism)의 시대

관광(tourism)의 시대는 서비스를 통하여 관광사업의 토대를 마련한 시기로 1840년부터 제2차 세계대전 이전까지를 말한다. 이 시기의 관광은 귀족과 부유한 평민이 지적 욕구를 충족시키기 위한 형태로 발전하여 단체여행이 생성되었으며, 이에 따라 이윤추구를 목적으로 하는 기업이 등장함으로써 중간매체적인 서비스사업이 태동하게 되었고, 영국의 토마스 쿡(Thomas Cook)이 도입한 여행알선업이 그 시초가 되었다.

르네상스(Renaissance) 이후 중세에서 근대로 접어들면서 순례(巡禮)를 중심으로 관광여행이 증가하고 여관이 등장했으며, 유럽대륙횡단여행이 성행하는 단계로 발전하였다. 이러한 발전을 거듭하던 관광이 19세기 산업혁명을 계기로 교양관광(grand tour) 시대가 대두되고 온천·휴양지를 중심으로 호텔이란 숙박시설이 등장하면서 더욱 성황을 누리게 되었다.

마침내 근대 '관광산업의 아버지'라 불리는 토마스 쿡이 1841년에 단체 전세열차를 운행하면서 처음으로 관광여행자를 모객(募客)한 것이 오늘날 여행사에 의하여 단체관광이 판매되는 효시가 되었다.

또한 이 시기에는 교통·통신의 발달로 기차, 자동차, 선박여행이 시작되었으며, 이는 향후 관광의 대중화를 구축하는 중요한 기초가 되었다.

3. 대중관광(mass tourism)의 시대

대중관광의 시대는 제2차 세계대전 이후 현대에 이르는 대량관광시대를 가리킨다. 이 시기는 조직적이고 대규모적인 관광사업의 시대로서, 중산층 서민대중을 포함한 전국민이 관광을 여가선용과 자기창조활동 등의 폭넓은 동기에 의해서 이루어지는 사회현상으로 받아들여지는 시대이다. 한편으로는 여행할 만한 여유가 없는 계층을 위해 정부나 공공기관이 적극 지원함으로써 국민복지 증진이라는 목적을 위해 '복지관광(social tourism)'운동의 이념을 확산·수용하여 적극적인 관광정책을 추진하기에 이르렀다.

이러한 복지관광의 실현 측면에서 건전한 여가활동을 위해 장애자, 노약자, 저소득층, 소외계층의 관광활동을 지원하는 관광정책이 많은 국가에서 시행되고 있다. 또한 관광활동을 국민의 기본권으로까지 인식하는 국민관광 경향이 늘고 있다. 이에 따라 국민 모두가 관광에 참여할 수 있는 기회가 주어지고 생활화되어 대중적으로 참여하게 되는 국민관광(national tourism)의 붐이 일어나게 되며, 이에 따른 관련시설도 늘어나고 있다.

4. 신관광(new tourism)의 시대

1990년대 이후 관광의 개념은 다품종 소량생산의 신관광(new tourism)의

시대로서, 생산력의 증가로 잉여물이 생겼고 여가시간의 대폭적인 증대로 인해 인간의 욕구는 보다 자아실현이나 문화를 향유하려는 고차원적인 욕구로 변해왔다. 이러한 현상은 당연히 여가와 관광의 추구로 나타나 교통수단이라는 기술력의 뒷받침 아래 여가와 관광현상에서 비약적인 증가·발전을 가져오게 되었다.

이러한 시대적인 흐름을 반영하여 관광을 통한 자기표현을 추구하는 개성이 강한 계층이 주도하는 새로운 흐름의 관광형태가 등장하였다. 더 이상 값싼 관광상품, 표준화된 패키지여행을 원하지 않고 부단히 새로운 관광지, 색다른 관광상품을 탐색하며 개성을 추구하고 질적인 관광을 선호하는 관광객이 점증하는 추세인 이러한 현상을 독일의 푼(Auliana Poon)은 신관광혁명(new tourism revolution)이라 명명(命名)하고 있다.

이와 같은 탈(脫)대중관광시대는 신관광시대라고도 불렸는데, 신관광시대의 특징은 관광의 다양성과 개성추구에 따라 특별관심관광(special interest tourism)이 확대되고 있다는 것이다. 종래의 본능적인 욕구충족의 해결로 보았던 관광을 이제는 전형적으로 어떤 특수한 주제관광으로서 특별관심관광을 이루고 있으며, 문화관광이 이러한 영역을 대표하고 있고 종교관광, 민속관광, 생태관광, 문화유산관광, 요양관광 등 보다 차원이 높으면서도 다양한 형태의 관광을 추구하게 되었다.

제2절 세계관광의 발전과정

1. 고대·중세의 관광

1) 고대 이집트와 그리스

기원전 5세기에 태어난 그리스의 역사가인 헤로도투스(Herodotus)는 로마의 키케로(Cicero)에 의해 '역사의 아버지'로 불려졌으며, 고대 이집트와 그리스의 역사를 기술한 것으로 알려져 있다. 그는 또 '고대에 있어서 가장 위대한 여행자'라고도 불려졌고, 그리스를 중심으로 중근동(中近東)·유럽남부·북아프리카 각지로 여행을 시도하여 각 시대, 각 지방에서 행해졌던 '여행'에 관해서도 기술했었다. 그에 의하면 관광적인 여행의 효시는 신앙(信仰) 때문에 행해졌다고 보고 있다.

그러나 관광이 유럽에서 본격적인 형태로 나타난 것은 그리스 시대였다. 기원전 776년 이후 올림피아(Olympia)에서 열렸던 경기대회에는 많은 사람들이 여러 곳에서 참가하여 이를 즐겼다고 하며, 에게해(海)에 여기저기 흩어져 있는 여러 섬 중에서도 델로스(Delos)섬에는 반도로부터 많은 사람들이 찾아와서 요양(療養)을 위하여 머물렀다고 전해지고 있다.

또한 그리스 신들의 신전(神殿)이 건축되고 참배자가 많았던 것도 잘 알려져 있으며, 특히 델포이(Delphoi)에 있는 아폴로(Apollo)의 신전이나 아테네(Athenai)의 제우스(Zeus)나 헤파이스토스(Hephaestus)의 신전이 관광명소로 유명했다고 전해진다. 이처럼 그리스의 관광은 당시의 시대적 배경에서 판단하면 체육, 요양, 종교의 세 가지 동기에서 행해졌으며, 즐거움을 위한 여행의 목적이 된 최초의 것은 스포츠와 관람이었음을 알 수 있다.

이 시대의 여행자는 민가에서 숙박하는 것이 보통이었고, 숙박시키는 쪽에서는 외래자를 대신(大神) 제우스의 보호를 받는 '신성한 사람'으로 생각하고 후대하는 관습이 있었고, 이와 같은 환대(歡待)의 정신은 호스피탈리타스(Hospitalitas)라고 해서 그 당시 최고의 미덕으로 여겼으며, 이 말이 오늘날의 '호스피탈리티(hospitality)'의 어원이 되었다고 한다. 영국의 역사가 토인비(A.J. Toynbee)도 말한 바와 같이 그리스 시대 가운데서도 기원전 4세기 중엽 이후의 이른바 헬레니즘(Hellenism)시대는 '인간존중의 정신'이 지배했던 시대로서 호스피탈리타스도 여기에 그 근원을 갖는 것으로 생각된다.

2) 고대 로마

로마시대에 와서는 공화정(共和政)과 제정(帝政)의 양 시대를 통하여 관광이 한층 번성하였던 것이 기록으로 보아 명백하다. 고대 로마시대의 관광동기 내지 목적은 종교·요양(療養)·식도락(食道樂)·예술감상·등산(登山)이었던 것으로 보인다.

먼저 로마신화의 여러 신(神)의 신전(神殿)은 본토는 물론 여러 섬의 곳곳에 세워졌으며, 사람들은 각각의 목적에 따라 주신(主神)인 주피터(Jupiter), 미(美)와 사랑의 여신인 비너스(Venus), 풍작(豊作)의 여신 케레스(Ceres) 등의 신전에 참배했다.

로마 사람들은 그리스 사람들보다 훨씬 미식가였으며, 그 내용은 당시의 조리교본인 '조리의 왕(De re Coquinaria)'을 보아도 알 수 있다. 그래서 그들이 각지의 포도주를 마셔가며 미식을 즐기는 식도락(食道樂)은 가스트로노미아(Gastronomia)라 불려졌고, 하나의 관광형태가 되었다. 가을에는 술의 신(酒神) 바커스(Bacchus)를 주신(主神)으로 하는 제례가 행해져 많은 사람들이 몰려들었다고 한다.

이와 같은 미식으로 인해 많은 비만인(肥滿人)이 생겨났고, 그와 함께 온천요양을 필요로 하는 병자가 늘어났으며, 오늘날의 요양관광(療養觀光)이라는 새로운 관광형태를 낳게 하였다. 남부(南部) 이탈리아의 바이아(Baia)는 이와 같은 유형의 관광중심지 중의 하나가 되었으며, 그에 따라 요양객을 위해 연극이 공연되었고, 또한 카지노(Casino)도 설치되었다. 또 예술관광이란 각지의 명승고적을 탐방하는 것을 말하는 것으로 가깝게는 카프리섬의 티베리우스(Tiberius)황제의 별장으로부터, 멀리는 이집트의 피라미드 등이 그 대상이었다.

그리고 등산(登山)에는 종교적 동기로 인한 것과 과학적 동기로 인한 것으로 구분할 수 있는데, 전자의 예로는 알프스의 산베르나르도(San Bernardo)에 있는 주피터(Jupiter)신전 참배 등이 있고, 후자의 예로는 시칠리아(Sicily)섬의 에트나(Etna)활화산을 찾는 등산 등이 널리 알려졌었다.

로마시대에 들어와서 이와 같은 관광이 가능했던 배경으로는 교통수단의 정비를 들 수 있겠다. 기원전 4세기에 건설되었다는 아피아가도(Appian Way)를 비롯하여 로마의 중심 훠로(Foro)로부터는 일곱 개의 가도(街道)가 동서남북으로 뻗었고, 남쪽은 멀리 그리스로 뻗어나가는 해상교통으로 연결되어 있었다. 고대 로마의 도로정비는 주로 전략상의 이유에서였다고는 하나, 그것이 관광의 발전에 기여했던 것은 명백한 사실이다.

당시 육상의 교통수단은 마차뿐이긴 하였으나, 사람의 수와 목적에 맞추어 2인승 단거리용의 2륜마차 키시움(Cisium), 3인용 2륜마차 카렛세(Calesse), 4인승 장거리용의 4륜마차 프레토리움(Paretorium)으로부터 포장과 침대가 붙은 4륜차 카루카 도르미토리아(Carruca Dormitoria) 등 여러 종류가 있었다.

한편, 해상교통도 소형의 트라게토(Traghetto)나 바르카(Barca)로부터 대형의 나베(Nave)에 이르기까지 여러 가지가 있었는데, 대형선으로 로마의 오스티아(Ostia)항구에서 스페인의 카디즈(Catiz)까지는 7일, 나폴리 근처의 포즈올리(Pozzuoli)항구에서 그리스의 코린터스(Corintus)까지는 5일이 걸렸다고 한다.

숙박시설은 처음에는 민가를 개조하는 정도의 것이었으나, 관광이 점차 발전함에 따라서 대형화되기 시작했으며, 오스티아(Ostia) 등지에서는 4층 건물로서 내부에 리셉션 데스크와 선물가게까지도 갖춘 여관이 있었다는 것은 오늘날 오스티아의 유적에서도 확인되고 있다. 이 밖에 그리스에 있었던 것과 같은 간이식당 타베르나(Taverna)나 식당 겸 숙박시설인 포피나(Popina)가 각지에 건설되어 영업을 하고 있었다.

그러나 기원 5세기에 이르러 로마제국이 붕괴되면서 치안은 문란해졌고 도로는 황폐해졌으며, 화폐경제는 다시 실물경제로 되돌아감으로써 관광에 있어서는 악조건이 겹쳤기 때문에 오랜 관광의 공백시대(암흑기)로 빠져들게 되었던 것이다.

3) 중세 유럽

유럽에 있어서 관광부활(觀光復活)의 원인이 된 것은 십자군전쟁(十字軍戰爭)이었다. 11세기말(1096)부터 13세기말(1291)에 이르기까지 약 200년간 7회에 걸쳐 편성된 십자군원정은, 서유럽의 그리스도교도들이 성지 예루살렘을 이슬람교도들로부터 탈환할 목적으로 감행한 대원정이었다. 십자군원정이 열광적인 종교심과 함께 호기심·모험심의 산물이었다는 것은 일반적으로 널리 알려진 바이지만, 원정에서 귀국한 병사들이 들려준 동방의 풍물에 대한 정보는 유럽인들에게 동방세계에 대한 관심을 가지게 함으로써 동서

문화교류의 계기를 마련하게 되었던 것이다.

또한 동방과의 교섭의 결과 교통·무역이 발달하고 자유도시의 발생을 촉진하였으며, 동방의 비잔틴문화·회교문화가 유럽인의 견문에 자극을 주어 근세문명의 발달에 공헌한 바가 컸다.

비록 명분과 목적에서 예수의 묘(墓)가 있는 예루살렘을 회교도의 손에서 탈환하여 기독교도의 영토로 삼아 순례자의 편의를 꾀하려던 '성지 예루살렘(Jerusalem)의 탈환'은 끝내 달성하지 못했으나, 이슬람교도에게 그리스도교도의 예루살렘 순례(巡禮)를 인정하게 함으로써 중세를 통하여 예루살렘은 종교관광의 최고 목적지가 되었던 것이다.

중세 유럽의 관광은 중세세계가 로마법왕을 중심으로 한 기독교문화공동체였던 탓으로 종교관광이 성황을 이루었는데, 예루살렘에 이어 제2의 순례지는 로마였다. 여기에는 교황(教皇)이 있고 사도(使徒) 베드로나 바울 등이 순교(殉教)한 땅이기도 하다. 로마 교황이 7대에 걸쳐 프랑스 남부 아비뇽(Avignon)에 유폐당한 14세기와 신성 로마제국 황제 칼 5세가 로마를 약탈한 16세기 초에는 일시적으로 황폐되기는 하였으나 오랜 중세를 통하여 로마는 신앙의 중심지였다.

중세 유럽의 제3의 순례지는 스페인의 산티아고 드 콤포스텔라(Santiago de Compostela)였다. 이 곳에서 12사도의 한 사람인 야곱의 유골이 발견되었다고 해서 1082년에 대성당이 건립되었고, 또한 성지로 지정된 이래 프랑스와 스페인 각지로부터 많은 순례자가 모여들었다.

이와 같이 중세 유럽의 관광은 성지순례(聖地巡禮, Pilglim)의 형태를 취하였고, 그들은 수도원에서 숙박하고 승원 기사단(僧院騎士團)의 보호를 받으면서 가족단위로 먼 길의 관광을 즐길 수가 있었다.

2. 근대관광의 발생과 발전

1) 근대관광의 생성조건

관광은 근대의 경제적 풍요로움을 근본적 원인으로 하여 발생한 사회현상이며, 근대를 구체화하는 전형적인 사회현상이라 할 수 있다.

여가활동의 일종인 관광을 실현하기 위해서는 먼저 돈과 시간이 필요하게 된다. 그리고 또하나의 조건으로 관광을 받아들이는 사회규범, 즉 관광을 즐길 수 있는 사회환경을 들 수 있으며, 관광을 유발시키는 이러한 조건은 경제적 풍요로움이 사회 전반에 걸쳐 확산됨으로써 비로소 성립하게 되는 것이다.

근대 이후 관광이 더욱 확대된 계기는 19세기 말 이후의 여행조건의 비약적인 향상을 들 수 있는데, ① 교통의 혁신적 발전, ② 숙박시설의 정비, ③ 관광관련 산업의 복합화와 발전, ④ 관광정보의 보급, 그리고 ⑤ 이동수단의 발달 등이 그것이다.

2) 근대 유럽의 관광

유럽에 있어 15세기에서 19세기 초까지는 르네상스, 대항해(大航海), 종교개혁, 미국의 독립, 그리고 계몽주의가 확산된 시기로 시대구분은 근세(近世)라고 부른다. 이와 같은 근세는 근대(近代)의 기초가 구축되는 시대이며 또한 여행(旅行)의 역사에서 관광(觀光)의 역사로 전환하는 시기라고도 할 수 있다.

유럽에 있어서의 관광은 위에서 언급한 바와 같이 일부에서는 대항해시대를 맞이하는 등 화려한 일면도 있었지만, 근세에 와서도 종교관광(宗敎觀光)의 기조는 달라지지 않았다. 그러던 것이 19세기에 들어서면서 커다란 변화가 나타났다. 이 시대에는 이미 중세 말기에 생긴 여관조합(inn guild)이 발전하여 여관의 수도 많아졌으며 여행이 쉬워진데다, 문예부흥기(文藝復興期)를 맞아 괴테(J.W.v. Goethe), 셸리(P.B. Shelley) 그리고 바이런(G.G. Byron) 등 저명한 작가와 사상가가 대륙을 여행한 후 발표한 작품들이 또다른 관광의 자극제가 되었다. 역사가(歷史家)는 이 시대를 가리켜 '교양관광(敎養觀光)의 시대' 또는 '그랜드 투어(Grand Tour)의 시대'라고 부르고 있다.

이른바 산업혁명이 가져온 기술혁신의 하나인 철도의 발달은 특히 영국에서 두드러져서 1850년에는 주요 철도망이 거의 완성돼 있었다. 이와 같은 시대상황에서 등장한 사람이 토마스 쿡(T. Cook)인데, 그의 활약에 의하여 대중의 즐거움을 위한 여행은 새로운 형태로 전개되어 갔다.

영국인 목회자였던 토마스 쿡은 관광분야에서는 최초로 여행업을 창설한 인물로 다양한 아이디어 속에 단체관광(패키지 투어)을 처음으로 시도하였으며, 그 결과 관광의 대중화의 길이 열리게 된 것이다.

토마스 쿡에 의한 여행업의 창설은 처음에는 종교활동에서 시작되었다. 그는 인쇄업을 운영하면서 전도사 및 금주운동가로서 활동하고 있었는데, 당시 도시노동자의 음주습관을 없애기 위하여 관광이라는 건전한 레저활동을 노동자계층에 인식시키며 금주운동을 펼치고 있었던 것이다. 여행과 관련한 그의 특별한 업적은 금주운동 참가를 위한 단체여행의 주최였다. 그는 1841년에 철도회사와의 교섭을 통해 단체할인의 특별열차를 임대하여 570명 참가자들의 전 여정을 관리하여 성공적으로 끝마쳤는데, 이는 근대여행업의 첫걸음이라 할 수 있다.

그 후 토마스 쿡에게 여행수속의 대행을 의뢰하는 사람이 속출하여, 드디어 1845년에는 단체여행을 조직화하고, 교통기관이나 숙박시설을 알선하는 것을 전업으로 하는 '여행대리업(당시는 excursion agent)'을 경영하게 되었다. 그의 공적은 누가 무엇이라 하여도 대중의 여행을 손쉽게 한 것에 있으며, '즐거움을 위한' 여행에 참가할 수 있는 사람들을 증대시켰다는 점이다. 이 점에서 토마스 쿡을 '근대관광산업의 아버지'라고 부르고 있으며, 또 그의 등장 이후를 '근대관광의 시대'라고 부른다.

한편, 숙박시설면에서도 19세기가 되면서 온천지를 중심으로 호화로운 객실과 위락시설을 갖춘 곳이 나타났는데 이를 호텔이라 부르게 되었다. 남부독일의 바덴바덴(Baden-Baden)의 바뒤쉐 호프(Der Badische Hof)나 하이델베르그(Heidelberg)의 유로페쉬호프(Der Europ ische Hof), 파리의 그랑 호텔(Grand Hotel) 등이 그것이다.

3) 근대 미국의 관광

미국은 독립 이후 급속한 근대화를 이루어 19세기 말에는 영국을 제치고 세계경제를 주도하는 대국이 되었다. 경제발전으로 인한 중산층(中産層)의 탄생은 20세기에 들어와 관광붐을 일으켜 1910~1920년에 걸쳐 미국인의 유럽여행 붐을 조성하였으며, 유럽에서도 미국관광이 유행하여 유럽대륙과 북미대륙 간의 왕래가 빈번하게 되었다.

이렇게 대서양을 사이에 두고 양 대륙간의 교류가 증가하게 된 배경에는 대형화·고속화를 이룬 대형 호화여객선의 등장을 들 수 있다. 20세기 전반은 이러한 호화 대형 여객선의 시대라 할 수 있으며, 대형 여객선에 의한 관광은 하와이, 카리브해의 여러 섬, 아프리카, 아시아 등을 대상으로 하는 세계 주유관광의 확대를 실현시켰으며, 또한 미국에서는 20세기 초반에 자동차 붐이 일어나 경제적 풍요로움과 중산층 계급의 대두를 상징함과 동시에 국내관광의 발전에도 기여하게 되었다. 이것이 이른바 '유럽으로의 여행시대'이다.

이와 때를 같이하여 스타틀러(E.M. Statler)와 같은 호텔경영자에 의해서 미국의 호텔기업이 대형화·근대화되는 계기가 마련되었다. '근대호텔의 혁명왕'으로 일컬어지는 스타틀러는 1908년에 버펄로(Buffalo)에서 스타틀러 호텔(Statler Hotel)을 개관함으로써 미국호텔산업에 새 역사를 창조한 인물이다.

영국에서도 근대적인 호텔기업을 발전시킬 수 있는 터전이 마련되기는 하였으나 크게 성장하지 못하였고, 미국에서 오히려 융성한 발전을 가져와 오늘날 호텔기업의 본고장으로 평가되고 있다. 이와 같이 근대에 와서 미국의 호텔이 유럽의 호텔보다도 더 발전을 하게 된 배경이 무엇인가를 다음과 같은 측면에서 살펴볼 수 있겠다.

첫째, 숙박업자들의 개성면에서 미국의 숙박업자들은 유럽에 비해 보다 진취적이고 투기적이며 확장주의적 과감성이 있었던 결과이고, 둘째, 호텔기업의 개성면에서 유럽의 것이 귀족적 냄새를 풍기며 화려한 그리고 안정적인 특성을 보이는데 반하여, 미국의 호텔은 평등적 내지는 대중적 취향의 운영형태를 보여 주었다는 점이다. 이의 주요한 요인은 미국인의 생활습관에 기인함과 동시에 여행을 어느 나라에 비해서도 좋아하는 사실에서 기인되고 있다. 이는 곧 오늘날까지 국내외를 막론하고 호텔산업의 발전을 유도한 선도적 요소이기도 하다.

특히 20세기 초에, 스타틀러가 전혀 새로운 스타일의 버펄러·스타틀러호텔(Buffalo Statler Hotel)을 설립함으로써 도시를 왕래하는 중산층의 여행자가 투숙할 수 있는 상용호텔의 탄생을 가져옴과 동시에 미국 호텔산업의 새로운 시대를 열었다.

4) 일본의 근대화와 관광

일본의 근세(近世)라 하면 16세기 후반에서 에도(江戶)시대 말기까지를 말하는데, 이 시기에는 전국(戰國)시대가 종식되면서 경제활성화를 위한 교통의 발달과 치안유지 등 여행의 조건이 기본적으로 정비됨에 따라 여행활성화가 재개되었다. 특히 이 시대에는 주인(朱印)무역선에 의한 해외교역이 성행하였다. 주인무역선이란 허가서를 교부받은 상선으로 대외교역을 장려하는 국가시책에 힘입어 17세기 초까지 동남아시아를 중심으로 성행하였는데 에도(江戶)시대로 접어들면서 쇄국정책에 밀려 약 200년 간에 걸쳐 대외교역은 모습을 감추고 말았다.

하지만 에도(江戶)시대에는 근대화를 위한 경제적·사회문화적 기반이 형성되어 실질적으로 "즐거움을 위한 여행"을 누릴 수 있었던 시기라 할 수 있다. 에도시대에 들어오면서 여행을 위한 제반조건이 거의 갖추어지게 된다. 봉건제도가 정착된 에도시대에는 각 지역을 관리·통제하는 영주나 무사들에게 순번제로 일정한 기간 동안 에도(江戶)로 불러들여 정부 일을 담당케 하는 「참근교대제(參勤交代制)」가 제도화되었는데, 이들의 편의를 위해 전국에 걸쳐 도로 및 숙박시설이 정비되었으며, 농업경제 활성화로 인한 화폐경제의 발달과 치안향상 등은 일반 서민들까지 여행의 기회를 누릴 수 있는 촉매역할을 하였다.

에도(江戶)시대에 유일하게 서민들이 참가 가능한 여행은 바로 종교관련 여행이었다. 종교관련 여행이라 함은 주로 전국의 참배지(參拜地)를 순례하는 여행으로 당시 가장 인기있는 참배지는 '이세신궁(伊勢神宮)'이었다. 이세신궁은 서민에게 있어 일생에 한번은 참배해야 되는 곳으로 인식될 만큼 종교적 흡인력이 강한 곳이었다. 이세신궁을 참배하는 형태에는 크게 두 가지 유형이 있었는데 '누케마이리'와 '오카게마이리'가 그것이다. 여기서 "마이리"란 신사참배를 위해 신궁을 방문하는 것을 의미하는 말이다.

먼저 전자인 '누케마이리'란 일반적으로 여행허가서를 교부받지 않거나 집주인의 승낙 없이 집을 빠져나와 몰래 신사참배를 위해 여행을 떠나는 것을 가리키는 것으로 에도(江戸)시대 젊은이들 사이에 유행하였으며, 하나의 풍습으로 받아들여져 여행 후 돌아와도 처벌받지 않았다고 한다. 여기서 "누케"란 일본어로 '빠져나오다'라는 말이다.

한편, 후자인 '오카게마이리'란 1638~1867년 사이에 약 60년을 주기로 3회 정도(1705년, 1771년, 1830년) 이세신궁으로 민중들이 대거 참배하였던 현상을 가리키는 말이다. 이러한 배경에는 이세신궁의 부적이 하늘에서 떨어진다는 기이한 현상을 직접 경험하기 위한 것이 원인이었는데, 남녀노소를 불문하고 모든 계층의 사람들이 참가하였다고 한다. 특히 이들의 여행을 위해 도로 주변에 대규모로 편의시설이 마련되었으며, 이러한 시설 덕분에 여행이 가능하였다는 뜻에서 오카게마이리라는 용어가 탄생되었다고 한다. "오카게"란 일본어로 '덕분에'라는 말이다.

서민들의 여행이 활성화된 것은 에도시대이지만 여전히 저해(沮害)요소가 산재해 있었으며, 이러한 것이 완전히 제거되어 여행의 틀을 벗어나 하나의 '관광'으로 자리매김한 것은 일본의 근대화(近代化)가 시작된 메이지(明治)시대부터라 할 수 있다.

1868년 메이지(明治)시대에 접어들면서 일본은 근대국가로서의 형태를 갖추었으며 근대화구조의 기반이 마련되면서 관광정책에도 영향을 미치게 된다. 특히 관광관련 분야 중 여행업에 관련한 정책을 펼치게 되는데, 이러한 정책 배경에는 무엇보다도 외국인 관광객을 유치하려는 정부의 의지 때문이었다. 1896년에는 「희빈회(喜賓會)」라는 여행알선단체를 설립하여 상류계층의 외국인 관광객을 접대하기도 하였다. 이후 20세기로 들어서면서 미국과 유럽에 있어 중산계층에까지 국제관광 붐이 일어나 이들 외국인 관광객을 전문적으로 대응하기 위하여 「Japan Tourist Bureau」가 설립되었는데, 이는 현재의 「日本交通公社」의 전신이다.

일본 근대관광의 특징으로서 '단체여행(團體旅行)'을 빼놓을 수 없는데, 이 중 수학여행(修學旅行)은 일본 고유의 관광형태라 할 수 있다. 수학여행은 메이지시대에 근대학교제도가 정비되면서 1888년에 문부대신 훈령(訓令)

으로 탄생하였는데, 전쟁 중에 일단 폐지되었다가 종전(終戰) 이후인 1946년에 재개되어 오늘에까지 이르고 있다. 수학여행의 목적은 학생이 단체여행을 통하여 학교생활에서 얻을 수 없는 경험이나 지식 그리고 견문 등을 넓히기 위한 것으로 서양의 그랜드투어(Grand Tour)처럼 교육적 의의를 지닌 단체여행이라 하겠다.

3. 현대관광의 출현과 확대[8)]

1) 대중관광의 출현

(1) 대중관광과 대중소비사회

제2차 세계대전 이후의 폐허에서 부흥한 이른바 선진국에서는 1960년대부터 대중관광(mass tourism)의 시대를 맞이하게 된다. 대중관광이란 관광이 대중화되어 대량의 관광객이 발생하는 현상을 말하는데, 미국, 일본 그리고 서유럽의 국가들을 중심으로 대중관광이 시작되었다. 이러한 국가들은 대부분이 근대화의 선발 그룹에 속해 있었으며, 전후 경제발전으로 더욱더 고도의 근대화를 달성해가고 있었는데, 선진제국의 경제발전은 대중소비사회를 잉태하는 결과를 가져오게 되었다.

대중소비사회란 공업생산력이 비약적으로 증대하여 대량생산·대량소비의 경제활동에 의해 인류사상 미증유의 경제적 풍요로움을 실현한 사회를 말한다. 대중소비사회는 1950년대에 미국에서 출현하기 시작하여 60년대에는 일본과 서유럽 제국에서도 형성되고 있었다.

특히 대중소비사회의 특징인 경제적 풍요로움은 사회 전반에 걸쳐 폭넓게 침투하여 대중레저사회를 형성하게 되었다. 원래 부유한 유한계급층의 소유물로 인식되어 있던 레저(leisure)가 일반대중에게도 향수되기 시작하였고, 그 중에서 가장 인기있는 레저가 바로 관광이었으며, 대중소비사회에 대중관광이 발생하게 된 계기를 마련하게 되었던 것이다.

초기 대중관광은 패키지투어(package tour)에 의한 단체여행으로 실현되었고, 국제적인 차원에 있어서의 대중관광 역시 단체여행의 형태를 띠고 있

---

8) 오카모토 노부유키(岡本伸之)편, 觀光學入門(東京: 有斐閣, 2001), pp.48~54.

었는데, 지구의 '북반부'에 위치하고 있는 경제 선진국의 관광객이 지구의 '남반부'에 위치하고 있는 제3세계의 국가나 개발도상국 관광지를 집중적으로 방문하는 관광형태를 보이고 있었다.

(2) 대중관광시대의 개막

1960년대를 기점으로 미국과 유럽에서는 많은 사람들이 국제관광의 혜택을 누릴 수 있게 되었는데, 제트여객기가 출현함으로써 이를 이용한 관광객이 관광지에 한꺼번에 많이 몰려든 '대중관광'의 개막을 알리는 시기이기도 하였다. '북반부'에 위치한 선진국들의 관광객은 3개의 'S(sun: 태양, sand: 해변, sex:성)'를 즐기기 위해 '남반부'의 관광지를 찾았으며, 1950년대에는 225만명이던 관광객이 1967년까지 1600만명으로 증가하였고, 이들 가운데 북미와 서유럽의 관광객이 약 80%를 차지하였다.

이러한 국제대중관광의 활성화를 배경으로 1960년대경부터 관광개발에 의한 '남반부' 국가들의 경제발전에 대해서 국제적으로 논의되기 시작하였다. '남반부' 국가에 있어서의 관광객 지출액은 1950년 5억달러에서 1967년에는 30억달러까지 급증하게 되자, 1960년대 후반부터 관광을 '무형의 수출(invisible export)'로 간주하게 되었고, 관광개발이 외화획득과 경제발전의 유망한 수단으로서 주목하게 되었다.

1960년대 후반 국제관광의 현저한 확대에 의해 관광의 의의를 다시금 인식하고, 국제관광을 촉진하기 위한 국제기관의 활동도 활발히 이루어졌다. 이러한 시대적 배경하에 국제연합(UN)은 1967년을 국제관광의 해로 정하고 "관광은 평화로 가는 패스포트"라는 슬로건 아래 국제관광의 보급과 관광사업의 진흥을 도모하였다.

한편, 유럽에서는 대중관광의 확대에 따른 '소셜투어리즘'의 실현이 가능하게 되었다. 소셜투어리즘(social tourism)이란 경제적 빈곤이나 신체적·정신적 장애 등의 이유에서 관광에 참여할 수 없는 사람들을 대상으로 관광을 즐길 수 있도록 제반 사회적 지원책을 수행하는 사상(事象)이나 활동을 말하는데, 20세기 중반을 기점으로 스위스와 프랑스를 중심으로 시행된 이후 유럽 전체에 보급되어 대중관광 발전에도 기여하게 되었다.

(3) 대중관광의 확대

1970년대에 들어서면서 국제관광의 경향이 더욱더 확대되어 1969년에는 점보 제트여객기가 정기항공노선에 취항하면서 국제관광의 대량화 및 고속화가 급속히 진행되었으며, 이 시기를 기점으로 북미와 유럽에 이어 일본도 국제관광객 송출국 대열에 뛰어들게 되었다.

1970년대부터 10년간은 국제연합이나 세계은행 등 국제기관에 의한 국제관광개발에 대한 지원이 강화되어 국제대중관광에 대응하는 관광지가 세계 각지에 정비되는 시기였다. 사실 1980년대에 들어오면서 대중관광에 의한 문제점들이 제기되기 시작하였지만, 그럼에도 국제관광의 확대경향은 순조롭게 계속 진행되었으며, NIES(Newly Industrializing Economies: 신흥공업경제지역)에 이은 ASEAN(Association of South-East Asian Nations: 동남아시아국가연합)의 여러 국가를 시작으로 하는 아시아지역의 경제발전으로부터 1980년대에는 ASEAN 회원국들이 새롭게 국제관광객 송출국이 되었으며, 1990년대에는 해당 국가에서 자국민을 위한 관광촉진정책이 추진되었다.

1990년대에 들어오면서도 선진제국과 아시아에서 송출되는 국제관광객 확대경향은 계속되었으며, 1997년에 시작된 아시아 통화위기로 경제성장이 다소 주춤하게 되지만, 이미 경제적 풍요로움을 획득한 아시아 여러 국가에서의 국제관광에 대한 관심은 계속 고조되고 있다.

2) 새로운 관광의 모색

(1) 대중관광의 폐해와 비판

1970년대에 들어오면서 국제대중관광 확대에 따른 문제점이 제기되기 시작하였다. 관광지의 문화변모, 범죄 및 매춘 발생, 환경오염 및 파괴 등이 대표적인 문제점이었다. 더욱이 관광지 주민에 대한 관광객의 경제적·사회적 우월성, 그리고 선진국 기업에 의한 경제적 지배 등에 귀착하는 '네오(neo) 식민지주의' 혹은 '네오(neo) 제국주의' 문제도 제기되었다.

이러한 문제는 근대가 안고 있는 '세계시스템 구조'의 불균형이라는 근본적인 문제에 기인하는 것이 크다고 볼 수 있다. 세계시스템 구조란 사회학자 월러슈타인(I. Wallerstein)이 제시한 현재의 세계를 하나의 사회공간으로 인식하는 모델이다. 그는 세계 전체를 하나의 큰 원으로 보고, 근대화가 형성되면서 근대화를 달성한 핵심부분, 근대화를 달성 중인 중간부분, 그리고 근대화를 달성하지 못한 외각부분 등, 3개의 구조로 성립되어 있다고 보았다. 이러한 세계시스템구조론은 국제사회의 불균형적·종속적인 관계를 나타내며 결국 핵심부분에 위치한 부유층이 주변의 빈곤층을 만들어 낸다는 것이다([그림 2-1] 참조).

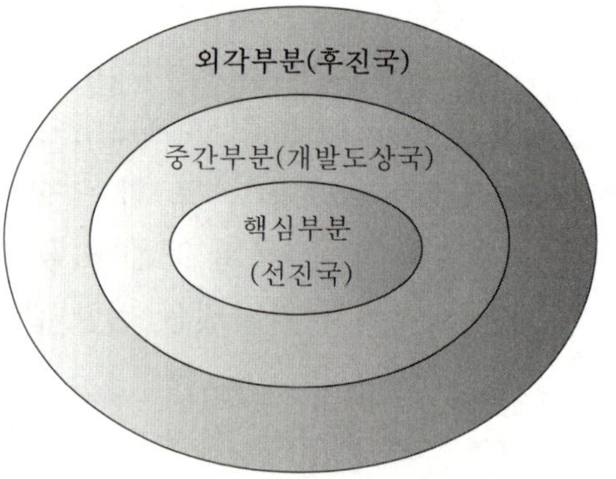

[그림 2-1] 세계시스템구조

여기에 '남북문제'가 발생하게 되는데, 남북문제란 지구의 남반부에 위치한 빈곤층과 북반부에 위치한 부유층과의 경제격차를 말한다. 그리고 세계시스템구조론은 환경문제와도 관련이 깊다. 근대사회에 있어 경제발전에 의한 자연환경 파괴는 1960년대부터 보고되어 왔지만, 70년대에는 지구적 환경문제가 인류생존을 위협할 정도로 심각하게 되었다. 근대화에서 형성된 세계시스템구조론은 필연적으로 환경문제를 야기시킨다.

대중관광에는 세계시스템구조론의 2개의 문제가 투영되어 있다. 다시 말하면 세계시스템구조론의 핵심부분과 주변부분과의 관계는 관광에 있어서의 빈곤한 관광지 주민과 부유한 관광객과의 불균형적 관계를 낳았으며, 근대화에 의한 환경문제는 무분별한 관광개발에 의한 자연환경의 오염 및 파괴라는 결과를 초래하게 된 것이다. 이러한 대중관광의 문제, 나아가서는 세계시스템구조론의 문제에 의문을 던진 것이 바로 새로운 관광의 모색인 것이다.

(2) 새로운 관광의 개념

여기에서 말하는 '새로운 관광'이란 용어는 정확한 번역은 아니지만, 영어의 'alternative tourism'의 역어(譯語)로서 사용하고자 한다. alternative tourism 이라 함은 대중관광을 대신하는 '대안관광'이라는 의미를 내포하고 있는데, 1980년대 말부터 관광연구에 빈번히 사용되고 있다.

하지만 alternative tourism에 대한 용어(用語)의 정의가 아직 미흡하며 학술용어로서 부적절하다는 지적을 받고 있기도 하다. 그래서 관광분야에서는 지구환경문제와 관련한 국제회의에서 제안된 '지속가능한 개발(sustainable development)'에서 가져온 '지속가능한 관광'이라는 용어를 많이 인용하고 있는 실정이다.

하지만 여기서는 alternative tourism의 함의를 고찰하고 이상적인 관광을 표현하는 이념으로써 '새로운 관광'이라는 용어를 사용하고자 한다. 즉 새로운 관광이란 대중관광의 폐해를 극복하는 이상적인 관광형태의 총칭(總稱)이라고 하겠다.

(3) 새로운 관광에의 관심 고조

1990년대 이후에도 대중관광은 계속 확대되었지만, 일부 북미와 서유럽에서는 새로운 관광이 실천되고 있었다. 이문화(異文化) 존속 및 교류를 지향하는 에스닉투어리즘(ethnic tourism) 혹은 자연환경을 보존하면서 관광을 즐기는 에코투어리즘(eco-tourism), 그리고 관광객 스스로의 목적에 따라 자유로이 실시하는 SIT(special interest tourism) 등이 대표적인 예라 할 수 있겠다.[9)]

---

9) SIT: 'Special Interest Tour'의 약자로 관광 이외의 특정목적이나 관심을 충족시키는 여행을 가리키는 용어이다. 단순한 단체여행으로는 만족할 수 없는 여행자의 다양한 수요를 흡수하기 위하여 정형화된 상품에 대한 차별화를 시도하여 최근에는 자연보호나 환경관련을 테마로 하는 여행이나 농촌체험 등도 폭넓은 의미에서 SIT에 포함시키고 있다.

새로운 관광의 발전 및 진흥은 대중관광의 문제에 대응하는 단체 및 기관, 예를 들어 관광관련 국제기관, 각국의 정부관련 행정기관, NGO, 종교단체, 연구자집단 등에 의해 지원되어 왔는데, 새로운 관광에 대한 관심은 향후 더욱더 확대되어 갈 것으로 예상된다.

3) 현대관광의 발전방향

(1) 새로운 관광과 포스트모던

1970년대에 선진제국의 사회구조는 대중관광을 잉태한 대중소비사회에서 탈(脫)공업사회로 이전하게 된다. 탈공업사회란 사회학자 벨(D. Bell)이 주창한 정보화사회를 말하는데, 유럽의 고도 근대사회는 탈공업사회에 들면서 새로운 발전국면을 맞이하게 된다.

그러나 남북문제와 환경문제가 심각해지자 근대사회가 지니는 한계와 폐해에 대한 논의가 시작되었고, 그 중 하나가 바로 포스트모던론이었다. 포스트모던론은 근대사회를 엄격하게 진단하고 고발하였지만, 그 실상을 정확하고 구체적으로 제시하지는 못하였다는 지적을 받고 있다.

여기서 포스트모던을 탐구하는 실천방안으로서 새로운 관광에 주목할 필요가 있다. 예를 들어 에스닉투어리즘(ethnic tourism)이나 에코투어리즘(eco-tourism)은 각각 남북문제나 환경문제에 대한 관광의 대응으로 볼 수 있으며, 이러한 실천적 대응은 근대문제를 해결하고 포스트모던을 탐구하는 하나의 계기가 될 수 있으리라 생각되어진다.

(2) 포스트모던과 현대관광의 의미

포스트모던은 이제 뿌리를 조금씩 내리고 있는 우리들의 미래상이며 이와 관련한 관광의 역사를 짚어보는 일은 매우 뜻깊은 일이라 할 수 있을 것이다. 포스트모던 사회와 관광과의 관계에 대해 살펴보면 다음과 같다.

포스트모던사회가 근대사회가 안고 있는 제반 문제를 극복하여 만들어지는 사회라고 한다면, 그것은 다양한 이질적인 요소가 조화를 이루고 공생한다는 이미지를 가지게 되는 것인데, 이러한 이미지와 관광과의 공통점이 바로 '교류에 의한 창조'인 것이다. 관광에는 이질적인 문화적·사회적 배경을 지니는 호스트(host: 관광지 주민)와 게스트(guest: 관광객), 혹은 게스트(guest: 관광객)와 자연과의 접촉에서 새로운 문화나 형태가 창출될 가능성이 있으며, 이러한 '교류에 의한 창조'의 실천이야말로 새로운 관광의 실천과 연결되는 것이다.

현대관광은 여행의 전통적인 교육적 의미를 지금까지 계승하고 있는 근대의 산물인 동시에 포스트모던으로 가는 매개역할을 하는 사회현상으로 볼 수 있는 것이다. 여기에서 현대관광이 지니는 의미를 찾을 수 있으며, 근대에서 탈근대, 다시 말해 모던에서 포스트모던 시대로 전환할 때, 현대관광은 간과할 수 없는 하나의 사회현상으로 볼 수 있다.

제3절 우리나라 관광의 발전과정

흔히 관광의 발전단계별로 우리나라의 관광현상을 여행의 시대, 관광의 시대, 대중관광의 시대, 신관광의 시대로 구분하는데 대하여는 여러 가지 이론(異論)이 있을 수 있다. 그것은 우리나라의 여행이나 관광의 역사와 환경이 서양의 그것과는 많은 차이점을 보이고 있기 때문이다. 일반적으로 서양에서 관광의 시대는 산업혁명을 기점으로 구분하고 있는데 비하여, 우리나라의 경우는 본격적인 산업화가 1960년대부터 일어났으므로 60년대 이후를 관광의 시대라 볼 수 있을 것이다.

따라서 우리나라 관광의 발전과정을 논할 때에는 서양의 관광사를 논할 때와는 달리 크게 산업화 이전단계와 그 이후의 단계로 구분하여, 산업화 이전단계는 관광의 태동기로 인식하고, 산업화 이후는 관광의 암흑기(일제강점기), 관광의 여명기(1950년대), 관광의 기반조성기(1960년대), 관광의 성장기(1970년대), 관광의 도약기(1980년대), 관광의 재도약기(1980년대), 관광선진국으로의 도약기(2000년대)로 시기를 구분하는 것이 우리나라 관광사를 이해하는 데 적절할 것으로 판단된다.

1. 관광의 태동기

우리나라는 삼국시대로부터 근대조선시대에 이르기까지 불교문화권을 유지하면서 우리 민족의 생활양식, 정치, 문화, 제도 등 모든 면에서 불교의 영향을 받아 왔다. 불교가 정착되면서 전국 각지에 사찰이 생겨남에 따라 여행이나 관광활동도 신도들을 중심으로 불교봉축행사 참가와 산중의 사찰을 찾는 여행의 형태가 생성되었다고 할 수 있다.

따라서 종교적 의미에서의 사찰 참배와 유명사찰의 순례는 고대 유럽에서의 신전(神殿)과 성지(聖地) 순례와 유사한 성격을 갖는다고 볼 수 있겠다. 또한 대외적으로 유학생 및 승려들은 중국뿐만 아니라 인도, 일본 등 해외로의 빈번한 왕래가 있었다. 백제(百濟)는 중국의 남북조 문화와의 교류가 있었고, 일본에 불교 및 문화를 전하는 과정에서 일본과의 교류도 있었다.

이후 통일신라(統一新羅) 시대에는 불교가 크게 발전했으며, 이와 더불어 이른바 종교여행이 활발했던 것으로 전하여진다. 많은 유학생과 승려들이 불교연구를 위해 중국뿐만 아니라 멀리 인도에까지 여행을 했는데, 그 중에서 원효(元曉)와 의상(義湘)이 해로(海路)를 통해 당나라 유학을 했고, 혜초(慧超)는 인도에 들어가 여러 나라를 순례한 후 돌아와 여행기인 「왕오천축국전(往五天竺國傳)」을 남겼다.

고려(高麗)시대에는 신분제도가 철저했기 때문에 지배계층과 피지배계층의 구별이 뚜렷하여 신분에 따라 행동에 제약이 많았다. 따라서 여행은 지배계층인 귀족계급을 제외하고는 거의 이루어지지 않았으므로, 귀족계급을 중심으로 하는 중국으로의 유학이나 교역활동이 이 시대의 여행행동을 구성하는 대표적 예였다. 당시의 귀족계급의 자제들은 명산(名山)과 사찰(寺刹) 등의 국내여행은 물론 국외에까지 여행을 하였다.

근대조선(近代朝鮮) 이전까지의 관광성격을 띤 여행은 종교적·민속적인 내용이 많았다. 따라서 조선시대 초기의 관광유형은 이전의 삼국시대나 고려시대의 관광유형과 흡사하였으나, 조선시대 후기의 쇄국정책 그리고 일본 및 구미(歐美) 열강들의 침략과 일본의 통치로 말미암아 관광의 발달은 이루어지지 못하였다. 또한 근대에 이르기까지 스스로 국제사회에 활로를 개척하지 못하고 은둔의 나라로 감추어진 채 남아 있었기에 국제간의 교류는 활발하지 못하였으며, 구미(歐美)처럼 인접국가들과의 자유스러운 관광도 이루어지지 못하였다.

따라서 본격적인 우리나라 관광의 출발은 19세기 말부터라고 할 수 있겠다. 조선 말기에 발발한 운양호(雲揚號)사건으로 인한 문호개방시대를 맞이하여 1876년에 일본과의 강화조약(江華條約) 즉 병자수호조약(丙子修護條約) 체결을 계기로 부산항이 개항되었고, 이어서 원산 및 인천항이 개항되어 많은 해외열강과의 통상과 접촉을 함으로써 기존의 전통적인 여행에 많은 변화를 가져왔다.

개항(開港)과 더불어 외국과의 물물교환 등을 통한 경제적 침투와 함께 많은 외국인이 입국하게 되면서 이미 있었던 숙박시설의 변천을 가져왔고, 1910년 한일합방(韓日合邦)과 더불어 근대적인 여관이 서울을 비롯하여 부산 및 인천과 같은 개항지는 물론 철도역 부근을 중심으로 번창해 갔다.

또한 1899년 9월에는 제물포~노량진 간에 33.2km의 경인철도가 개통됨에 따라 근대적 여행시설이 확충되기 시작했으며, 이밖에 1888년에는 인천에 대불(大佛)호텔(우리나라 최초의 서양식 개념의 호텔임)이 세워지고, 1902년에는 서울 정동에 손탁(Sontag)호텔이 프랑스계 독일 태생인 Sontag에 의해 세워졌다. 하지만, 이러한 시설들은 우리나라 사람들을 위한 것이 아니라 모두가 일본을 비롯한 외국인을 위한 것이었다.

2. 관광의 암흑기(일제강점기)

1910년 한일합방 이후 일본의 통치는 우리나라 관광산업에 커다란 변화를 초래하였다. 일본여행업협회(JTB) 조선지사가 1912년에 설치되었고, 일본이 만주대륙 진출을 위해 병참지원 목적으로 한반도에 철도를 부설함으로써 철도여행이 큰 비중을 차지하게 됨에 따라 1914년 서울에 조선호텔, 1915년 금강산에 금강산호텔, 장안사호텔이 각각 세워졌다. 그후 1925년에는 평양철도호텔, 1938년에 당시 최대 규모를 자랑하던 서울의 반도호텔(현 롯데호텔 자리, 8층 111실)이 장안의 화제를 모으면서 개업하였다.

한편, 일본은 러·일전쟁의 승리로 인하여 대륙진출이 활발해지자 1914년에 재팬투어리스트 뷰로(JTB: Japan Tourist Bureau; 日本交通公社의 전신)의 한국지사를 개설하였고, 관광사업 및 국제경제상의 중요성을 알리고 일제 강점시대 동안 일본인의 여행편의를 제공하였다.

그러나 이 시기에는 모든 관광시설이 일본인과 외국인을 위한 것이었다. 따라서 우리 국민의 관광여행은 극도로 제한되어 있었고, 관광사업 역시 일본인이 독점하고 있었기 때문에 진정한 의미에서 우리의 관광사업이라 할 수 없었으며, 따라서 일제치하에서의 관광은 일본인을 위한 것이었을 뿐, 우리로서는 관광의 암흑기였다고 하겠다.

3. 관광의 여명기(1950년대)

우리나라 사람이 관광사업을 경영한 것은 1945년 8월 15일 해방 이후부터이다. 해방이 되면서 곧바로 일본여행업협회 조선지사를 재단법인 대한여행사(Korea Tourist Bureau)로 명칭을 변경하였고, 1948년 우리나라를 방문한 최초의 외국인관광단(Royal Asiatic Society, 70명)이 2박3일의 일정으로 경주를 비롯하여 국내 주요 관광지를 여행하였으며. 같은 해 미국의 노스웨스트 항공사(NWA)와 팬 아메리칸 항공사(PANAM) 등이 서울영업소를 차리고 영업을 개시하였다. 뒤이어 1950년에는 온양·대구·설악산·무등산·해운대 등지에 교통부(당시) 직영 관광호텔을 개관하였다. 그런데 해방 직후의 대혼란을 거쳐 1948년 정부가 수립되었으나 미처 관광행정체계가 확립되기도 전에 1950년 6·25전쟁이 발발하여 관광시설들은 파괴되고 문을 닫게 되었다.

부산으로 피난을 간 정부는 1950년 12월에 교통부 총무과 소속으로 관광계를 신설하여 철도호텔업무를 관장케 하였으며, 1953년에는 노동자들에게 연간 12일의 유급휴가를 실시하도록 보장한 「근로기준법」을 제정·공포하였다. 그 후 1954년 2월 10일 대통령령 제1005호로 교통부 육운국에 종전의 관광계를 관광과로 승격시킴으로써 관광사업에 대한 행정적인 체제를 마련하기 시작하였다. 이 때의 관광행정의 당면과제는 전화(戰禍)로 파괴된 도로, 숙박시설 등의 관광시설을 복구·확장하는 데에만 주력하였을 뿐, 미처 관광관련 법규가 마련되지 않아 국가적인 관광정책은 형성되지 못하였다.

1957년 11월에는 교통부(당시)가 IUOTO(국제관설관광기구, UNWTO 전신)에 가입함으로써 최초로 국제관광기구와의 유대를 갖게 되었으며, 1959년 10월에는 IUOTO 상임이사국으로 피선되었다. 1958년 3월에는 '관광위원회 규정'을 제정하여 교통부장관의 자문기관으로 중앙관광위원회를, 도지사의 자문기관으로 지방관광위원회를 각각 설치하여 다소나마 관광행정기능을 보강하였으나, 실질적으로 관광행정이 이루어지지는 못하였다.

한편, 1950년대 말에 가서는 정부가 관광사업진흥 5개년계획을 수립하여 민간호텔 건설에 정부가 재정융자를 해주었으며 모범관광지 개발을 추진하였다. 이에 따라 국민들은 서서히 국가의 관광정책에 관심을 갖게 되었는데, 이렇게 볼 때 1950년대는 정부가 관광사업에 관심을 표명한 여명기라 할 수 있다.

4. 관광의 기반조성기(1960년대)

우리나라의 관광사업은 1960년대에 들어서서 조직과 체제를 갖추고 정부의 강력한 정책적 뒷받침을 마련하는 등 관광사업 진흥을 위한 기반을 구축하기 시작하였다.

1961년 8월 22일 법률 제689호로 제정·공포된 「관광사업진흥법」은 우리나라 관광의 획기적인 발전을 위한 최초의 법률이다. 이 법은 관광질서의 확립, 관광행정조직의 정비, 관광지개발을 위한 지정관광지의 지정, 관광사업의 국제화 추진 등을 규정하였다. 1년 뒤인 1962년 7월과 11월에는 이 법의 시행령과 시행규칙이 제정되어 관광사업이 획기적으로 발전할 수 있는 계기를 마련하였다. 또한 문화재 자원의 체계적인 보호와 관리를 위해 「문화재보호법」을 1962년 1월에 제정·공포하였다.

1962년 4월에는 「국제관광공사법」이 제정되었고, 이 법에 의하여 국제관광공사(현 한국관광공사의 전신)가 설립되었는데, 이 공사는 관광홍보, 관광객에 대한 제반 편의제공, 외국인 관광객의 유치와 관광사업 발전에 필요한 선도적 사업경영, 관광종사원의 양성과 훈련을 주된 임무로 하였다. 또한 동년에는 유능한 안내원을 확보하기 위하여 통역안내원 자격시험이 처음으로 실시되었다.

1963년 9월에는 교통부(당시)의 육운국 관광과가 관광국(기획과, 업무과)으로 승격되어 관광행정의 범위가 넓어지게 되었고, 동년 3월에는 특수법인인 대한관광협회중앙회(현 한국관광협회중앙회)가 설립되어 도쿄와 뉴욕에 최초로 해외선전사무소를 개설하였다.

1965년 3월에는 제14차 아시아·태평양관광협회(PATA) 연차총회 및 워크숍을 유치하였고, 같은 해에 국제관광공사, 세방여행사 등의 6개 단체가 ASTA(미주여행업협회)에 정회원으로, 교통부 등 18개 업체가 준회원으로 가입하였다.

또한 1965년 3월에는 대통령령 제2038호로 「관광정책심의위원회 규정」을 제정·공포하고, 이를 근거로 국무총리를 위원장으로 하는 '관광정책심의위원회'를 발족하고, 여기서 관광정책에 관한 주요 사항을 심의·의결케 함으로써 이 기구의 법적 지위를 높임과 동시에 기능을 강화하였다.

1967년 3월에는 「공원법(公園法)」이 제정·공포되어 국립공원위원회가 구성되고, 동년 12월에는 지리산(智異山)이 국내 최초로 국립공원으로 지정되었다.

그리고 1968년에는 '관광진흥을 위한 종합시책'이 교통부에 의하여 공표되었는데, 그 내용은 1971년까지의 관광시책으로서 ① 관광지역의 조성, ② 문화재의 관광자원화, ③ 고도(古都)보전의 제도 확립, ④ 온천장 및 해수욕장의 개발, ⑤ 산야개발과 여가이용 등을 설정하였다.

이상과 같이 1960년대의 한국관광은 발전과정의 기반조성시대로 볼 수 있으나, 1964년 도쿄올림픽과 그 이듬해 한국과 일본의 국교정상화로 많은 일본인이 방한하면서 한국의 관광시장은 종래의 미국으로부터 일본으로 바뀌는 전환점이 되었다. 따라서 1960년대는 관광사업이 정착·발전하기 시작하고, 종합산업으로 체계적인 발전의 초석을 놓은 시기라 할 수 있다.

5. 관광의 성장기(1970년대)

1970년대는 정부가 관광사업을 경제개발계획에 포함시켜 국가의 주요 전략산업의 하나로 육성함과 동시에 관광수용시설의 확충, 관광단지의 개발 및 관광시장의 다변화 등을 적극 추진하고, 이에 따른 관광행정조직의 보강 및 관광관련 법규를 재정비함으로써 우리나라 관광산업이 규모와 질적인 면에서 크게 성장한 시기였다고 하겠다. 이러한 시기에 관광진흥을 위해 시도되었던 주목할 만한 사항들을 살펴보면 다음과 같다.

1970년에는 국립공원과 도립공원이 지정되고, 한미합작투자로 조선호텔이 개관되었다. 또한 1971년에 경부고속도로의 개통을 계기로 전국적으로 관광지 개발이 촉진되었고, 청와대에 관광개발계획단이 설치되었으며, 전국의 관광지를 10대 관광권으로 설정하여 관광지 조성사업이 본격적으로 추진되기 시작하였다. 그리고 동년 11월에는 한국관광학회가 발족하였다.

1972년 12월 정부는 관광사업의 육성을 위해 「관광진흥개발기금법」을 제정하여 제도금융으로 관광기금을 설치·운용하도록 하였다. 그리고 1972년 하반기부터 우리나라 기업의 경제무대가 급속히 국제화되어가는 가운데 외국관광객이 급증함으로써 정부는 관광법규의 재정비에 착수하였다.

1975년 4월에는 「관광단지개발촉진법」이 제정되었다. 이 법은 경주보문관광단지와 제주중문관광단지 등과 같은 국제수준의 관광단지개발을 촉진케 함으로써 관광사업 발전의 기반을 조성하는 데 기여토록 하기 위해 제정되었으나, 1986년 12월 「관광진흥법」의 제정으로 이에 흡수되어 폐지되었다.

1975년 12월에는 우리나라 최초의 관광법규인 「관광사업진흥법」을 폐지하고, 동법의 성격을 고려하여 「관광기본법」과 「관광사업법」으로 분리 제정하였다. 여기서 「관광기본법」은 우리나라 관광법규의 모법(母法)이며 근본법(根本法)의 성격을 갖는다.

한편, 1973년부터 국제관광공사(현 한국관광공사의 전신)의 기구가 민영화되었고, 동년 4월에는 대한관광협회중앙회도 기구를 개편하고 조직을 강화하여 한국관광협회로 그 명칭을 바꾸었다.

1978년 12월에는 역사상 처음으로 외래관광객 100만명을 돌파하는 성과를 거두었고, 1979년에는 제28차 PATA총회가 서울에서 개최되었으며, WTO(세계관광기구)에서는 9월 27일을 '세계관광의 날'로 지정하였다.

6. 관광의 도약기(1980년대)

1980년대는 우리나라 관광이 도약한 시기라 할 수 있다. 1979년 6월 OPEC이 기준유가를 59% 인상함으로써 일어난 제2의 유류파동이 세계적인 경기침체를 가져와 1980년 초에는 우리나라 관광사업이 일시적으로 불황을 맞기도 하였으나, 이후 경제성장정책의 가속화는 다시 국민의 관심을 여가생활에 집중시켜 여가활동에 대한 관심과 만족이 확산되었던 시기이다. 따라서 1980년대에 들어서는 복지행정의 차원에서 국민복지를 향상시키고 건전국민관광을 정착시키기 위하여 국민관광진흥시책을 적극 펴나가게 되었고, 국제관광과 국민관광의 조화 있는 발전을 이루기 위한 정책이 추진되었다. 특히 1981년부터 해외여행의 부분적 허용과 50세 이상의 관광목적 해외여행에 대한 자유화(1981년 1월 1일)는 우리나라 관광의 대중화가 시작되는 분기점이라 할 수 있다.

그리고 1983년 ASTA총회, 1985년 IBRD/IMF총회, 1986년 ANOC총회와 아시안게임, 1988년 서울올림픽 개최와 같은 대규모 국제행사의 성공적 개최는 해외시장에서 한국여행에 대한 관심을 고조시키고 한국관광의 수요를 촉진시키는 데 크게 기여하였다. 또한 1989년 1월 1일부터는 내국인의 해외관광이 완전히 자유화됨으로써 관광분야에서도 양방향 관광(two-ways tourism)이 활발하게 이루어지게 되었다.

7. 관광의 재도약기(1990년대)

1980년대에 이어 1990년대는 우리나라 관광의 재도약기라 할 수 있다. 1990년 7월 13일 정부는 전국을 5대관광권 24개소권의 관광권역으로 설정한 정부계획을 확정함으로써 관광선진국 대열에 진입할 수 있도록 관광개발 및 보전에 힘을 기울이게 되었다.

1992년 4월에는 교통부가 관광정책심의위원회의 의결을 거쳐 '관광진흥중장기계획'을 정부계획으로 확정하였으며, 1992년 9월에는 '관광진흥탑' 제도를 신설하고 관광외화획득 우수업체를 선정하여 매년 관광의 날(9월 28일)에 수여했다.

1993년에는 제19차 EATA(동아시아관광협회)총회를 유치하였고, 동년 8월 7일부터 11월 7일까지 총 93일 동안 치러진 대전 엑스포(EXPO)는 세계에 우리나라의 저력을 과시한 전시이벤트였다.

1994년에는 우리나라 관광업무의 담당부처가 교통부 육운국에서 문화체육부 관광국으로 이관되었으며, 특히 '94 한국방문의 해'는 외국인들의 방한을 촉진하고 한국의 역사·문화를 비롯해 발전상을 외래객들에게 알리는 우리의 노력이 결실을 맺은 해이기도 하다. 또 1994년 4월에는 PATA(아시아·태평양관광협회)의 연차총회, 관광교역전 및 세계지부회의 등 3대 행사가 성황리에 개최되었다. 그리고 종래 「사행행위등 규제 및 처벌특례법」에서 사행행위영업(射倖行爲營業)으로 규정해온 카지노업을 1994년 8월 3일 「관광진흥법」 개정 때 관광사업의 일종으로 전환 규정하였다. 또 1996년 12월 30일에는 「국제회의산업 육성에 관한 법률」을 제정·공포하였다.

1997년 1월 13일에는 「관광숙박시설지원 등에 관한 특별법」이 제정되었는데, 이 법은 2000년 ASEM회의, 2002년의 아시안게임 및 월드컵축구대회 등 대규모 국제행사에 대비하여 관광호텔시설의 부족을 해소하고 관광호텔업 기타 숙박업의 서비스 개선을 위하여 제정된 한시법(限時法)이었다.

1998년 5월에는 중국인 단체관광객에 대한 무비자 입국과 러시아 관광객에 대한 무비자 입국 및 복수비자 허용 등을 실시함으로써 한국의 관광이 선진국으로 진입하는 계기가 되었다고 할 수 있다.

8. 관광선진국으로의 도약기(2000년대)

2000년대는 뉴밀레니엄을 맞이하여 21세기 관광선진국으로의 힘찬 도약을 준비하는 시기라고 할 수 있다.

2000년에는 국제관광교류의 증진과 국내관광수용태세 개선에 주력했다. 제1회 APEC 관광장관회의와 제3차 ASEM회의를 성공적으로 개최하여 국제적 위상을 한층 제고하였다. 특히 2000년 6월 15일 역사적인 첫 남북정상회담을 갖고 난 후 발표한 6·15 '남북공동선언'을 계기로 남측의 백두산, 평양, 묘향산 방문 등 남북관광교류의 확대를 위한 중요한 토대가 이루어진 해라고 할 수 있다.

2001년에는 동북아 중심의 허브공항 구축의 일환으로 인천국제공항이 개항하였으며, '2001년 한국방문의 해' 사업을 통해 관광의 선진화를 위한 제반 사업이 수행되었고, 관광산업의 국제화를 위하여 제14차 세계관광기구(WTO) 총회를 성공적으로 개최하였다.

2002년에는 '한국방문의 해'를 연장하고, 한·일월드컵 축구대회 및 부산아시안게임의 성공적인 개최로 국가 이미지는 한층 높아져 외래관광객의 방한욕구를 증대시켰다. 또한 관광진흥확대회의의 정기적인 개최로 법제도 개선, 유관부처의 협력모델을 도출하고 관광수용태세 개선에 만전을 기하였다.

2003년도는 동북아경제중심국가 건설을 위한 원년으로 아시아 관광허브 건설기반 구축과 개발중심의 관광정책에서 문화예술 및 생태적 가치지향의 관광정책으로의 전환과 국제적 관광인프라 확충을 추진하는 데 중점이 주어졌다. 그러나 연초부터 전 세계적으로 확산된 사스(SARS)와 이라크전쟁, 조류독감 등의 영향으로 전 세계적으로 관광시장이 위축된 한해이기도 하였다.

그러나 2004년에 들어서면서 국제환경의 악영향으로 큰 위기를 맞이했던 관광산업은 점차 회복세로 접어들었다. 2004년 방한 외래객수는 전년 대비 22.4% 증가한 사상 최대치인 582만명을 기록했으며, 관광수입 또한 57억달러를 기록했다. 또 정부는 급증하는 국민관광수요를 선도·대비할 수 있는 관광진흥 5개년계획(2004~2008년)을 수립·추진하였으며, 2004년 4월 1일에 개통된 고속열차인 KTX는 전국을 2시간대 생활권으로 연결시켜 국민생활에 큰 변혁을 가져 왔을 뿐만 아니라 국민관광부문에 대한 파급효과도 매우 큰 것으로 본다.

2005년도에 들어와 한국과 일본은 2005년을 '한·일 공동방문의 해'로 지정하고 관광교류 및 국제행사 공동개최 등의 국제친선의 노력을 기울였으나, 근래 일본의 독도 영유권 주장 및 역사교과서 왜곡 등이 문제화되면서 일본인 관광객의 증가폭이 둔화되었다.

2006년에 들어와서는 관광산업 경쟁력 강화대책으로 관광산업에 대한 조세부담 완화, 신규투자 및 창업촉진을 위한 제도개선, 해외 관광시장의 획기적 확대여건 조성, 국민 국내관광 활성화, 관광자원의 품격과 부가가치 제고 등 다섯 개 분야에 걸쳐 총 62개 과제 추진 등 획기적인 범정부적 대책을 발표하였다.

2007년 4월에는 한국 고유의 관광브랜드 'Korea, Sparkling'을 선포하고 홍보를 다각화하는 한편, 중저가 숙박시설인 '굿스테이(Goodstay)'와 중저가 숙박시설 체인화 모델인 '베니키아(BENIKEA)' 체인화 사업 운영을 위한 기반을 구축하였다.

2008년도에 들어와서는 관광산업의 국제경쟁력 강화를 위해서 2008년을 '관광산업의 선진화 원년'으로 선포하고, '서비스산업 경쟁력 강화 종합대책' 등 범정부 차원의 대책을 본격적으로 추진하였다. 따라서 2008년 4월에는 서비스산업선진화(PROGRESS-Ⅰ) 방안의 일환으로 「관광진흥법」, 「관광진흥개발기금법」, 「국제회의산업 육성에 관한 법률」 등 이른바 '관광3법'을 제주특별자치도로 일괄 이양하기로 결정하는 등 적극적이고 지속적인 노력이 추진되었다.

2009년도에는 전 세계 대다수 국가가 관광산업의 침체상태를 면치 못하였으나, 우리나라는 환율효과 등 외부적 환경을 바탕으로 삼아 적극적 관광정책 추진으로 관광객이 증가하여 9년만에 관광수지 흑자로 전환하는 데 성공하였다. 특히 가시적 성과로는 2011년 UNWTO 총회 유치(2009.10), 의료관광 활성화 법적 근거 마련(2009.3), MICE·의료·쇼핑 등 고부가가치 관광여건을 개선한 것 등이다.

2010년도는 환율하락, 신종플루 및 구제역 발생, 경기침체 지속이라는 대내외적인 위협요인을 극복하고 관광산업의 장기적인 경쟁력 확보에 주력하였다. 문화체육관광부는 '관광으로 행복한 국민, 활기찬 시장, 매력있는 나라 실현'이라는 비전 아래 외래관광객 1,000만명 유치목표 조기 달성을 위해 크게 4개 부문 즉 수요와 민간투자 확대로 내수진작, 창조적 관광콘텐츠 확충, 외래관광객 유치 마케팅 강화, 관광수용태세 개선방안 마련에 중점을 두었다.

2011년에는 외래관광객 1,000만명 시대 달성을 목전에 두고, 관광산업의 국제경쟁력 강화를 위한 대책 마련에 정책역량을 집중하였다. 2010~2012 한국방문의해 사업을 계기로 외래관광객 유치 확대를 위한 대책을 모색하였으며, 관광인프라 확충을 위한 제도개선과 규제개혁을 통해 선진형 관광산업으로 도약하기 위한 제도적 기반을 마련하였다.

2012년에 들어와 한국을 방문한 외래관광객이 전년대비 13.7% 증가한 1,114만명을 기록하면서 드디어 외래관광객 1,000만명 시대가 개막되었다. 외래관광객 1,000만명 달성은 우리나라가 세계 관광대국으로 진입하고 있음을 알리는 쾌거인 동시에, 우리나라 관광산업이 이제 양적 성장이 아니라 질적 성장을 이룩해야 한다는 과제를 안겨주었다. 이에 문화체육관광부는 외래관광객 2천만명 시대를 앞당기기 위해 이에 걸맞은 관광수용태세를 완비하고, 국민의 삶의 질을 높일 수 있는 여건을 조성하기 위해 다양한 정책과 사업을 추진하고 있다.

제3장

관광의 효과

제1절 관광의 경제적 효과
제2절 관광의 사회·문화적 효과
제3절 관광의 환경적 효과
제4절 관광의 부정적 효과

제3장 관광의 효과

관광의 효과라고 말하는 경우, 종래에는 국제관광을 통한 외화획득, 즉 국제수지의 개선에 관한 효과만을 강조하였다. 그러나 점차적으로 국제 및 국내의 관광왕래가 활발하게 이루어져 감에 따라 국제수지의 면만이 아닌 여러 가지 경제적 효과가 인정되기에 이르렀다. 즉 관광에 직·간접적으로 관련되는 사업에 대한 투자의 촉진이나 고용기회의 증대 등이 그것이다.

또한 관광은 다른 나라의 풍토나 문물을 알고, 문화적 교류를 가져오게 하는 등의 비경제적 효과가 있다는 것이 예부터 널리 알려져 왔다. 더구나 대중관광(mass-tourism)의 시대가 도래하면서 교육적·문화적 효과, 국민후생적 효과 등이 주목을 받게 되었고 점차 그 비중이 증대되어지고 있는 추세이다. 그러므로 현대에 있어 관광의 여러 효과는 이들을 종합한 상호관련성이 있는 것으로 이해하는 것이 바람직하다.

제1절 관광의 경제적 효과

1. 외화획득과 국제수지의 개선

국제관광에 의한 외화획득은 국제수지를 개선하는 데 커다란 역할을 한다. 그것은 외래관광객의 소비가 관광수용국에 외화수입이 되며, 외국인 관광객의 증가가 외화획득의 증대에 직접적으로 기여하게 되는 것이기 때문이다. 더욱이 부존자원(賦存資源)과 자본이 빈약하고 공업제품의 수출이 곤란한 나라에 있어서는 국제관광객을 받아들이는 것은 외화를 획득하는데 매우 유효한 수단이 되고 있다.

제품수출 등에 의해서 외화를 획득하는 경우, 외화로서 지급되는 수출대금의 전부가 외화수입으로 되는 것은 아니다. 왜냐하면, 그 상품을 만드는데 필요한 원자재(原資材) 등을 수입하는 경우가 많기 때문이며, 외화를 지출하고 있는 부분이 있기 때문이다. 물론 그와 같은 점은 관광의 경우에 있어서도 마찬가지지만, 관광에 의한 외화의 획득은 일반수출에 비해 훨씬 외화가득률(外貨稼得率)이 높다는 것이 특징이다. 여기서 '외화가득률'이란 획득한 외화수입에서 그 외화를 얻기 위해 지출된 외화를 뺀 나머지 실질적인 외화수입이며, 이 순외화수입(純外貨收入)이 획득한 외화수입 가운데 몇 % 인가를 비율로 나타내는 것을 말한다.

그리고 관광에 의한 외화획득은 제품수출 등의 상품무역에 의한 외화획득과는 다른 유리한 특징을 갖고 있다. 즉 상품무역에 있어서는 각 나라의 보호무역주의에 의한 관세장벽, 민족자원주의에 의한 원자재의 수입곤란, 수출시장에 있어서 환경의 악화 등의 문제를 항상 안고 있고, 경우에 따라서는 수출대상국의 국민의 민족감정, 국제경제정책 등의 영향을 받아 상품배척이라는 문제가 일어나는데 반하여, 관광은 오히려 국제친선이나 문화교류에 기여하면서 외화를 얻을 수 있다는 점이다.

2 고용증대 및 국민경제의 활성화

국제관광, 국내관광에 관계없이 관광은 관광객과 관광대상과를 결부시킴으로써 국가 또는 지역의 경제발전에 기여한다. 특히 관광 특유의 상품이나 서비스에 대한 수요의 증대가 가져오는 경제적 효과는 대단히 큰 것이라 할 수 있다.

관광소비의 구조는 교통비, 숙박비, 식사비, 오락비, 상품구입비 등으로 구성되는데, 이들의 관광소비는 직접적으로 국가나 지역의 수입과 이어지는 것이다. 관광소비의 증대는 관광객을 직접적인 이용자로 하는 관광사업의 성립·발전을 촉진한다. 예를 들면, 숙박시설의 건설, 오락시설의 신설, 교통기관의 정비, 전문적 서비스 사업의 성립 등은 관광객 왕래의 증대에 기인하는 투자활동의 결과라고 생각할 수 있다.

관광사업의 발전은 이와 관계가 있는 모든 사업의 발전을 촉진시킴과 동시에 새로운 고용의 기회를 제공한다. 더욱이 고용기회(雇傭機會)의 증대는 새로운 구매력을 낳게 하고, 수요를 확대시키며, 이른바 승수효과(乘數效果)를 나타내게 되는 것이다.

이러한 것들이 관광의 경제적 활동을 자극하는 기본적 구조이며, 관광경제를 지배하는 법칙과 그 자체는 일반경제의 그것과 같은 것이다. 즉 수요와 공급의 관계나 시장원리 등을 적용하는 점은 같지만, 관광경제의 경우에는 수요자(관광객)가 공급자 측에 직접 찾아옴으로써 경제활동이 성립한다는 점에 특색이 있다.

3. 지역개발의 촉진

국제관광에 비해 국내관광의 경제적 효과는 일반적으로 가볍게 인식되기 쉽다. 이러한 원인은 국제관광이 외화의 수입에 직결되어 있는데 비해 국내관광은 화폐의 국내이동과 재배분을 가져올 뿐이라는 평가가 있기 때문이다. 그러나 국내관광이 지역경제의 발전에 크게 이바지하는 것이라는 점은 두말할 필요도 없거니와 재화의 지역적 이동이 미치는 영향을 가볍게 생각해서는 안될 것이다.

국제관광의 경우에서도 숙박, 토산품 구입이라고 하는 구체적인 소비활동은 특정한 지역을 중심으로 이루어지는 것이며, 이러한 의미에서 볼 때 국내·국제를 불문하고 관광의 경제적 효과는 우선 지역경제의 발전으로 나타날 수 있는 것이라고 생각할 수 있다.

첫째로 고용의 기회를 증대시킨다. 관광에 관한 사업은 그 성격에서 비교적 단순한 서비스노동을 많이 필요로 하고, 그렇기 때문에 노동력을 빠른 시간에 활용할 수 있다는 점에서는 다른 산업보다 직접적인 유효성을 지니고 있다.

둘째로 관광소비의 증대와 관광사업의 활성화는 직간접적으로 지방자치단체의 세수(稅收)를 증대시키는 것과 관련된다. 세수의 증대가 공공서비스의 향상, 즉 지역사회의 발전에 이바지함은 말할 필요도 없다.

셋째로는 관광사업의 발전이 도로, 상하수도, 전력공급 등의 생활기반시설의 정비에 관계되는 것을 들 수 있다. 즉 관광사업이 주변지와 그 주변지역의 생활환경을 근대화하는 데 이바지하게 되는 것이다.

제2절 관광의 사회·문화적 효과

관광의 비경제적 효과를 총칭하여 관광의 사회·문화적 효과라 부르는데, 그것은 '인간의 정신활동에 미치는 영향'을 말한다. 매스 투어리즘(mass tourism)의 시대에 있어서 관광의 사회·문화적 효과는 경제적 효과 이상으로 주목받게 되었다. 사람과 자연과의 접촉, 사람과 사람과의 만남이라는 일들이 관광에 미치는 영향은 매우 크다고 생각되고 있다.

관광의 효과는 기본적 의미에서는 직접체험과 문화의 전달을 매개하는 기능을 가진 것이라고 말할 수 있겠는데, 일반적으로는 교육적 효과, 문화적 효과, 국가홍보효과, 국제친선효과 등으로 나누어 고찰할 수 있다.

1. 교육적 효과

관광은 직접적 체험을 통해서 풍물을 보고 사물과 접한다는 점에 있어서 뛰어난 교육적 효과를 가지고 있다. 관광을 통하여 새로운 지식의 획득이 이루어지며, 이러한 과정에서 파생되는 지적 욕구의 구체적 실현이라고 하는 교육적 효과는 관광객들이 가장 높은 관심을 보여야 할 요인이다.

인간은 업무나 여가활동을 통하여 욕구의 충족을 도모함으로써 인간적 성장을 지향하는 것이며, 사회변화의 영향을 받아 파생되는 여러 가지 현대적 욕구의 대부분은 평소와는 다른 환경과 체험에 의해 충족시키고 있는 것이다. 궁극적으로 관광의 교육적 효과는 관광객이 직접적 체험을 통해서 얻어지는 것에 대한 평가이며, 견학이나 시찰여행 등의 교육적 목적을 달성하기 위해 시도하는 직접적 체험에 의한 지식의 증대를 도모한다. 따라서 관광은 교실없는 교육(Education without a class room)이라고도 말한다.

2. 문화적 효과

관광이 지니고 있는 또 한 가지의 사회·문화적 효과는 관광이 서로 다른 문화를 전달하는 매개로서 기능을 다하는 데에서 생긴다.

관광에 의해서 습득한 지식과 체험은 다른 여러 사람들에게 자연스럽게 전해짐으로써 사회에 대하여 커다란 영향을 미치게 된다. 오랜 역사의 모든 과정을 통해서 보면 다른 나라의 문화나 산물은 여행자와 함께 다른 나라로 건너간 일이 많았다.

예전에는 다른 나라나 다른 지방의 문화는 상인이나 순회연예인과 같이 여행하는 것을 일거리의 일부처럼 여기고 있는 사람들에 의하여 전해졌다고 말할 수 있다. 실크로드(silk road)가 교역뿐만 아니라 동서문화의 교류에 크게 이바지한 것은 잘 알려진 사실이며, 이탈리아의 여행가 마르코폴로의 체험담에 바탕을 둔 '동방견문록(東方見聞錄)'은 당시로서는 최초의 상세한 동양의 소개서였고, 유럽사람들의 동양에의 관심을 높여, 그것이 신항로(新航路)나 신대륙 발견의 원인이 되었다.

관광이 즐거움을 위한 여행이고 여행하는 그 자체가 목적이지만, 그 여행에 의해 얻어지는 지식과 경험은 다른 사람들에게 전해질 수 있는 것이며, 또 내방한 여행자를 통하여 서로 다른 문화에 접촉할 수 있는 것이다.

3. 국제친선효과

관광은 국제교류를 통하여 국가간의 친선을 도모할 수 있다. 오늘날 관광에 부과된 기본적 사명 중에서 국제친선의 증진은 국가간의 상호이해를 꾀할 수 있어 매우 중요시되고 있다. 이에 따라 가능한 한 많은 기회를 만들어 해외여행을 하여 해당 국가의 국민과 광범위하게 접촉하고, 친선을 도모하는 것이 요망된다.

이처럼 관광의 국제친선효과는 매우 광범위하게 나타나며, 특히 인적 교류를 통한 상호 이해의 증진, 한국을 이해하고 도와주는 친한인사(親韓人士) 증가, 국제화시대의 국제활동의 원활화 등에 크게 기여하게 된다. 아울러 관광종사원과 해외여행자는 민간외교관의 역할을 수행하게 된다.

이로써 관광산업은 평화산업으로 인식되고 있으며, 실제로 관광을 통해 세계평화에 이바지한다고 볼 수 있다. 무엇보다도 이해집단 간의 분쟁은 서로에 대한 오해와 불신에서 비롯된다는 점을 고려할 때, 국제관광은 세계를 하나의 우호적인 공동체로 만드는 데 기여하게 될 것이다.

4. 국가홍보효과

관광의 활성화는 관광지 국가를 내외국인에게 홍보하는 효과를 꾀할 수 있다. 이는 오늘날의 관광이 단순히 경제적 효과만을 위해 발전시키는 것이 아님을 의미한다. 특히 관광을 통한 국가홍보효과는 자국의 민족적 우수성을 세계에 알리는 역할을 담당한다. 지난 70년대 정부에서 실시한 참전용사 유치사업은 6·25전쟁의 폐허와 가난의 참상에서 놀랍게 발전한 우리나라의 재건모습을 세계적으로 유감없이 홍보하였다고 할 수 있다. 따라서 관광은 언론 없는 통신(Communication without a press)이라고도 말한다.

이와 같은 국가홍보 효과를 달성하기 위해서는 무엇보다도 우리나라를 찾는 외국인에게 우수한 전통문화와 문물을 체계적으로 소개해야 한다. 고려자기, 거북선, 인쇄(금속활자)기술 등 다양한 한국의 전통문화는 관광상품 개발에도 유용하게 활용될 수 있으며, 이와 같은 전통문화를 효과적으로 외래 관광객들에게 소개할 수 있는 관광수용태세를 정비해야 할 것이다.

아울러 국가의 발전상, 친절, 미풍양속 등을 보여줌으로써 국위선양을 도모해야 한다. 한강의 기적을 이룩한 우리나라의 발전모습은 한국보다 경제적으로 낙후된 지역에서 온 관광객들에게는 주요한 관광매력이 될 수 있다. 이처럼 관광자원은 단순히 역사유적 및 전통문화에 국한되는 것이 아니라 관광객의 호기심을 자극할 수 있는 모든 것들이 관광자원으로 활용될 수 있는 것이다.

또한 외국관광객들을 맞이하는 모든 국민과 관광종사원은 우리나라를 선전하는 홍보요원이 되어야 하며, 내국인의 해외여행을 통해서도 국가홍보를 꾀할 수 있어야 한다. 하지만, 해외를 방문하는 내국인이 해외에서 모범적인 행동을 하지 못하고 현지인과 관광객들에게 좋지 못한 행동을 한다면, 우리나라의 이미지에 부정적인 영향을 미치게 되어 한국의 전반적인 이미지를 흐리게 한다. 따라서 외국을 여행하는 내국인들은 자신의 행동이 우리나라의 국익에 영향을 미친다는 점을 명심해야 할 것이다.

제3절 관광의 환경적 효과

1. 관광자원의 개발과 보전

관광자원의 효율적인 개발을 통해 방치되어 있던 관광자원을 개발하여 활성화시키고, 기존의 자원을 보호 및 보존하며, 또한 이에 부합된 편의시설을 확충함으로써 관광자원의 가치를 제고시킬 수 있다. 그 예로써 National Trust운동(국민신탁운동) 그리고 쇠락했던 현충사를 1960년대에 재건한 경우를 들 수 있다. 이와 같이 관광은 제도적으로 자연자원을 보호하고 보존한다.

2. 자연환경의 정비와 보전의 계기

관광객들을 유치하기 위해서는 관광과 관련된 환경의 정비가 필수적이므로 이를 위해 자연경관을 효과적으로 정비하고 조성하는 것이 필요하다. 따라서 환경에 대한 인식이 증대되는 효과가 있다, 그 예로서, 1963년 프랑스 정부가 랑그독 루시옹계획을 통하여 남부 지중해의 황무지 해변 200km를 6개의 쾌적한 휴양도시로 변화시킨 사례를 들 수 있다.

3. 관광 제반 시설의 확충

관광객들이 이용하는 제반 시설의 편의성을 보장하기 위해 지역의 물리적 환경을 개선시킴은 물론, 공공환경도 정화하고 접근이 용이하도록 시설을 확충함으로써 관광객뿐만 아니라 지역주민에게도 그 편익이 돌아갈 수 있도록 기회를 제공할 수 있다.

제4절 관광의 부정적 효과

1. 관광이 경제에 미치는 부정적 효과

1) 지역물가 및 지가의 상승

관광지에서 증가하는 관광객들로 인한 관광물가 상승은 관광소비자인 관광객뿐만 아니라 지역주민 지출의 증가도 초래할 수 있다. 관광객의 소비지향성과 판매가격의 정보부재에 의한 가격순응적 행동은 관광객뿐만 아니라 현지의 주민들에게도 생활에 필요한 재화나 용역 구매에 비용상승을 가져오게 된다.

뿐만 아니라 관광개발시 지가상승을 초래함으로써 지역 물가를 상승시키는 효과를 초래한다. 이는 미국 플로리다주의 디즈니월드 건설 이후 2년 만에 이 지역의 지가가 6,000배 정도 상승하였던 것이 단적인 예다.

2) 계절적 실업과 경제 불안정성

대부분의 관광지는 계절적인 영향을 많이 받기 때문에 수요의 불규칙적 현상의 발생은 물론 경기의 호·불황의 순환을 경험하게 되어 경제의 불안정성이 심화된다. 또한 계절적 수요편재는 관광관련 시설관리 및 유지 그리고 영업상의 불규칙적 매출에서 오는 자원의 효율적 배분과 운영이 어렵다. 특히 비수기에는 계절적 실업현상이 심화된다. 이에 따라 비자발적 실업이 발생하게 된다. 이러한 고용의 불안정성은 인구의 유출입이라는 사회문제를 야기시키기도 한다.

3) 외화유출의 심화

외화유출은 관광개발을 위한 하부구조 및 기반시설의 구축에 필요한 원자재의 수입으로 인해서 발생하며, 관광객 유치경쟁이 심화되면서 해외마케팅 비용이 상대적으로 증가되며, 또한 자국민의 해외여행(outbond)이 활성화됨에 따라 지출되는 외화지출의 증대로 인하여 국제수지가 악화될 수 있다.

그 밖에 관광의 부정적인 경제적 효과로 산업구조의 불안정성, 관광지 개발에 과도한 외자유치로 인한 경제적 대외종속성 등을 들 수 있다.

2. 관광이 사회·문화에 미치는 부정적 효과

1) 지역주민 간의 갈등과 모방효과

관광개발로 인해 발생하는 지역 간의 불균형 및 지역내 수혜층과 비수혜층 간의 갈등을 야기시킬 수 있다. 즉 경제적 불평등에서 발생하는 갈등과 사회적 불만은 근본적으로 관광산업이 내포하고 있는 구조적 불평등성에 기인하고 있다.

또한 국제관광의 경우 관광객과 현지인 간에 일어나는 경제적 불평등은 가진 자와 못가진 자와의 관계에서 일어나는 경제적·문화적 열등감과 박탈감을 야기하게 되며, 이로 인해 현지인들의 사회적 긴장감이 고조되고 자기비하와 모멸감으로 인한 관광객과의 극심한 대립양상을 초래하기도 한다.

그 반대현상은 전시효과(demonstration effect)를 들 수 있다. 전시효과란 관광지 주민들이 관광객들의 생활양식을 모방하려는 것을 뜻한다.

관광객들의 관광지에서의 행동은 평소 자신들이 해오던 행동과는 다르며, 이러한 행동은 처음에는 현지인들에게 생소하지만 시간이 경과함에 따라 그러한 행동은 현지인들의 생활패턴으로 정착되는 경향이 크다는데 문제점이 있다. 이러한 전시효과는 특히 청소년층의 언어, 의상, 소비성향을 예로 들 수 있다.

2) 전통문화의 상품화와 전통적 가치 파괴

문화의 상품화란 관광개발로 인한 일련의 파행적인 문화파괴 현상을 의미하기도 한다.

관광은 지역사회와 전통문화를 주제로 관광상품화가 이루어지는데, 이 경우 전통문화의 상품화 과정에서 현지인들이 경험하는 심리적 자기비하, 자아상실 또는 소외감정 등의 문제가 야기될 수 있다. 다시 말해서 전통문화의 상품화는 그 문화가 가지고 있는 상징적인 가치가 상품의 수용자에 의해서 인정될 때만이 비로소 그 가치가 인정되나, 단순히 일반적인 상품과 동등하게 다루어짐으로써 전통문화의 고유한 가치의 상실로 인한 자괴감을 자아내게 할 수 있다.

또한 전통문화와 관련된 미풍양속까지도 관광객에 의해 무시된 채 관광객들이 자신들의 문화적 우월성이나 경제적 과시로 인해 현지인들의 전통적 가치가 파괴되는 양상을 보이기도 한다.

한편, 이 밖에도 지역고유문화의 파괴, 문화재와 유적지의 파괴, 지역고유언어의 변화 등과 같은 부정적인 효과도 발생시킨다.

3. 관광이 환경에 미치는 부정적 효과

1) 생태계의 파괴

관광개발은 자연파괴나 환경오염을 초래함으로써 생태계를 위협할 수 있다. 특히 개발도상국에서 흔히 볼 수 있는 현상으로 관광자원 개발과정에서 자연환경을 무차별적으로 훼손하는 등 이러한 난개발로 인하여 고유풍경의 변화 및 자연재해를 발생시키기도 하고, 또한 토양과 식생의 변화를 초래하며, 동물들의 이동경로를 방해함으로써 생태계에 변화를 야기하기도 한다.

이러한 생태계의 파괴원인은 1차적으로 관광개발과정에서의 파괴뿐만 아니라, 개발 이후에 2차적으로는 관광객의 급증에 따른 생태계의 과부하에 따른 환경파괴를 들 수 있다. 이러한 현상은 결국 야생동물을 절멸(絶滅)시키는 결과를 초래하기도 한다.

2) 공해·소음 및 교통문제

관광객들의 유입이 증대됨에 따라 교통량이 증대되고 이에 따른 교통 혼잡은 물론 주·정차 문제, 교통사고, 그리고 소음과 오염으로 인하여 지역환경이 점차적으로 악화될 수 있다.

제4장

관광대상과 관광자원

제4장 관광대상과 관광자원

제1절 관광대상의 기본적 성격과 특색

1. 관광대상의 의의

관광대상이란 관광객의 욕구를 충족시키는 모든 목적물을 말한다. 구체적으로 말한다면, 아름다운 자연경관, 휴양을 가능하게 하는 자연환경, 진기한 문화재나 독특한 분위기를 지닌 향토경관(鄕土景觀) 등인데, 그 밖에도 행락(行樂)과 같은 무형의 것도 포함하기 때문에 이와 같은 호칭이 붙게 된 것이다.

이와 같이 관광대상(tourism object)이란 관광행동을 일으키게 하는 매력이나 유인력을 지닌 것인데, 그 종류는 매우 다양하다. 특히 현대와 같이 사람들에게 관광을 가능하게 하는 조건이 갖추어지게 됨에 따라 그 대상이 보다 다양해지고 있다.

그러나 일반적으로 관광대상은 관광자원과 관광시설(서비스 포함)로서 구성되어 있다고 말할 수 있다. 여기서 관광자원이란 이른바 관광대상의 소재(素材)이며, 관광시설(서비스 포함)이란 관광자원에 부가적으로 관광객의 욕구 충족에 기여하고 그 자신 유인력을 갖는 것을 말한다.

2. 관광대상의 성격

관광행동은 관광객의 욕구를 충족시키는 데서 일어난다. 관광대상이란 관광객의 욕구를 충족시켜 주는 관광행동과 대상물을 가리킨다. 이와 같은 대상물은 관광행동을 일어키게 하는 매력이나 유인력을 지닌 것인데, 구체적으로 말한다면 아름답고 휴양이 가능한 자연경관, 진귀한 문화재나 독특한 분위기를 갖는 지역경관, 풍속, 인정, 생활양식 등이다. 사회화된 욕구로서의 관광행동을 유발하는 원동력인 관광대상은 목적물로서 관광행동을 유인하는 작용을 한다.

관광대상의 종류는 매우 다양하다. 특히 현대사회의 관광대상은 고품질의 관광조건이 갖추어지게 되면서 그 종류가 보다 다양화되는 측면이 있다. 그러나 일반적으로 관광대상은 관광자원과 서비스를 포함한 관광시설로서 구성되고 있다고 말할 수 있다.

관광자원은 관광대상의 소재(素材)가 되고 관광시설은 관광자원을 관광대상화하는 가치를 부여함으로써 그 자체가 유인력을 갖는다. 관광자원은 자연환경과 인문환경으로 구분되며 본래 관광현상과 무관하게 존재하지만, 부분적으로는 관광대상으로서 기능하고 있다.

관광시설은 관광자원과 상호 의존관계를 갖기 때문에 관광자원으로서 관광대상의 역할을 하기도 하고, 혹은 그 자체가 관광대상으로서 관광자원과 동일하게 관광객을 유인할 수 있는 힘을 갖는 것이 대부분이다.

우수한 관광자원이라 할지라도 관광시설로서 숙박시설이 구비되지 않으면 여유있게 체재하면서 즐기는 것이 불가능하므로 관광자원과 관광시설은 불가분의 관계에 있다. 또한, 관광자원과 관광시설 중 어느 쪽이 관광대상의 유인력으로서 주도적인가는 상황에 따라 다르다. 관광자원의 매력이 불충분할 때 인위적인 시설이나 이벤트를 개발하여 관광대상으로서 기능을 발휘할 수도 있다.

관광목적이 다양화되고 위락 및 스포츠 등이 증가하는 현대관광에서는 관광대상에 속하는 관광시설의 역할이 크게 강조되는 경향을 보인다. 관광자원은 관광시설과 결합하여 비로소 관광대상으로서의 유인력을 갖는다고 하지만, 관광대상은 정보기능과 이동수단이라고 하는 매개기능을 경유하여 관광객과 결합하게 된다. 개개의 관광자원이 아닌 관광시설이 실제로는 복합형으로 관광대상이 되고 있는 점에 주의해야 한다. 제 아무리 아름다운 자연도 사람들에게 알려지지 않는다면 관광현상은 일어나지 않는다. 또한 잘 알려진 관광자원이라 할지라도 목적지에서 숙박시설의 예약이 되지 않고 교통편이 확보되지 않으면 사실상 관광행동으로 이행될 수가 없다.

3. 관광대상의 현대적 특색

1) 관광의 대중화

관광의 현대적 특색을 이해하기 위해서는 우선 관광의 대중화에 대한 인식이 필요하다. 현대관광은 특권계층에 한정되지 않고 관광의 대중적 참여가 이루어진 것이 기본적인 특색이다. 물론 경제적 이유, 기타 사정에 의해서 관광을 하고 싶어도 못하는 사람들이 많은 것도 사실이다.

그러나 오늘날과 같이 많은 사람들이 관광을 경험하는 시대는 과거에는 없었다. 그리고 관광의 대중화는 관광을 경험하는 계층이 넓어진 것뿐만 아니라, 여행횟수의 증가, 여행거리의 연장, 목적지에서 체재시간의 증가, 활동내용의 다양화 등의 경향성을 수반하고 있다.

이와 같은 관광대중화의 배경은 1970년대 이후 사회·경제적 조건의 현저한 변화에서 기인된다. 즉 ① 가처분소득의 증대, ② 여가시간의 증대, 특히 여행을 가능하게 하는 '축적된 여가'의 증대, ③ 생활을 적극적이고 즐겁게 하고자 하는 가치관, ④ 인구의 도시집중현상에 따른 생활환경의 악화 등이 그것이다.

관광의 대중화에 대응하여 관광사업의 전개가 급속도로 본격화된 것도 관광의 대중화를 더 한층 촉진하게 만든 결과가 되었다. 즉 관광의 대중화에 부응할 수 있는 교통기관이 발달하고 TV를 비롯한 매스미디어를 통한 대량의 관광정보가 제공된 것도 국민의 관광에 대한 지식과 관심을 고조시키는

데 큰 역할을 하고 있다.

유럽에서 19세기 중엽에 등장한 '여행알선업'의 사업이 현재는 폭넓은 활동으로 발전된 '여행업'으로서 관광사업의 중추적 역할을 담당하고 있다. 단체여행이나 해외여행에서는 여행업의 서비스가 불가결한 것으로 이용자의 요구에 따라 다양한 방식의 알선업무뿐만 아니라 교통·숙박 등을 미리 조직하여 제공하는 '패키지투어(package tour)'의 기획·판매를 통해 관광의 대중화는 촉진되고 있으며, 해외여행의 대중화에도 그 영향이 크다.

2) 관광사업의 확대

관광사업이란 관광의 의미와 효과에 착안하여 관광현상을 촉진시키기 위한 일련의 활동이다. 관광사업은 관광객의 요구에 대응하여 존재하며, 영리를 목적으로 하고 민간기업과 정부 또는 지방자치단체 등이 주체가 된다. 관광사업의 규모가 확대되고 그 내용이 풍부해지면서 공공기관의 역할이 증대되는 것도 관광의 대중화현상에서 비롯된다. 관광사업의 확대는 대중화와 밀접한 관계를 가지면서 시설의 절대수가 증가하고 있고, 그 종류가 다양화할 뿐만 아니라 체재시에 이용하는 시설이나 서비스도 정비하게 하였다. 유한계층만이 관광객이었던 시대에는 관광대상도 한정되어 아름다운 자연에 비해 방문객이 미미하여 그 아름다움을 스스로 보존할 수 있었고 관광객이 소수이므로 관광을 이윤추구의 대상으로 하는 민간기업의 수도 적었다. 별도로 공공기관이 행정상의 배려를 할 필요도 없었다.

그러나 현대관광은 대중화에 의해서 관광사업의 성격도 크게 변화하게 되었다. 많은 민간기업이 관광사업에 진출함으로써 관광대상으로서의 시설이 생기고 교통과 정보 등 관광매개의 기능도 증대하고 있다. 또한 관광정책·행정이라고 하는 공적 기관의 활동이 적극적으로 전개되고 있다. 정부나 지방자치단체는 관광객의 정보제공, 관광자원의 보호, 공적인 관광시설의 정비, 관광에 관한 모든 기업활동에 대한 규제나 규칙 등의 활동에 역점을 두고 있다. 각국의 공적 기관은 더 많은 국민대중의 관광에 참여할 수 있도록 경제를 포함하여 지원정책을 전개하고 있는데, 이와 같은 사회적 현상을 '복지관광(social tourism)'이라고 한다.

관광이 대중화되면서 자연은 급격히 많은 사람들 앞에 노출되어 자연환경의 자율적 생명이 위기에 처하게 되는 문제가 제기된다. 또한, 새로운 이윤추구의 기회를 잡은 민간기업은 활발한 투자활동을 전개하고 그에 따라 관광의 대중화에 기여한 반면, 자연환경 또는 생활환경을 악화시키는 사례도 적지 않다. 이와 같이 현대 관광사업은 환경문제를 내포하고 있는 가운데 복잡하게 변화하고 있다.

3) 관광대상의 개발

현대는 관광대상을 계획적·적극적으로 개발하는 시대이다. 즉 관광의 대중화를 배경으로 급증하는 관광수요를 만족시키기 위해서 정부나 지방자치단체 혹은 민간의 대기업은 계획적이고 적극적으로 관광자원을 개발하고 관광시설을 계획·정비한다. 관광대상의 개발은 본래의 관광자원의 상태를 인위적으로 보완하여 그 가치성을 확보하는 데 의의가 있다고 하겠다.

이러한 경향의 전형은 프랑스의 랑그독 루시옹(Languedoc Roussillon)에서 볼 수 있다. 이것은 1963년 이래 프랑스 정부, 지방자치단체, 민간토지개발업자(developer) 등 3자가 협력하여 마르세이유의 남서부 까마르그로부터 스페인 국경에 이르는 해안선 200km(랑그독 루시옹 지방)를 대규모 관광단지로서 개발한 것이다. 개발의 목적은 ① 저소득층에 바캉스기회를 제공하는 것, ② 로마시대 유적 등의 인문관광자원을 무계획한 개발로부터 보호하는 것, ③ 과소지의 경제개발에 기여하는 것, ④ 프랑스의 관광수지 개선을 위한 목적 등이다. 계획완료까지 20년을 필요로 하는 정도의 대규모 장기개발사업으로 종래의 자연조건의 난점이 있었기 때문에 자연발생적으로는 관광지가 될 수 없던 공간을 대규모 관광대상으로 변모시켰던 것이다.

우리나라에서도 경주의 보문관광단지 개발을 비롯하여 자연공원의 집단시설지구, 관광지, 온천관광지, 레크리에이션 등 다양한 관광개발이 이루어지고 있으며, 지방화시대를 계기로 도시·농촌별로 지역관광계획과 개발사업이 추진되고 있다. 그러나 우리는 국토성을 감안하여 다품종 소량생산이라는 전제하에 탈매스화를 위한 다핵방식의 개발이 바람직하다고 본다.

4) 복합형 관광자원의 부각

단순한 자연이 아니라 환경으로서의 자연, 즉 인간과의 관계에 의한 생활의 향기가 복합적인 대상에 대하여 현대관광객은 매력을 느끼고 있다. 예를 들면, 프랑스의 전원풍경은 프랑스의 자연 그 자체가 아름다운 것보다도 자연과 인간의 조화로 만들어진 멋진 경관이 관광객에게 감명을 준다. 전통과 현대가 조화된 문화재로 충전된 유럽의 도시경관과 광장중심의 도시구조는 세계인의 관광욕구를 유발하고 있는 것이다.

실제로 복합형 관광자원을 자연과 문화재로 나누어서 살펴보면 개별적인 자원의 가치성은 그다지 높지 않다. 그것이 전체적으로 보여질 때 관광대상으로서 강력한 유인력을 갖는 것이다.

최근 일본에서는 '역사의 道'를 보존하고 있다. 이것은 고대로부터 존속하고 있는 가도를 '線'의 문화재로서 보존하고 사람들이 그곳을 걸으면서 역사적 환경을 경험하게 된다. 구미(歐美)에서도 마찬가지로 독일의 '로맨틱 가도', 미국의 '자연탐색도' 등이 있고, 모두가 많은 관광객에 의해서 이용되고 있다. 이것은 현대인의 역사에 대한 향수가 나타나고 있는 것과 동시에 현대의 관광대상으로서 복합형 관광자원이 중요하다는 것을 보여주고 있는 것이다. 전통적인 생활양식을 오래 간직하고 있는 세계 각국의 농촌도 복합형 관광자원으로서 관광자원화해 가는 추세이다.

우리나라에 있어서 대표적인 복합형 관광자원은 산사(山寺)를 내세울 수 있다. 한국적인 고유한 비산비야(非山非野)의 산지(山地)경관과 여기에 풍수지리설에 입각하여 배치된 가람(伽藍)경관의 조화는 자연과 인간의 상호작용의 결과를 극명하게 보여주고 있다.

5) 관광시설의 역할증대

관광대상의 현대적 특색으로서 관광시설(서비스 포함)의 역할이 크게 부각되고 있는 점도 들 수 있다. 우선 즐거움과 건강유지를 목적으로 하는 오락이나 스포츠관련 시설의 존재가 중요한 관광대상으로서 등장하였다. 이 점은 여가시간이 증대하고 목적지에서의 관광객의 체재시간이 길어질수록 체재활동을 흡수할 수 있는 시설의 역할이 증대하는 것이라고 생각된다.

오락시설도 미국의 디즈니랜드를 필두로 오락공원(amusement park)이 오늘날 여러 나라에서 관광대상으로서의 역할을 높여주고 있다. 새로운 유형의 오락공원으로서 상징적인 의미가 부여된 주제공원(thema park)은 오락적 요소가 가미되면서도 문화·교육시설이 확충된 야외박물관과 같은 기능을 하는 곳이 많아지고 있다. 미국 버지니아주의 윌리암스버그(Williamsburg)는 식민지시대의 버지니아 마을을 복원한 시설이며, 여기에 종업원이 당시의 생활을 재현하고 있다. 이 시설의 경영이념은 "미래는 과거로부터 배우는 것이다"이다. 네덜란드 헤이그의 마드로담 주제공원은 네덜란드 각지의 명소와 대표적 시설 129개소를 정확하게 1/25로 축소하여 만든 모형 전시관(miniature land)인데, 그 주제는 평화와 번영이다.

최근에 한국을 방문한 중국의 단체관광객이 관광만족도를 높여준 대상물로서 놀이시설을 중심으로 한 주제공원을 지적한 것은 관광시설의 중요성에 대하여 시사한 바가 크다.

제2절 관광자원의 의의와 분류

1. 관광자원의 의의

관광자원이란 관광의 주체인 관광객으로 하여금 관광동기를 유발시켜 관광행동으로 이어지게 하는 목적물로서의 관광대상을 말한다. 따라서 관광자원이 되기 위해서는 관광객을 매료시킬 수 있는 독자적인 관광매력을 스스로 지니고 있어야 한다.

일반적으로 자원이란 자연에서 채취할 수 있는 자연적인 자원으로서만 인식되어 왔으나, 오늘날에 와서는 자연뿐만 아니라 무형적인 재화에 이르기까지의 포괄적인 의미를 갖는 총체가 되었다. 즉 자원이란 자연적인 기본배경아래 경제성 및 인간에게 도움을 줄 수 있는 욕구충족의 대상이며 끊임없는 변화에 대응할 수 있는 것이라야 한다. 이러한 맥락에서 볼 때 관광자원은 자원 그 자체가 모두 해당될 수 있을 정도로 한정되어 있지 않다는 점과 관광활동의 다양성으로 인해 그 범위는 더욱 확대되어 가고 있다.

관광자원의 의의를 규정짓기 위한 내용을 항목별로 망라하면, 첫째, 관광객의 관광욕구와 동기를 충족시켜 줄 수 있는 관광행동의 목적물이어야 할 것, 둘째, 자연적·인문적, 유·무형의 모든 자원일 것, 셋째, 교훈적·위락적·문화적 가치가 있으며 매력성과 자력성을 지닌 소재적 자원일 것, 넷째, 관광의 객체로서 보존·보호의 바탕 아래 개발할 수 있을 것 등이다.

결국 관광자원이란 함축적으로 관광객의 관광욕구를 충족시켜 줄 수 있는 유·무형의 모든 자원이라 할 수 있다. 이러한 여러 가지 관광자원의 의의에 대해 그동안의 연구 결과물들이 관광자원학의 발전에 이바지해온 점도 있으나, 혼란을 야기해 불이익을 가져다 주는 요인도 있었다.

관광자원은 객체로서 관광의 성립요소 중 제2요소로서 상당한 비중을 차지하고 있다. 따라서 관광자원에 대한 기본개념의 보편타당한 규정은 세부각론의 방향을 결정짓는 사안이 되므로 이에 대한 개념정의는 매우 중요하다고 할 수 있다.

관광자원과 관광대상이란 용어가 혼용되어 사용되고 있는데, 그러나 이 경우에도 두 가지의 뚜렷한 차이가 있을 수 있다. 하나는 관광대상을 관광자원부분과 관광시설부분의 두 개 부분이 통합된 것으로 봄으로써 관광대상은 광의의 해석으로, 관광자원은 협의의 해석으로 보는 견해이고, 다른 하나는 관광대상이 관광자원과 동일시되어 관광자원 자체는 관광시설까지도 포함하여 광의의 개념으로 보는 견해이다.

한편, 관광자원이란 관광객 욕구의 충족성, 관광행동의 유인성 등이 강조되며, 관광자원의 개념에 대한 규정 또한 명확한 결론적 단정을 짓지 못하고 있는 실정이다. 그렇지만 공통적인 내용을 추출해 보면 유·무형적 자원, 소재적 자원, 매력성·자력성을 가진 자원으로 보호·보존으로 가치가 증가되는 자원 또는 보호·보존의 전제하에 개발이 이루어질 때 비로소 그 가치를 발하는 자원 등으로 이해할 수 있겠다.

결론적으로 관광자원은 관광객의 욕구 및 동기를 충족시켜 줄 수 있는 것으로서 관광목적물로서의 대상이며 관광업체의 관광상품으로서의 기본적 소재가 되는 상품의 재료로서 이는 매력적·자력적·교육적·문화적·위락적 등의 가치를 갖는 대상이다. 또한 유·무형의 다양한 효용성을 갖고 있는 자원이며 보존·보호가 대단히 중요한 자원이다. 즉 관광자원은 관광객의 관광욕구를 충족시켜 줄 수 있는 유·무형의 모든 자원을 의미한다.

2. 관광자원의 분류

1) 자연적 관광자원

자연적 관광자원은 자연이 인류에게 가져다준 위대한 선물이다. 자연적 관광자원은 인간의 노동력과 자본이 투하되지 아니한 상태하에서 존재할 수 있지만, 국토개발과 자원보전의 입장에서 인간의 노동력과 자본이 투하되더라도 자연경관지로서 원형을 보존하고 있다면 자연적 관광자원이 된다.

지구상에는 여러 모양의 다른 자연환경이 존재하고 있는데, 기후적으로는 열대에서부터 건조대, 온대, 냉대, 한대로 나뉘어지고, 지형적으로는 산악에서부터 고원, 평지가 있으며, 그 위에 하천이 흐르고 있다. 또한 그 하천에는 많은 폭포가 있다. 그것들은 지질구조적으로 침식(浸蝕)의 연대에 따라 어떤 경우에는 빙하가 있고, 화산지형도 존재한다. 해양에는 많은 섬이 있고, 지상에는 여러 종류의 삼림이나 동식물이 있으며, 해양이나 하천에는 어류가 생식하고 있다. 이와 같은 자연환경은 같은 모양으로 분포되고 있는 것이 아니라, 기후적·지형적인 요인을 중심으로 복잡하게 결합되어 각 지역마다 독자적인 경관을 구성함으로써 자연관광자원을 이루어 관광의 대상물이 되고 있다.

이용상의 기능으로 분류한다면, 자연적 관광자원은 자연경관을 형성하고 있거나 또는 자연경관을 형성하는 데 요소가 되는 지형, 지질, 기상, 천상 등 관상관광(觀賞觀光)의 자원이 되는 것과, 체재나 보양의 목적이 되거나 자연환경을 형성하는데 요소가 되는 기후, 온천, 지형 등 체재관광(滯在觀光)의 자원이 되는 것으로 나눌 수 있다.

전자는 자연의 아름다움, 웅대함, 그리고 진기함 등에 의해 관광재(觀光

財)로서의 가치를 지녀 대부분 경관지를 형성함으로써 많은 관광객을 유인하고 있다. 한편, 후자는 스포츠, 심신의 휴식, 체재의 쾌적함이나 즐거움을 가져다 주는 기능을 갖추어 보양리조트, 스포츠리조트 등을 형성하고 있다. 물론 실제로는 이 양자가 모두 자연적으로 갖추어져 복합적으로 활용되어 가치있는 관광지를 형성하고 있는 곳도 있다.

2) 인문관광자원

관광여행은 자연적 관광자원에 의해서만 유인되는 것은 아니며, 인문관광자원도 커다란 유인력을 지니고 있어 많은 관광객을 유인한다. 인문관광자원(人文觀光資源)이라 함은 인간이 만들어낸 관광자원을 의미하며, 자연적 관광자원이 자연상태의 소산인 천연적 자원이라면, 인문관광자원은 인간창조의 소산인 인위적 자원을 가리킨다.

인문관광자원은 그 종류가 매우 다양하여 기능적으로 분류하기는 어려우나, 그것이 가지는 성격상의 내용으로 문화적 관광자원, 사회적 관광자원, 산업적 관광자원, 위락적 관광자원으로 세분하여 볼 수 있다.

(1) 문화적 관광자원

문화적 관광자원은 민족문화의 유산으로서 문화적 가치가 있는 유형·무형의 문화재, 민속자료, 기념물 등과 같은 문화유산인데, 관광자원으로서 관광객에게 커다란 유인력을 가지고 있다.

그 가운데서도 핵심이 되는 것은 사적(史跡), 사찰(寺刹), 성적(城跡) 등이며, 국가의 지정을 받은 국보(國寶), 중요문화재(重要文化財) 등이 관광자원성을 높이고 있다. 역사상·예술상의 가치가 높은 국보가운데서도 회화, 조각, 공예, 서적, 고고자료 등은 수도(首都)나 고도(古都)에 많다. 그러나 문화적 관광자원으로서는 특히 건조물이나 사적(史跡)이 중요한 대상물이다.

성터(城趾), 조개무덤(貝塚), 옛무덤(古墳) 등의 사적은 거의 전국에 평균화되어 분포돼 있어 지방적인 관광대상으로서의 가치가 높다. 또한 연극·음악·공예기술 등의 역사상·예술상의 가치가 높은 무형의 문화적 소산이나 의식주(衣食住)·신앙·연중행사(年中行事) 등의 민속자료도 문화적 관광자원으로서 일반에 이용되고 있다.

그리고 문화적 관광자원 가운데서도 특히 연중행사는 중요한 인문관광자원이 되고 있는데, 우리나라에서도 경주의 '신라문화제(新羅文化祭)', 부여의 '백제문화제(百濟文化祭)', 진주시 일원에서 개최되는 '개천예술제(開天藝術祭)', '밀양아랑제', '가락문화제', 그리고 자연적 특성을 살려 새로 시작한 제주의 '유채꽃 큰잔치' 등은 많은 사람들이 찾고 있다. 그리고 만국박람회나 올림픽대회도 전 세계로부터 많은 관광객을 모이게 하고 있다.

(2) 사회적 관광자원

사회적(社會的) 관광자원은 사회제도, 국민성, 민족성 등의 사회형태와 인정, 풍속, 습관, 생활방식, 식사, 의복, 주거 등의 생활형태를 가리킨다.

종래까지는 관광자원이 될 수 없었던 대상물도 관광이 대중화됨에 따라 관광매력성을 가진 관광자원으로 각광을 받게 되었는데, 최근에 와서는 다양화한 관광행동의 지향성에 따라 소박한 인정, 풍속, 특색있는 국민성, 음식물, 예절, 여러 가지의 사회제도, 생활 속에 전승되어 온 모든 생활자료와 행사 등도 관광자원으로 재평가받게 되었다.

이와 같이 사회적 관광자원은 한 나라의 역사와 전통, 그리고 과거의 생활상을 추적하고 현재의 발전상을 이해하는데 있어서 귀중한 자료가 된다. 따라서 사회적 관광자원은 관광에 있어서 국민적·민족적 관광자원이라 말할 수 있다.

(3) 산업적 관광자원

산업적(産業的) 관광자원은 새로운 분야의 인문관광자원으로서 개발·활용되고 있는 것으로, 산업관계의 유형·무형의 관광자원을 가리키는 것인데, 한 나라의 농업, 임업, 어업, 공업, 상업관계의 산업시설과 그 기술수준을 볼 수 있는 산업적 대상을 말한다. 구체적으로는 공장에 찾아가 거기서 기술설비나 산업공정 등을 본다든가, 농산물·해산물의 가공시설이나 가공과정 등을 보는 것, 그리고 농업이나 목장 등에 찾아가 거기서 농산물·축산물의 생산기술이나 재배법을 보는 것 등을 말한다. 경우에 따라서는 직접 재배, 채취 등을 해보는 것과 같은 행동의 대상도 포함한다.

이와 같은 산업적 관광자원의 개발·할용은 일찍이 프랑스에서 식품가공업이나 화장품 제조업과 같은 소비대중에 직결되는 기업이 사람들에게 대해서 공장시찰을 시킴으로써 제조상품에 대한 친숙감을 느끼게 하거나, 직매를 하는 데서 비롯되었다. 나아가서 이것이 관광사업에 이용되게 되었고 관광객 유치의 수단으로써 개발되었는데, 이러한 것들을 목적으로 하는 관광형태를 산업관광(industrial tourism) 또는 기술관광(technical tourism)이라고 하여, 현재는 관광사업의 한 형태로 확립되어 각 나라에서 경쟁적으로 실시되고 있다. 우리나라에서도 특히 포항제철(浦港製鐵)이나 울산의 현대조선(現代造船)은 관광객들에게 인기있는 산업적 관광의 대상이 되고 있다.

또한 관광자원의 유형으로 자연관광자원, 인문관광자원 이외에 복합형 관광자원으로 분류하는 경우가 있는데, 자연관광자원과 인문관광자원이 서로 밀접히 연관되어서 자연이라고도 인문이라고도 말할 수 없는 관광자원이 존재하기 때문이다. 우리나라에서도 현재 '역사적 풍토(風土)'의 지정 및 보존이 추진되고 있는데, 이러한 복합형 관광자원으로서의 인식에 입각한 것이라고 볼 수 있다.

(4) 위락적 관광자원

위락은 자주적 또는 자기발전적 성향을 띠고 있으며, 생활의 변화추구라는 인간의 기본적인 욕구를 충족시킨다는 점에서 관광자원으로서의 비중을 점차로 높여가고 있다. 최근 관광 및 여가부문에 대한 수요는 보다 높은 '삶의 질'을 추구하는 방향으로 다양화·고급화되고 있고, 급속한 도시화와 산업화는 여러 형태의 위락적 관광상품을 개발해내고 있다.

최근에 각광받는 대표적인 위락관광형태는 주제공원 및 놀이공원을 비롯하여 카지노 게임, 바다낚시, 트레킹 및 래프팅, 번지점프, 자동차경주, 초경량항공기 비행 등의 스포츠 참여활동과 각종 스포츠 이벤트가 있다.

제3절 관광시설의 의의와 종류

1. 관광시설의 의의

관광시설은 관광을 위한 편익을 제공하는 것으로서 설치된 것이기 때문에 관광자원에 부가되어 관광대상으로서 기능되기도 하고 또 그 자체가 관광대상이 된다. 협의로는 관광객의 편익을 위해서 제공되는 설치물로 전망대, 스키장, 유람선 등이 있다. 광의로는 관광객 이외의 용도에도 제공되는 동종의 설치물, 즉 관광관련시설을 포함하는 것이기 때문에 관광사업의 입장에서도 광의로 사용하는 것이 보통이다. 예를 들면 숙박시설은 관광객만이 이용하는 것이 아니라 지역주민, 업무여행자, 기타 용무로도 이용하는 것은 도시내의 숙박시설을 상기하면 용이하게 이해될 수 있다.

「관광기본법」은 제8조에서 "정부는 관광객이 이용할 숙박·교통·휴식시설 등의 개선 및 확충을 위하여 필요한 시책을 강구하여야 한다"고 규정하여 관광을 하는데 필수적으로 이용하게 되는 숙박·교통·휴식시설 등을 개선하고 확충할 임무를 정부에게 부여하고 있다. 그런데 본조에서 정부가 개선 및 확충해야 할 대상시설은 숙박·교통·휴식시설에 국한하는 것이 아니라 관광객이 이용하는 모든 시설을 포함하는 포괄적인 의미로 해석하여야 한다고 본다. 따라서 공항·항만·철도·주차장·여객선 등 육해공(陸海空)의 교통시설, 상하수도 및 쓰레기처리시설 등의 환경위생시설, 전화·방송 등의 통신시설을 망라하는 관광기반시설은 물론이고, 숙박시설·휴게시설·안내시설 등을 총망라한 여행관계시설 등을 포괄하는 시설이라고 본다.

일반적으로 관광시설은 기본시설(基本施設)로서 교통시설·숙박시설·휴식시설·식사시설 및 안내와 접대시설 등이 있고, 부대시설(附帶施設)로서 매점시설·레크리에이션시설·경기시설·관람시설·보건요양시설·환경위생시설·문화교양관계시설 및 산업경제관계시설 등으로 구분할 수 있다. 이상의 제반 관광시설은 영업목적으로 기업이 경영하는 것이 대부분이고 사실상 관광사업의 주체가 되고 있기 때문에 각각의 입지조건 등을 검토하여 가장 효율적인 방향으로 정비되어야 한다. 그리고 인적서비스 문제도 관광시설을 효과적으로 운영하는 데 중요한 요소가 된다.

2. 관광시설의 종류

1) 교통시설

관광행동을 성립시키는 기본적인 요소의 하나가 이동이다. 목적지로 이동 또는 귀가시의 이동은 교통로와 교통수단에 의해서 행해지는 것으로 기차, 자동차, 항공기, 선박 등이 이용된다. 경우에 따라서는 목적지가 없는 행동 그 자체가 관광대상이 되는 경우도 있다.

교통시설은 공항·철도·자동차·도로(도로표지 포함)·여객선·항만, 그밖에 케이블카(cable car)·궤도(rope way), 리프트(lift) 등으로 여행의 전제조건이 이동에 있으므로 이를 기초적 시설 또는 기반시설이라고도 한다.

교통관계시설은 관광객을 관광지에 수송하는 외적 교통시설과 관광지 내에서 관광의 목적으로 이동할 수 있는 내부 교통시설 등으로 나뉘어져 있다. 전자의 외적 교통시설은 무엇보다도 신속성·쾌적성·편리성 등이 요구되고 이들의 교통시설로서 관광객을 수용하는 제반시설에 영향을 미친다. 이와 같은 관광객 출발지의 시장성과 관광지 간의 교통시설에는 어떤 종류의 교통기관이건 적합성 여부에 대한 선택은 지형 및 거리와 관광지의 성격, 기타 환경과 조건에 의하여 결정된다. 후자의 관광지 내부의 교통시설은 자동차관광도로, 관광철도, 주차장, 산책로 및 궤도와 유람선 등으로서 전자와는 달리 주로 관광객의 이용목적에 따라 설치된다. 내부 교통시설은 외부 교통시설과는 달리 거의 관광대상과 직접 연결시키는 목적에 사용되기 때문에 신속성보다도 쾌적성이나 오락성 등이 요구된다. 이와 같은 여러 교통시설의 다양성은 관광지 전체의 평가에 영향을 주므로 양질의 인적 서비스가 반드시 수반되지 않으면 안된다. 제반 교통시설의 정돈된 상황은 관광지 전체에 대한 평가에도 관련되며, 한 나라의 관광 이미지에 영향을 줄 수도 있다.

2) 숙박시설

교통시설과 함께 관광사업상 숙박시설을 완비하는 것은 근본적으로 중요한 문제이다. 대부분의 여행은 숙박이 수반되며, 여행자를 받아들이는 접대에 대한 평가의 대상이 숙박시설과 관련하기 때문이다. 숙박시설은 호텔, 콘도미니엄, 여관, 여인숙, 민박 등 다양하며, 이들은 관광지의 특성이나 이용객의 여러 사정에 따라 결정된다.

한편, 다른 기능을 발휘할 수 있는 부대시설이 요구되는데, 사교장·오락시설·운동시설 등을 설치하고 있다. 일정시간을 초과해서 여행하는 경우에는 불가결한 시설이 숙박시설인데, 교통과 더불어 관광행동을 성립시키는 기본적인 요소의 하나이다. 숙박을 추구하였던 여행자에 의해서 전문적인 숙박시설이 보급된 것은 근대 이후로 안전과 위생이 특별히 중요하다.

관광여행에 있어서 숙박은 관광활동을 위한 수단으로서 숙박과 숙박하는 자체를 목적으로 하는 경우에 의해서 숙박시설의 내용도 다르게 변화한다. 전자에는 안전과 위생이 특히 중요시되고, 후자에는 숙박시설 내에 다양한 오락시설을 설치하는 등 이용목적에 따라 시설의 방향을 결정한다.

숙박업은 장치산업으로서 고정자산의 비율이 높고 수익확보를 위해서도 숙박시설의 서비스기능은 다기능화되고 있다. 숙박업의 다기능화는 특히 호텔에서 두드러지고 기본적 기능인 숙박기능, 음식기능, 연회집회기능뿐만 아니라 레즈스포츠 서비스 기능, 쇼핑서비스 기능, 건강·미용·의료서비스 기능, 비즈니스서비스 기능 등의 여러 기능이 독립된 시설기능으로서 대형호텔을 구성하고 있는 것으로 나타나고 있다.

숙박시설의 사회적 역할은 기본적으로 여행자에게 수면, 음식, 생명·재산의 보호 등 세 가지의 기능을 담당하는 시설과 서비스를 제공하는 것이지만, 그 밖에도 사교·오락 등의 기능을 담당할 수 있는 시설의 설치를 필요로 한다.

3) 휴게시설

휴게시설은 유원지·휴식소·전망대 등이 있고, 소규모 시설로는 테이블·벤치·음료수 등도 여기에 해당된다. 이와 같은 시설은 관광지의 기본적인 서비스시설이므로 지형과 조망, 풍경 등을 충분히 고려해서 관광지의 특성에 부합하면서도 특색있는 유형으로 만드는 것이 과제이다. 휴게시설은 휴게소, 전망대, 드라이브 인(drive-in) 등이 있는데, 이와 같은 것들은 한 장소에 모여 있는 경우가 많다.

4) 식당시설

식사는 관광에 있어서 단순히 공복을 채우는 것으로서 만족하는 것이 아니라, 지역적인 특징과 진미가 풍기는 식사시설이 필요할 것이다. 원칙적으로 관광객이 집중되는 곳에 설치되어야 하나, 식사시설을 둘러싼 자연환경이 대단히 중요하다. 식사시설로는 식당, 그릴, 요정, 레스토랑 등의 시설이 있는데, 음식과 함께 관광대상의 역할을 담당한다.

5) 관광정보시설

관광객 중에는 관광지를 처음 방문하는 경우가 많고 미지의 땅을 방문한다는 의미에서 관광지에 설치된 관광안내소 및 종합 관광안내소의 시설은 필요하다고 본다. 어느 나라에서나 공공기관에서 안내소를 설치하고 무료로 봉사하는 것이 일반적이나, 여행사 간에 교통업 또는 숙박업자로부터 수수료를 받아 서비스를 하는 경우도 있다. 우리나라에서도 최근에 안내시설이 점차 증대하고 있으나, 국민관광이나 국제관광수요에 비추어 볼 때 절대적으로 부족한 실정이다. 우리나라의 관광대상 및 관광자원에 대한 이해와 관광활동 전반의 편익을 제공하기 위해서는 우선 관광정보시스템을 구축하고, 주요 도시 및 주요 관광지를 중심으로 안내소와 안내시설을 확충해야 할 것으로 본다.

이와 같은 시설업무가 여행업에서 수행되는 경우, 특히 여행정보, 옵셔널 투어(optional tour)의 안내, 교통가이드 등이 제공되어진다. 정보관계시설은 관광대상으로서의 기능성은 그리 크지 않지만, 정보·안내 등의 편의를 제공하는 중요한 접대기관으로서의 시설이 된다.

6) 레크리에이션 관련시설

레크리에이션 관련시설은 매점시설, 오락·레저시설 등을 가리킨다. 매점시설은 주로 기념품 및 토산품판매시설이며, 여행자에게 여행의 즐거움을 주는 기능을 갖고 있다. 관광지에 있어서 토산품 판매의 필요성은 점점 커지고, 이것은 관광객에게 토산품의 제공과 지역의 관광수입을 생각한다면 없어서는 안될 시설이라고 본다.

또한 관광객 가운데는 여행의 목적을 자연이나 문화적인 대상의 감상이나 접촉 이외에, 오락·유흥을 지향하는 사람들이 많기 때문에 관광대상으로서의 오락시설의 설치가 중요하다. 관광지에 따라 다르긴 하지만, 이와 같은 종류의 시설을 중점적으로 설치하여 관광개발을 촉진하는 예도 있다. 관광에는 오락적 행동이 수반되기 때문에, 대부분의 관광지에는 오락 및 유흥시설이 설치되고 있다.

레크리에이션 시설 가운데는 광대한 부지에 자본을 투자하여 유원지(遊園地, resort)를 만든 시설이 있는데, 전철 또는 기차역 주변이나 도시 근교에 설치되어 1일관광의 대상이 되는 경우가 많으며, 또 디즈니랜드와 같이 대규모로 기업경영을 하는 경우도 있다.

7) 스포츠시설

스포츠시설로는 해수욕장, 스케이트장, 스키장, 골프장 등의 시설이 있다.

관광여행이 날로 증가하고 있는 이때 운동을 주된 목적으로 하는 스포츠관광이 확산되고 있다. 해수욕장·스케이트장·스키장·골프장 등이 근래에 와서 중요한 관광객유치시설로서 지역관광사업에 크게 공헌하고 있으며, 도시내에 소재하는 스포츠시설 등은 시민의 여가대상으로서 시민의 건강증진에 기여하고 있다.

8) 환경위생시설

상수도 및 하수도 그리고 오물처리시설, 즉 환경위생시설의 완비는 관광객들의 체류기간에 고려하게 되는 기본적인 조건이다. 아무리 좋은 자연경관과 관광자원에 둘러싸인 관광지라 할지라도 주위가 불결하고 더러운 냄새가 풍기거나 전염병 같은 것이 발생할 우려가 있는 곳은 관광지로서의 적격여부를 좌우하는 중요한 판단기준이 될 수 있다. 특히 현대 관광지에서는 관광객의 증가추세를 잘 파악해서 여기에 대비할 수 있는 정도의 환경위생시설을 설치하여 보건환경을 유지해 나가야 한다.

보건요양시설로서는 온천장과 피서·피한지가 있다. 특히 광천요양지와 기후요양지 등 명성이 있는 관광지는 주로 보건과 요양을 위해서 이용되고 있기 때문에 이러한 목적을 달성시켜 줄 수 있는 시설이 요구된다.

9) 문화 및 예술시설

박물관, 미술관, 기념관 등 일종의 문화시설은 중앙에서 지방에 이르기까지 문화적 창조를 유발시키고, 나아가서는 그 곳에 보존되어 있는 문화재가 관광에 활용될 수 있도록 관리할 필요가 있다. 다시 말해서 일반 관광객들의 관심을 모으기 위해서 관광시즌을 택해서 관광지에 알맞은 문화예술적인 관광행사 등을 운영하거나 그 지역의 대표적인 문화재(지정문화재·지방문화재·비지정문화재) 등을 전시·관람케 하는 시설이다. 특히 이러한 시설은 지역주민의 문화·예술적 측면은 물론 관광사업의 측면에서도 없어서는 아니될 시설이다.

제5장

관광개발과 지역개발

제5장

관광개발과 지역개발

제1절 관광개발의 개념

1. 관광개발의 의의

관광개발이란 일반적으로 관광자원의 특성에 따라서 관광상의 편의를 증진하고, 관광객의 유치와 관광소비의 증대를 도모함을 목적으로 하는 개발사업이라 할 수 있다. 따라서 개발사업은 ① 관광상의 편의를 도모하기 위한 제반시설의 정비, ② 관광사업의 진흥을 위한 각종 제도의 정비, ③ 관광객의 레저생활을 충실하게 하기 위한 소프트웨어의 개발을 그 주요 사업내용으로 한다.

관광개발은 직접적으로는 관광사업의 진흥을 목적으로 하고 있고, 관광사업의 구체적인 모든 진흥시책을 관광개발이라 생각할 수 있다. 그러나 대부분의 경우 관광개발은 시설개발을 중심으로 이루어지는 관계로 관광상의 편의증진을 도모하는 제반시설의 개발과 정비라는 협의의 개념이 일반적으로 통용되고 있다.

이와 같이 관광개발은 관광사업을 적극적으로 진흥시키는 것을 목표로 하고 있지만, 관광사업을 진흥시키는 배경에는 관광사업에 기대되는 여러 가지 긍정적 효과가 있기 때문이라는 것은 더 말할 필요가 없는 것이다. 일반적으로 관광사업은 경제적 효과와 경제외적 효과를 합목적적으로 촉진할 것을 목표로 하여 진행된다. 그리고 사업효과는 관광의 주체자인 국민의 여가 활동의 측면과 개발주체자가 받는 이익의 측면에서 파악된다. 그래서 관광개발은 크게 나누어 세 가지 입장에서 추진되고 있는데, 첫째로 국민의 건전한 레크리에이션의 촉진, 둘째로 지역개발의 촉진, 셋째로 기업활동의 확대(이윤확대의 기회)가 그것이다.

여기서 관광개발을 촉진하는 주체는 국가, 지방공공단체, 민간기업의 3자인데, 개발주체에 따라서 개발목적에 차이가 있을 수 있다.

국가적 차원에서 본 관광개발에는 국민의 건전한 레크리에이션을 촉진한다는 것 외에도 뛰어난 자연경관이나 역사적 문화재의 보호와 활용, 그리고 관광수요에 대응한 관광레크리에이션 공간의 적정배치와 확보 등 자원보호나 국토의 효과적 이용이라는 입장에서도 적극적인 의의를 가진다. 또한 관광개발에 따른 지역개발의 촉진도 국책상 중시되어야 함은 물론이고, 관광개발은 경제·문화·사회·교육·후생 등 국가정책의 차원에 있어서도 종합적인 견지에서 진흥되는 것이 바람직하다.

2. 관광개발의 대상과 범위

관광개발의 대상인 관광대상은 관광행동을 일으키게 하는 매력이나 유인력을 지닌 것인데, 그 종류는 매우 다양하다. 특히 현대와 같이 사람들에게 관광을 가능하게 하는 조건이 갖추어지게 됨에 따라 그 대상이 보다 다양해지고 있다.

따라서 관광개발의 범위는 관광현상의 다양화에 따라 더욱 확대되어 갈 것으로 판단되며, 관광개발대상의 범위가 되는 관광개발부분으로는 관광시장, 관광상품, 관광선전, 관광자원개발, 관광숙박시설, 관광기반시설, 관광인력계획, 국내관광, 복지관광, 국외여행 등의 관광, 여가, 레크리에이션, 관광기업, 금융, 세제, 법률 등과 같은 관광현상과 관련되는 여러 분야가 관광개발대상의 범위에 속한다고 볼 수 있다.

이러한 내용을 중심으로 한 구체적인 관광개발대상은 관광개발의 목적이 되는, 곧 관광사업의 근거를 제공하는 것으로서 자연과 인문관광자원, 관광기반시설, 각종 편의시설, 관광관련 정보조직과 제공체계, 관광통계시스템, 그리고 각종 서비스개선 등이다.

1) 관광자원

새로운 자연관광자원을 개발하여 이들의 환경을 정비하고, 문화재를 수집하고 진열하기 위해 이들을 복원·보수 또는 증축하는 일련의 개발행위가 곧 자연과 인문관광자원의 개발에 해당된다. 그런데 관광행태가 변화하기 때문에 관광자원에 대한 가치부여에도 변화가 발생하게 됨으로써 관광자원 영역도 넓어지게 된다. 즉 관광행태 추이를 보면 종래에 시간이용 관광에서 시간소비 관광으로 행태변화가 일어나고 있는 점도 한 예이다. 따라서 관광행태 변화에 맞추어 관광자원 가치를 제고하기 위해서는 기존의 관광자원에 머물지 말고 관광개발사업을 통하여 의도적으로 관광자원을 창조한다든가, 또는 부수적으로 해당 관광자원과 관련한 각종 이벤트를 개최함으로써 관광자원의 가치를 보다 증대시켜야 한다.

2) 관광기반시설

관광기반시설이라 함은 도로, 통신, 전기, 상하수도 시설 등과 같은 산업개발의 기초가 되는 시설을 말한다. 특히 도로와 같은 교통기반시설은 관광객에게 관광동기를 부여하기 위하여 필요하다. 그리고 관광객 거주지역인 관광시장에서 관광목적지에 이르는 교통체계로 각종 도로와 교통시설 등의 교통기반시설 정비는 관광시장과 관광지 연결을 보다 원활하게 하는데, 이것은 관광개발사업의 가장 중요한 부분이 되고 있다. 교통기반시설을 정비함에 있어서는 지역사회의 요청, 지역조건, 경제사정 등을 고려해야 하며, 기존교통망을 최대한 이용하되, 관광루트상의 미흡한 부분의 개발정비에 중점을 두어야 한다. 이 밖에 생활기반환경의 정비도 중요하다. 체재지에서 관광행동을 하게 되는 생활환경·사회환경의 정비가 요구된다. 이를테면 상하수도, 오물과 쓰레기 처리시설 정비, 공원과 가로수 등 미관시설의 정비 또한 필요하다.

3) 각종 관광편의시설

각종 관광편의시설을 개발한다는 것은 관광객 수용태세의 정비를 가리키는데, 이것은 자연과 인문관광자원을 중심으로 한 총체적 환경을 조성함과 동시에 놀이시설, 숙박시설, 식음시설, 휴게시설, 안내시설 등 체재와 환대 기능을 가진 시설을 갖추는 것을 의미한다.

4) 관광통계 시스템

관광통계시스템 확립을 통하여 관광객의 유동, 체재량 기타 관광사업에 필요한 통계를 수립하고 처리함으로써 관광개발의 방법 개선과 정비방법에 이용할 수 있으며, 특히 지역 간의 수요관계를 효과적으로 파악하여 지역관광개발 정책방향 설정에 있어 중요한 역할을 담당할 수 있다.

5) 관광관련 정보조직과 제공체계

관광개발에서 정보조직과 정보체계를 확립한다는 것은 PR, 홍보 등을 위하여 각종 정보매체를 효율적으로 이용할 수 있도록 함을 의미한다. 이러한 활동을 통해 지역이나 국가가 지닌 특성과 관광자원에 관한 정보를 제공할 수 있게 되는데, 정보제공은 관광객의 만족수준에 크게 영향을 미치게 될 뿐만 아니라, 관광시장 개척의 역할도 하게 된다. 또한 관광객들에게 관광에 대한 올바른 가치관을 인식시키고 여가시대의 도래에 따라 보다 현실적인 관광수요 증대에 기여할 것이다.

6) 각종 관광관련 서비스

관광관련 서비스는 관광종사자들의 자질향상을 위하여 어학실력 향상, 예절교육 등을 통하여 관광객에게 수준 높은 양질의 관광서비스를 제공할 수 있도록 하는 것 또한 관광개발의 중요한 대상이 된다.

제2절 관광개발과 지역개발

1. 관광개발의 지역경제효과

관광개발이 지역개발로서 주목을 끌게 된 점은 주로 관광투자효과와 관광소비효과로 구성되는 지역경제효과에 눈을 돌리게 된 데서부터이다. 관광투자효과는 개발사업에 대한 투자효과이기 때문에 그 효과는 단기적이며 불연속적이다. 이에 비해 관광소비효과는 관광기업의 가동(稼動)에 따른 관광소비의 파급효과이기 때문에 그 효과는 연속적이며 장기적 효과가 기대된다. 따라서 지역개발을 목적으로 한 관광개발에서 기대되는 개발효과가 관광소비효과에 있다는 것은 다시 말할 필요도 없다. 그러므로 이하에서는 관광소비의 지역경제효과에 대해서 살펴보기로 한다.

관광소비는 관광객의 관광행동에 수반하여 지출되는 소비이며, 그것은 직접 관광기업의 수입이 된다. 관광기업은 이 수입을 기본으로 기업경영을 지속시켜 가는데, 경영을 통하여 관광기업이 지급하는 지출처는 원재료의 구입과 임금, 보수, 이윤, 조세 등의 부가가치로 구분된다. 전자는 관광기업의 거래처에 지급되고, 후자는 임금으로서 가계수입(家計收入)이 되든가, 기업이익으로서 예금이 되든가, 아니면 시·읍·면의 세수입(稅收入)이 되든가 한다. 더욱이 이들의 관광소비는 지역경제의 내부를 순환하면서 파급되고, 그 총체로서 지역경제에 질적·양적인 영향을 준다. 다시 말하면, 관광소비는 관광객으로부터 관광기업에, 관광기업은 거래처로, 거래처는 다시 그 거래처로의 형태로 순차적으로 지역경제의 내부를 순환하여 생산액을 증대시켜 산업연관효과를 가져오고 지역소득을 증대시켜 소득효과를 가져오며, 고용의 촉진(고용효과)에 공헌한다.

지역경제효과의 규모는 관광자원의 우열성에 좌우되지만, 효율적인 효과를 올리기 위해서는 지역사회에서의 중간생산재의 조달률을 높이는 일이나, 소득의 지역외 누실(漏失)을 방지하는 일이 과제가 된다고 본다. 소득의 누실은 주로 지역주민의 고용과 지역외 기업의 진출을 거부함으로써 어느 정도 방지할 수 있는데, 외부기업에 의한 대형 관광기업은 소득의 직접적인 누실분(漏失分)을 웃도는 경제효과의 기대도 가능하므로 일률적으로 좋은 방안이라고는 볼 수 없다.

결국 관광개발의 지역경제개발에서의 역할은 미개발 분야의 자원개발에 의해 지역소득의 증대와 지역주민의 고용을 추진하고 지역경제를 진흥한다는 일련의 지역경제효과를 올리는 데 있다.

2. 관광개발과 지역개발

광공업자원(鑛工業資源)이나 입지조건이 좋지 못한 농산어촌(農山漁村)이 '천혜(天惠)의 자연경관'을 자원으로 삼아 지역격차를 해소해 나가려고 하는 것은 당연한 일이라 하지 않을 수 없다. 물론 농촌에 따라서는 농업이나 임업 및 어업보다 관광사업을 하는 편이 훨씬 높은 생산성을 올리는 경우도 있겠고, 자원을 유효하게 이용하기 위해서도 관광개발을 지역의 주요 산업으로 하는 편이 유리한 지역도 상당히 있을 것이다. 그러나 여기에서는 관광개발이 지역개발이라는 목적에 대한 개발수단으로서의 의미를 갖고 있기 때문에 산업론적 관점에서 벗어나 지역개발의 목적에 접근하기 위한 방법으로서 고찰해보지 않으면 안될 것이다.

그런데 지역개발은 어떤 의미와 내용을 가진 것인가. 이에 대해서는 아직까지 확립된 개념은 없는 것 같다. 대부분의 국가에서 지역개발정책은 거의 자원개발에 목표를 두고 있었는데, 점차 대규모 임해공업(臨海工業)의 개발로 집중하기도 하였으며, 또한 공장유치나 관광개발이 주도되어 왔다.

더욱이 최근에 와서는 인구와 산업의 지방분산도 중요한 과제로 되는 등 지역개발은 유동적이고 그 목적조차도 불명확한 상태에 있다. 그래서 지역개발이라는 말은 매우 여러 가지 뜻으로 사용되고 있으나, 과거의 실정에 비추어 볼 때 두 가지 견해가 지적이 된다. 즉 "지역개발에 의해서 해당 지역사회가 개발된다"는 관점과, "해당 지역사회에 대한 영향보다는 전체 국민경제의 발전이 중요하며, 지역사회의 발전은 반드시 이루어진다고는 볼 수 없다"고 하는 관점이다.

요컨대, 여기에서 지역개발은 국토의 일부분인 지역사회에 전개되는 국가정책으로서 국가적 차원에서 수행되는 개발정책이라는 것을 전제로 하면서도 국민경제적인 관점과 지역적인 관점의 어느 쪽을 우선적으로 고려할 것인가 하는 서로 다른 견해에 있다.

그러나 지역개발의 궁극적 목적이 지역주민의 복지향상에 있다고 한다면, 지역사회에 대한 영향을 고려하지 않은 지역개발은 이미 존재하지 않는다고 볼 수 없다.

특히 우리나라에서의 지역개발은 경제발전에 편중되어 왔는데, 지역격차가 소득격차로서 이해되고 그 개선을 지역개발의 주된 목표로 삼아 왔으나, 주민의 복지는 소득의 증대에 의해서만 달성되는 것은 아니다. 생활기반시설이나 자연환경 등 총체적인 환경의 향상이 수행됨으로써 비로소 복지의 향상이 기대될 수 있는 것이다.

이처럼 지역개발은 지역경제의 진흥이라는 좁은 시야로부터 벗어나서 지역생활공간의 질적인 향상이라는 관점에서 이루어져야 바람직하다. 더욱이 여기에서 지역생활공간이라 함은 지역주민 생활에 관계되는 생활환경, 주거환경, 교육환경, 레크리에이션 환경 등 지역사회가 구성할 전체 생활체계를 포함한 공간을 의미하고 있고, 지역개발은 환경개발을 목표로 한 종합적인 개발이어야 한다는 것을 지적할 수 있다. 그런데, 이러한 종합개발은 꼭 동시에 추진할 필요는 없는 것이며, 어느 때에는 경제개발에 편중될 수가 있겠고 어느 때에는 사회개발이 중점적으로 추진되는 수도 있을 것이다. 그러나 중요한 것은 어떤 종류의 개발사업이 다른 부분에 나쁜 영향을 미치는 일이 없도록 종합적이면서도 계획적인 배려가 있어야 한다는 점이다.

관광개발은 관광사업의 진흥을 전제로 해서 여러 가지의 개발투자가 이루어지는데, 그 가운데서도 교통사정의 개선은 관광객의 내방 증가를 촉진시키고 지역산물의 유통을 돕고, 지역산업의 입지조건의 개량이나 주민생활의 편의 증진을 가져온다. 또한 개발행위의 일환으로서 실행되는 자연보호와 문화재의 보존과 활용, 그리고 각종 관광레크리에이션 개발 등은 지역주민의 레크리에이션 환경의 정비, 주민의 문화적 생활수준의 향상에 기여하게 될 것이다. 또한 관광객의 내방은 지역주민과의 인적 교류를 통한 이해를 깊게 하고 벽지의식(僻地意識)의 완화에 기여하는 것도 기대할 수 있다.

제3절 관광개발의 유형

1. 자연관광자원 활용형

관광의 매력성이나 관광자원이 전혀 없는 지역에서 관광개발을 추진한다는 것은 일반적으로 대단히 곤란하다. 따라서 자연의 혜택이나 문화재 등을 중심으로 관광자원의 가치를 살리는 방법이 관광개발의 수법으로 가장 일반적인 것이다. 관광자원의 가치가 같은 종류의 다른 것과 비교하여 빼어나면 빼어날수록 관광개발은 쉽게 된다. 따라서 관광자원은 자연관광자원과 인문관광자원으로 나눌 수 있으며, 관광개발의 유형으로서 우선 자연관광자원 활용형을 들 수 있다. 구체적인 사례로서는 산악관광지, 해안관광지와 온천관광지를 들 수 있다. 여기에서는 주로 자연의 감상, 온천의 탕치(湯治), 피서(避暑), 피한(避寒), 스키, 해수욕 등의 관광활동이 이루어지고 있다.

2. 인문관광자원 활용형

관광자원의 가치를 활용하는 유형의 관광개발에는 자연관광자원 활용형과 함께 인문관광자원 활용형이 있다. 인문관광자원을 활용하는 개발방식으로는 우리 일상생활과 관련 있는 관습이나 풍속 및 유물, 유서깊은 옛사찰(古寺刹)이나 교회, 민속(民俗) 등 역사적 유적지나 문화재 등을 활용한다.

인문관광자원 활용형의 관광개발을 추진함에 있어서 유의하여야 할 점은 자원의 가치를 충분히 보호하는 것이다. 그런데 관광개발이 자원가치의 보호에 있어서 장기적인 계획과 구체적인 시책이 결여될 경우에는 관광자원의 가치가 감소하게 되어 관광지로서 관광객에 대한 유인력을 상실하게 된다.

3. 교통편 활용형

관광자원 활용형이 관광개발의 가장 일반적인 방법인 것이나, 관광자원의 비교우위성만으로 관광개발이 성공한다고는 할 수 없다. 관광객이 일상생활권을 떠나서 관광지까지 이동하는 문제, 곧 접근성의 문제가 현대에 있어서는 관광지의 가치를 형성하는 중요한 요인으로 작용하고 있다.

교통수단의 정비는 관광목적보다는 생활환경의 향상이나 경제활동의 추진 목적으로 사회기반시설을 갖추고 교통체계를 정비함에 따라 파생적으로 관광개발이 가능해지는 수도 있다. 다시 말해 교통시설 이용상의 편의와 이점을 살리는 방법으로 고속도로의 인터체인지, 철도의 정차역, 도로변 휴게소, 항만·공항 등의 주변은 관광자원의 가치가 그다지 뛰어나지 않아도 관광개발이 가능하게 되는 것이다.

4. 지명도 활용형

일반적으로 관광객이 어떤 장소를 방문하는 것은 그 장소에 있는 어떠한 관광자원의 가치가 높은 것을 알고 있던가 또는 알려져 있기 때문일 것이다. 관광자원으로서 비교우위성이 아무리 높다고 하더라도 사람들이 그것을 알지 못한다면, 실제 관광행동으로 옮겨지지 못하게 된다. 반대로 관광자원의 가치가 그다지 우수하지 못한 경우라도 잘 알려져 있는 경우에는 관광개발이 가능하게 된다. 결국 어떤 장소가 관광의 매력을 가진 장소로서 높은 지명도를 가질 경우 그것을 활용한 관광개발이 가능하게 되는 것이다.

5. 관광대상 창조형

관광개발에 있어 특정 매력이 없는 관광대상일 경우에는 인위적으로 관광대상을 창조한다든지, 인위적으로 개발의 저해조건을 해소시키는 것과 같은 방법도 있는 것이다. 그러나 이러한 유형은 다른 유형에 비해 대단히 어렵고, 관광의 대중화를 배경으로 하여 공공기관이 적극적으로 관광개발에 참여하는 경우나, 또는 민간대기업의 경우가 아니고서는 실현시키기 어렵다. 따라서 공공기관이나 민간대기업은 관광개발을 함에 있어서 인위적 관광대상 창조나 저해요인 해소에 노력하여야 할 것이다.

6. 지역산업 활용형

지역특성을 기반으로 해서 관광활동을 연계시킬 수 있는 개발형태로서, 관광농업, 관광임업, 관광어업 등을 활용하여 관광토산품, 향토음식, 민속축제와 같은 이벤트를 관광상품으로 개발하는 방식이다. 이는 지방자치 시대와 더불어 지역경제발전의 수단으로서 그 가치가 높게 평가됨에 따라 관광개발 유형에 있어 그 중요성이 강조되고 있다.

제4절 관광지 및 관광단지의 개발[10)]

1. 관광개발기본계획 및 권역별 관광개발계획

1) 관광개발기본계획의 수립

문화체육관광부장관은 관광자원을 효율적으로 개발하고 관리하기 위하여 전국을 대상으로 하여 관광개발기본계획(이하 "기본계획"이라 한다)을 수립하여야 한다(관광진흥법 제49조 1항).

이 규정에 따른 '기본계획'으로는 1990년 7월에 수립된 제1차 관광개발기본계획(1992~2001년)과 2001년 8월에 수립된 제2차 관광개발기본계획(2002~2011년)은 이미 완료되었고, 현재는 2011년 12월 26일 수립・공고한 제3차 관광개발기본계획(2012~2021년)을 시행하고 있다.

제1차 '기본계획'에서는 전국을 5대 관광권, 24개 소관광권으로 권역화하

10) 조진호 외 4인 공저, 관광법규론(서울: 현학사, 2014), pp.281~287.

여 각각의 권역별 개발구상을 제시하였던 것이나, 이 계획을 집행함에 있어서 관광권역과 집행권역(즉 시·도)의 불일치로 인해 '기본계획'과 '권역계획'의 실천성 미흡 등의 문제점이 노출되었다. 이에 따라 제2차 '기본계획'에서는 이를 시정·개선하기 위하여 행정권중심의 관광권역인 16개 광역지방자치단체를 기준으로 관광권역을 단순화하고, 각 시·도별 특성에 맞는 권역별 관광개발기본방향을 설정·제시하였던 것이다.

그러나 이번에 수립한 제3차 '기본계획(2012~2021년)'은 제2차 '기본계획(2002~2011년)' 수립 이후 급변하는 환경변화에 대응하는 새로운 비전과 전략을 제시하며, 국제경쟁력을 갖춘 관광발전 기반을 구축하고 국민 삶의 질과 지역발전에 기여하기 위해 전국 관광개발의 기본방향을 미래지향적으로 제시하는 계획이라고 하겠다.

따라서 제3차 '기본계획(2012~2021년)'에서는 향후 관광개발의 기본방향과 추진전략 등을 반영하여 수도관광권(서울·경기·인천), 강원관광권, 충청관광권, 호남관광권, 대구·경북관광권, 부·울·경관광권(부산·울산·경남) 및 제주관광권 등 7개 광역경제권을 계획 관광권역으로 설정하였으며, 또한 해안을 중심으로 한 동·서·남해안 관광벨트 등 6개 초광역 관광벨트도 설정하여 7개 계획권역을 연계·보완하였다. 여기서 초광역 관광벨트란 백두대간 생태문화 관광벨트, 한반도 평화생태 관광벨트, 동해안 관광벨트, 서해안 관광벨트, 남해안 관광벨트, 강변생태문화 관광벨트 등을 말한다.

(1) '기본계획'의 수립권자 및 수립시기

기본계획은 문화체육관광부장관이 매 10년마다 수립한다(동법 시행령 제42조).

(2) '기본계획'에 포함되어야 할 내용

1. 전국의 관광여건과 관광 동향(動向)에 관한 사항
2. 전국의 관광수요와 공급에 관한 사항
3. 관광자원의 보호·개발·이용·관리 등에 관한 기본적인 사항
4. 관광권역(觀光圈域)의 설정에 관한 사항
5. 관광권역별 관광개발의 기본방향에 관한 사항

6. 그 밖에 관광개발에 관한 사항

(3) '기본계획'의 수립 및 변경절차

기본계획의 수립은 시·도지사가 기본계획의 수립에 필요한 관광개발사업에 관한 요구서를 문화체육관광부장관에게 제출하면 문화체육관광부장관은 이를 종합·조정하여 기본계획을 수립하고 공고하여야 한다(동법 제50조 1항). 또 문화체육관광부장관은 수립된 기본계획을 확정하여 공고하려면 관계부처의 장과 협의하여야 한다. 확정된 기본계획을 변경하는 절차도 같다(동법 제50조 2항·3항).

문화체육관광부장관은 관계기관의 장에게 기본계획의 수립에 필요한 자료를 요구하거나 협조를 요청할 수 있고, 그 요구 또는 협조요청을 받은 관계기관의 장은 정당한 사유가 없으면 요청에 따라야 한다(동법 제50조 4항).

2) 권역별 관광개발계획의 수립

시·도지사(특별자치도지사는 제외)는 '기본계획'에 따라 구분된 권역을 대상으로 하여 권역별 관광개발계획(이하 "권역계획"이라 한다)을 수립하여야 한다. 다만, 둘 이상의 시·도에 걸치는 지역이 하나의 권역계획에 포함되는 경우에는 관계되는 시·도지사와의 협의에 따라 수립하되, 협의가 성립되지 아니한 경우에는 문화체육관광부장관이 지정하는 시·도지사가 수립하여야 한다(동법 제49조 제2항 및 제51조 제1항).

이 규정에 의한 '권역계획'으로는 제1차 관광개발기본계획(1992~2001년)에 따른 제1차권역계획(1992~1996년)과 제2차권역계획(1997~2001년) 및 제2차 관광개발기본계획(2002~2011년)에 따른 제3차권역계획(2002~2006년)과 제4차권역계획(2007~2011년)은 이미 완료되었으며, 현재에는 제3차 관광개발기본계획(2012~2021년)에 따른 제5차권역계획(2012~2016년)이 시행 중에 있다.

한편, 제주특별자치도의 경우 도지사가 도의회의 동의를 얻어 수립하는 '국제자유도시의 개발에 관한 종합계획'에는 "관광산업의 육성 및 관광자원의 이용·개발 및 보전에 관한 사항"을 포함시키고 있는데, 이 종합계획에 따라 제주권역의 관광개발사업을 시행하고 있기 때문에, 제주특별자치도에서는 "권역계획"을 따로 수립하지 아니한다.

(1) 권역계획의 수립권자 및 수립시기

권역계획은 시·도지사(특별자치도지사는 제외)가 매 5년마다 수립한다.

(2) 권역계획에 포함되어야 할 내용

1. 권역의 관광여건과 관광동향에 관한 사항
2. 권역의 관광 수요와 공급에 관한 사항
3. 관광자원의 보호·개발·이용·관리 등에 관한 사항
4. 관광지 및 관광단지의 조성·정비·보완 등에 관한 사항
5. 관광지 및 관광단지의 실적 평가에 관한 사항
6. 관광지 연계에 관한 사항
7. 관광사업의 추진에 관한 사항
8. 환경보전에 관한 사항
9. 그 밖에 그 권역의 관광자원의 개발, 관리 및 평가를 위하여 필요한 사항

(3) 권역계획의 수립 및 변경절차

① 권역계획은 그 지역을 관할하는 시·도지사(특별자치도지사는 제외)가 수립하여야 한다.

② 시·도지사(특별자치도지사는 제외)는 수립한 권역계획을 문화체육관광부장관의 조정과 관계 행정기관의 장과의 협의를 거쳐 확정하여야 한다. 이 경우 협의요청을 받은 관계 행정기관의 장은 특별한 사유가 없는 한 그 요청을 받은 날부터 30일 이내에 의견을 제시하여야 한다.

③ 이상의 절차는 확정된 권역계획을 변경하는 경우에 준용한다. 다만, 대통령령으로 정하는 경미한 사항의 변경에 대하여는 관계부처의 장과의 협의를 갈음하여 문화체육관광부장관의 승인을 받아야 한다.

2. 관광지등의 지정

1) 관광지등의 의의

여기서 '관광지등'이란 관광지 및 관광단지를 말한다.

(1) 관광지

관광지란 자연적 또는 문화적 관광자원을 갖추고 관광객을 위한 기본적인 편의시설을 설치하는 지역으로서 「관광진흥법」에 따라 지정된 곳을 말한다. 그러므로 관광객이 이용하는 지역이라고 해서 무조건 관광지가 되는 것은 아니고, 「관광진흥법」에 의하여 관광지로 지정을 받지 않으면 관광지라고 할 수 없으며, 관광개발의 대상도 될 수 없다. 2013년 12월 말 기준으로 전국에 지정된 관광지는 총 225개소이다.[11)]

(2) 관광단지

관광단지란 관광객의 다양한 관광 및 휴양을 위하여 각종 관광시설을 종합적으로 개발하는 관광거점지역으로서 「관광진흥법」에 따라 지정된 곳을 말한다. 2013년 12월 말 기준으로 전국에 지정된 관광단지는 36개소이다.[12)]

2) 관광지등의 지정권자

관광지 및 관광단지(이하 "관광지등"이라 한다)는 시장·군수·구청장의 신청에 의하여 시·도지사가 지정한다. 다만, 특별자치도의 경우에는 특별자치도지사가 지정한다.

3) 관광지등의 지정절차

(1) 관광지등의 지정신청 등

관광지등의 지정 및 지정취소 또는 그 면적의 변경(이하 "지정등"이라 한다)

11) 문화체육관광부, 2013년 기준 관광동향에 관한 연차보고서, pp.127~128.
12) 문화체육관광부, 전게 2013년 기준 연차보고서, pp.129~132.

을 신청하려는 자는 '관광지(관광단지)지정등신청서'에 구비서류를 첨부하여 특별시장·광역시장·도지사에게 제출하여야 한다. 특별자치도의 경우에는 '도조례'로 정하는 바에 따른다.

(2) 관광지등의 지정

① 시·도지사(특별자치도지사는 제외)는 '지정등'의 신청을 받은 경우에는 관광지등의 개발필요성, 타당성, 관광지·관광단지의 구분기준, 그리고 관광개발기본계획 및 권역별 관광개발계획에 적합한지 등을 종합적으로 검토하여야 한다.

② 시·도지사(특별자치도지사는 제외)가 관광지등을 지정하려면 사전에 문화체육관광부 장관 및 관계 행정기관의 장과 협의하여야 한다. 다만, 「국토의 계획 및 이용에 관한 법률」(이하 "국토계획법"이라 한다)에 따라 계획관리지역으로 결정·고시된 지역을 관광지등으로 지정하는 경우에는 협의하지 아니한다. 이 경우에 협의요청을 받은 문화체육관광부장관 및 관계 행정기관의 장은 특별한 사유가 없는 한 그 요청을 받은 날부터 30일 이내에 의견을 제시하여야 한다.

제5절 관광특구의 지정

1. 관광특구의 지정

1) 관광특구의 의의

관광특구는 외국인 관광객의 유치 촉진 등을 위하여 관광시설이 밀집된 지역에 대해 야간 영업시간 제한을 배제하는 등 관광활동을 촉진하고자 1993년에 도입된 제도이다. 「관광진흥법」은 제2조에서 관광특구란 외국인 관광객의 유치 촉진 등을 위하여 관광활동과 관련된 관계법령의 적용이 배제되거나 완화되고, 관광활동과 관련된 서비스·안내체계 및 홍보 등 관광여건을 집중적으로 조성할 필요가 있는 지역으로서 시장·군수·구청장의 신청(특별자치도의 경우는 제외한다)에 따라 시·도지사가 지정한 곳을 말한다.13)

2) 관광특구의 지정요건

(1) 관광특구의 지정신청자 및 지정권자

관광특구는 관광지등 또는 외국인 관광객이 주로 이용하는 지역 중에서 시장·군수·구청장의 신청(특별자치도의 경우는 제외한다)에 의하여 시·도지사가 지정한다.

1. 지정신청자 — 시장·군수·구청장
2. 지정권자 — 시·도지사

(2) 관광특구의 지정요건

관광특구로 지정될 수 있는 지역은 다음과 같은 요건을 모두 갖춘 지역으로 한다.

1. 문화체육관광부장관이 고시하는 기준을 갖춘 통계전문기관의 통계결과 해당 지역의 최근 1년간 외국인 관광객 수가 10만명(서울특별시는 50만명) 이상일 것
2. 지정하고자 하는 지역 안에 관광안내시설, 공공편익시설, 숙박시설, 휴양·오락시설, 접객시설 및 상가시설 등이 갖추어져 있어 외국인 관광객의 관광수요를 충족시킬 수 있는 지역일 것
3. 임야·농지·공업용지 또는 택지 등 관광활동과 직접적인 관련성이 없는 토지가 관광특구 전체 면적의 10퍼센트를 초과하지 아니할 것
4. 위 1호부터 3호까지의 요건을 갖춘 지역이 서로 분리되어 있지 아니

13) 우리나라 관광특구는 제주도, 경주시, 설악산, 유성, 해운대 등 5곳이 1994년 8월 31일 처음으로 지정된 이래, 2005년 12월 30일 충북 단양·매포읍 일원(2개읍 5개리)의 '단양관광특구'와 2006년 3월 22일 서울 광화문 빌딩에서 숭인동 네거리 간의 청계천쪽 전역(세종로, 신문로1가, 종로1~6가, 창신동 일부, 서린동, 관철동, 관수동, 장사동, 예지동 전역)의 '종로·청계관광특구'를 지정하였고, 2008년 5월 14일 부산광역시 중구 부평동, 광복동, 남포동 지역의 '용두산·자갈치관광특구'를 새로 지정하여 2013년 12월 말 기준으로 13개 시·도에 28곳이 지정되어 있다(문화체육관광부, 전게 2013년기준 연차보고서, pp.151~153).

할 것

3) 관광특구의 지정절차

(1) 지정신청

관광특구의 지정·지정취소 또는 그 면적의 변경(이하 "지정등"이라 한다)을 신청하려는 시장·군수·구청장은 '관광특구지정등신청서'에 소정의 서류를 첨부하여 특별시장·광역시장·도지사에게 제출하여야 한다. 다만, 관광특구의 지정취소 또는 그 면적 변경의 경우에는 그 취소 또는 변경과 관계되지 아니하는 사항에 대한 서류는 이를 첨부하지 아니한다.

(2) 적합성 여부 등 검토

특별시장·광역시장·도지사는 관광특구 지정등의 신청을 받은 경우에는 관광특구로서의 개발필요성, 타당성, 관광특구의 지정요건 및 관광개발계획에 적합한지 등을 종합적으로 검토하여야 한다.

(3) 관계 행정기관의 장과의 협의

관광지나 관광단지의 지정에서처럼 시·도지사가 관광특구를 지정하려는 경우에는 관계 행정기관의 장과 협의를 하여야 한다.

2. 관광특구의 진흥계획

1) 관광특구진흥계획의 수립·시행

(1) 관광특구진흥계획의 수립

특별자치도지사·특별자치시장·시장·군수·구청장은 관할구역 내 관광특구를 방문하는 외국인관광객의 유치 촉진 등을 위하여 관광특구진흥계획(이하 "진흥계획"이라 한다)을 수립하고 시행하여야 한다. 그리고 '진흥계획'을 수립하기 위하여 필요한 때에는 해당 시·군·구 주민의 의견을 들을 수 있다.

(2) '진흥계획'에 포함되어야 할 사항

특별자치도지사·특별자치시장·시장·군수·구청장은 다음 각 호의 사항이 포함된 '진흥계획'을 수립·시행한다.

1. 외국인 관광객을 위한 관광편의시설의 개선에 관한 사항
2. 특색 있고 다양한 축제, 행사, 그 밖에 홍보에 관한 사항
3. 관광객 유치를 위한 제도개선에 관한 사항
4. 관광특구를 중심으로 주변지역과 연계한 관광코스의 개발에 관한 사항
5. 그 밖에 관광질서 확립 및 관광서비스 개선 등 관광객 유치를 위하여 필요한 다음과 같은 사항
   가. 범죄예방 계획 및 바가지 요금·퇴폐행위·호객행위 근절대책
   나. 관광불편신고센터의 운영계획
   다. 관광특구 안의 접객시설 등 관련시설 종사원에 대한 교육계획
   라. 외국인 관광객을 위한 토산품 등 관광상품 개발·육성계획

(3) '진흥계획'의 타당성 검토

특별자치도지사·특별자치시장·시장·군수·구청장은 수립된 '진흥계획'에 대하여 5년마다 그 타당성 여부를 검토하고 진흥계획의 변경 등 필요한 조치를 하여야 한다.

2) 관광특구진흥계획의 집행상황 평가

(1) 관광특구에 대한 평가 등

문화체육관광부장관 및 시·도지사는 관광특구진흥계획의 집행상황을 평가하고, 우수한 관광특구에 대하여는 필요한 지원을 할 수 있다. 그리고 시·도지사는 관광특구진흥계획의 집행상황에 대한 평가의 결과 관광특구지정요건에 맞지 아니하거나 추진실적이 미흡한 관광특구에 대하여는 관광특구의 지정취소·면적조정·개선권고 등 필요한 조치를 할 수 있다.

(2) 관광특구의 평가에 대한 조치 등

① 평가주기 및 평가방법 — 시·도지사는 진흥계획의 집행상황을 연 1회 평가하여야 하며, 평가시에는 관광관련 학계·기관 및 단체의 전문가와 지역

주민, 관광관련 업계종사자가 포함된 평가단을 구성하여 평가하여야 한다.

② 평가결과 보고 — 시·도지사는 평가결과를 평가가 끝난 날부터 1개월 이내에 문화체육관광부장관에게 보고하여야 하며, 문화체육관광부장관은 시·도지사가 보고한 사항 외에 추가로 평가가 필요하다고 인정되면 진흥계획의 집행상황을 직접 평가할 수 있다.

③ 평가결과에 따른 지정취소 및 개선권고 — 시·도지사는 진흥계획의 집행상황에 대한 평가결과에 따라 다음 각 호의 구분에 따른 조치를 할 수 있다.

1. 관광특구의 지정요건에 3년 연속 미달하여 개선될 여지가 없다고 판단되는 경우에는 관광특구 지정취소
2. 진흥계획의 추진실적이 미흡한 관광특구로서 아래(제3호)의 규정에 따라 개선권고를 3회 이상 이행하지 아니한 경우에는 관광특구 지정취소
3. 진흥계획의 추진실적이 미흡한 관광특구에 대하여는 지정면적의 조정 또는 투자 및 사업계획 등의 개선 권고

3. 관광특구에 대한 지원

1) 관광특구의 진흥을 위한 지원

국가나 지방자치단체는 관광특구를 방문하는 외국인관광객의 관광활동을 위한 편의증진 등 관광특구 진흥을 위하여 필요한 지원을 할 수 있다.

2) 관광진흥개발기금의 지원

문화체육관광부장관은 관광특구를 방문하는 관광객의 편리한 관광활동을 위하여 관광특구 안의 문화·체육·숙박·상가시설로서 관광객 유치를 위하여 특히 필요하다고 인정되는 시설에 대하여 「관광진흥개발기금법」에 따라 관광진흥개발기금을 대여하거나 보조할 수 있다.

4. 관광특구 내 영업시간 및 영업행위에 관한 특례

관광특구 안에서는 「식품위생법」 제43조에 따른 영업제한에 관한 규정을 적용하지 아니한다(관광진흥법 제74조). 즉 「식품위생법」은 제43조에서 시·도지사는 영업의 질서 또는 선량한 풍속을 유지하기 위하여 필요하다고 인정하는 경우에는 식품접객업자 및 그 종업원에 대하여 영업시간 및 영업행위에 관한 필요한 제한을 할 수 있도록 규정하고 있지만, 관광특구 안에서는 영업시간 및 영업행위에 관한 제한규정을 적용하지 않는다는 것이다.

제6장

관광정책과 관광행정

제1절 관광정책의 의의와 기본이념
제2절 관광행정조직과 관광기구

제6장

관광정책과 관광행정

제1절 관광정책의 의의와 기본이념

1. 관광정책의 의의

관광정책이란 한 나라가 관광이라는 사회현상에 대해서 강구하는 시정(施政)의 방향과 기본시책을 말한다. 따라서 관광정책은 정부의 관광에 대한 이념 혹은 관점에 따라 크게 달라진다. 관광의 보이지 않는 무역적 측면을 중시하는지, 국민의 관광행동을 생활의 질로서 촉진시킬 것인지, 혹은 관광을 지역진흥의 수단으로 생각하는지 등에 의해 정책의 방향이 달라진다. 특히 현대에서는 관광과 환경과의 관계, 소비자로서의 여행자의 보호, 관광자원으로서의 문화유산이나 자연환경의 보호 등도 관광정책에 포함된다. 관광정책은 이념이며 총론을 의미함으로써, 실행이나 각론에 상당하는 행정(行政)은 많은 기관에 별도로 맡겨져 있는 것이 현실이다.

관광정책의 개념에 관하여는 학자에 따라, 정책목적이나 관점 그리고 연구방법에 따라 각기 다르게 정의를 내리고 있다. 그동안 여러 학자들에 의하여 정립된 학설들을 종합해 보면, 첫째, 관광정책은 그 주체가 개인이나 사적 집단이 아니라 공공기관이라는 점이다. 둘째, 관광정책의 목표는 관광문제에 대한 해결이나 공익을 달성하는 것이다. 셋째, 관광정책은 주로 정치적·행정적 과정을 거쳐서 이루어진다. 넷째, 관광정책은 이루고자 하는 관광목표로서의 성격과 관광에 대한 미래지향적인 성격을 지니고 있다.

이러한 관점에서 볼 때 관광정책이란 "한 나라의 관광행정활동을 종합적으로 조정하고 추진하기 위한 시정(施政)의 기본방향을 명시한 일련의 정책"이라고 정의할 수 있다. 그리고 관광정책은 그 대상에 따라 국내관광정책과 국제관광정책으로 나누어 실시되고 있는데, 전자는 한 나라의 정부가 국내관광의 진흥을 위하여 실시하는 정책이며, 후자는 한 나라의 정부가 국제관광의 진흥을 위하여 실시하는 정책으로 이해되고 있다.

2. 관광정책의 기본이념

1) 관광정책의 기본목적

관광정책의 이념을 설명하기에 앞서 먼저 관광정책의 기본목적에 관하여 기술하려는 것은, 관광정책의 목적이 관광정책의 이념을 실현하기 위해서 설정되어지는 수단이라면 관광정책의 목표는 관광정책의 목적을 보다 구체화한 것이기 때문이다.

관광정책이란 국가나 공공단체가 관광이라는 사회현상에 대하여 강구하는 정책을 가리키는 말인데, 즉 관광을 장려하고 진흥시키려는 정책을 의미한다. 그런데 왜 국가나 공공단체는 관광을 장려하고 진흥시키려 하는 것일까.

관광이 관광정책의 대상으로 취급될 수 있었던 것은 제1차 세계대전 이후의 일이며, 유럽 여러 나라의 정부가 관광의 경제적 효과에 주목하게 되면서부터 시작되었다. 즉 외국에서 온 여행자의 소비가 외화획득이 되어 국가경제에 이바지한다는 사실이 인식되면서 국가 간에 경쟁적으로 외국인 관광객의 유치에 나섰던 것이 관광정책의 시작이었던 것이다.

이 당시 관광정책에 관한 연구는 대체로 관광소비의 경제에 관한 문제에 집중되었는데, 그것은 국제관광이 한 나라에 가져다 주는 경제적 이익을 위해 여러 가지 정책들을 추구하는 것이 관광정책에 부과된 과제였기 때문이다. 이와 같은 사실에 입각하여 고찰해 본다면, 국가나 공공단체가 관광정책을 실시하게 된 목적은 관광사업을 진흥시킴으로써 '외화획득(外貨獲得)'이라는 이념을 실현시키려는 데 있었던 것이다.

외화획득에 의해 국제수지(國際收支)를 개선하는 일은 어떤 나라이건 바라는 바이기 때문에 오늘날에도 각 나라에서는 이러한 관광정책을 실시하고 있는 것이 사실이다. 그렇지만 국제수지 개선만을 위주로 관광정책을 실시한다면 한 나라의 흑자는 다른 나라의 적자를 의미하게 되므로, 결국 관광사업은 각 나라가 외래관광객으로부터 외화를 벌어들이는 것을 의미하게 된다. 이와 같은 관점에서 본다면, 자국민의 해외여행을 가능한 한 억제시키고 어떻게 해서든지 외국인관광객을 유치하는 정책이 되기 때문에, 외화획득에 의한 국제수지의 개선이라고 말하는 관광정책의 이념에는 문제가 있다. 반드시 관광수지가 흑자인 나라만이 훌륭한 나라인 것은 아니기 때문이다. 예를 들어 미국이나 독일의 경우 심한 적자인 때에도 자국민의 해외여행을 권장하고 있는 점을 감안한다면, 관광수지가 흑자인 때에도 해외여행을 허용하지 않는 나라가 그리 자랑스러운 것만은 아니다.

그 나라의 국민이 외국에 여행하여 외화를 쓰더라도 무역이나 문화 등에서 그 이상의 성과를 올린다면 오히려 그 편이 효과가 더 클 수 있다. 그러므로 외화획득만을 관광정책의 이념으로 내세울 수는 없는 것이다.

오늘날 관광은 국제관광이 가져오는 국제수지 외에도 국제친선(國際親善)이라는 효과와 국내관광이 가져오는 국민후생(國民厚生) 등의 효과에도 기여하고 있으므로, 현대에 있어서 관광정책의 이념은 국제간에 상호 이해와 협력을 포함한 국제친선과 보건 및 교육을 포함한 국민후생의 증진에 있다고 하겠다.

더구나 국제관광이 국제친선에 의하여 평화에 이바지한다는 것은 국제연합이 1967년을 "국제관광의 해"로 지정했을 때의 "관광은 평화로 가는 패스포트"라는 슬로건에도 명시되어 있는 것처럼, 국제간의 관광왕래가 국제관계 개선과 평화를 유지하는 데 큰 역할을 하고 있다고 말할 수 있다.

다음으로 국민후생이라는 이념이 외화획득이라는 이념에 비한다면 훨씬 늦게 제기된 것이지만, 이러한 입장을 가장 잘 표현한 것이 소셜 투어리즘(social tourism)이다. 소셜 투어리즘이란 오늘날 관광이 국민후생에 큰 효과를 가지고 있음에 주목하여 정부나 지방공공단체가 관광을 활발하게 하기 위해서 여러 가지의 시책을 취하는 일과 관광을 국민 일반의 것으로 넓혀

나가고자 하는 생각을 말하는 것이다.

그러나 여러 정책 가운데서 국민후생으로서의 관광정책이 필요하다고 인정을 하면서도 다른 정책, 예를 들면 교통정책·주택정책 그리고 문화정책 등과 경합할 경우에 과연 다른 정책을 제쳐놓고 관광정책을 우선적으로 정부나 공공단체가 실시할 것인가? 만약 반대에 부딪쳤을 때 설득할 만한 관광정책의 기본이념이 확립되어져야만 할 것이다.

국가나 공공단체는 관광사업을 진흥시킴으로써 국제친선, 국민후생과 같은 관광정책의 이념을 실현하려는 것이나, 관광사업은 그 영향이 관광객의 효용에만 미치는 것이 아니라 사업이 가져올 경제적·사회적 효과에까지 미치는 것이기 때문에, 단지 관광정책의 목적을 관광사업을 진흥시키기 위한 것이라고 말하는 경우에는, 관광의 본래적 목적인 관광객의 효용보다는 관광사업자의 이익만을 가져오게 하는 관광이 될 우려가 있다. 실제 관광사업자 가운데 일부는 이윤추구에 급급한 나머지 본래의 관광목적에 따르지 않은 사람도 없지 않다.

그러므로 관광사업은 본래의 관광목적을 확립시켜, 이에 기여하기 위하여 추진되어야만 한다. 다시 말해 관광정책의 기본목적은 단지 "관광사업의 진흥"이 아니고 "관광객의 효용을 위한 관광사업의 진흥"이라는 방향에서 고려되어야 한다고 본다.

2) 관광정책의 기본이념

관광정책의 기본목적은 "관광객의 효용을 위한 관광사업의 진흥"이라는 방향에서 고려되어야 한다고 앞에서 설명하였다.

관광객의 효용을 위한 관광사업을 진흥시키기 위해서는 무엇보다도 먼저 관광의 의의와 효과에 대한 올바른 이해가 필요하다고 본다. 관광은 관광행동 자체가 효과를 가지는 것으로, 관광가치에 의하여 생기는 본래의 효과는 관광행동의 주체자인 관광객에게 그 효과가 미치는 것이라야 한다. 사람에게는 관광을 하고자 하는 의욕이 있고, 이것을 만족시키는 데 따라 근로의욕은 증대되고, 문화적 교양도 높아지는 것이다.

국제관광의 경우에는 그 소비금액보다도 그에 의하여 생기는 효과를 주로 생각하여야 한다. 종래의 사고방식에 따른다면, 자국민의 외국여행을 될 수 있는 한 제한하고, 외국인 여행자의 유치와 소비에 역점을 두어야 하지만, 이러한 생각이 잘못된 생각이라는 것은 이미 앞에서 지적한 바 있다. 자국민의 외국여행도 마음의 편안을 얻고, 새로이 견문을 넓히는 문화적 효과를 올리면서, 무역촉진 등의 효과까지도 올린다면 결코 제한할 것은 못된다고 본다.

그럼에도 불구하고 관광경영의 주체인 국가 또는 공공기관에서는 관광정책을 수행하는 과정에서 국제관광을 외화획득에의 수단으로만 지나치게 의식한 나머지 관광소비자가 관광행위를 통하여 근로의욕이 증대되고 문화적 교양을 향상시킨다는 그 본래의 이념을 저버리고 국제관광에 의한 국제수지의 개선만을 중시하는 경향이 있다.

물론 국제관광이 한 나라의 국제수지의 개선에 절대적인 요소인 것은 부인할 수 없는 사실이다. 그러나 이것은 어디까지나 관광왕래에 의하여 나타나는 효과이지 외화획득이 국제관광의 절대적인 요소가 될 수는 없다.

그러므로 국제관광정책의 기본이념은 관광객의 관광효용과 그러한 관광행동으로부터 파생되는 효과를 본질로 해야 한다. 여기에서 관광객의 관광효용이라 함은 관광행동에 의한 관광객 자신의 유익성 곧 관광객의 만족도를 말하며, 관광행동으로부터 파생되는 효과라는 것은 관광객의 소비활동에 따라 생기는 경제적·사회적 영향, 즉 외화획득에 의한 국제수지의 개선, 관광왕래에 의한 국제친선의 증진 및 보건의 증진, 고용의 증대 및 사회간접자본의 개발을 통한 국내산업의 발전 등으로 국민소득향상과 조세수입 증대에 미치는 국가적 효용성을 말한다. 따라서 관광정책을 수행하는 과정에서 국제관광에 의한 국제수지의 개선만을 중요시하는 것은 관광정책의 근본적인 이념에 어긋나는 것이다.

국제관광에 있어서 내국인의 해외여행효과가 외국관광객의 국내유치에 비해 훨씬 유리하다는 것을 생각하면 자국민의 해외여행 개방이 국제관광에 있어 오히려 이상적이고 또 그것이 합리적인 경영방법인지도 모른다. 미국이나 영국, 일본 등과 같은 선진국에서는 관광수지면에서 계속 적자를 면하지 못하고 있음에도 불구하고 자국민의 외국여행을 독려하여 관광객을 송출하는 정책을 지향하고 있다. 그 이유는 자국민이 해외여행을 통해서 얻는 효과가 관광유치면에서 외화수입이 차지하는 것과 비교하여 훨씬 더 크기 때문이다.

그러므로 국제관광정책은 관광유치에 의한 외화획득 그 자체보다도 그로 말미암아 간접적으로 나타나는 파급적인 효과를 본질적 이념으로 해야 할 것이다. 곧 국제관광정책을 수립함에 있어 외국관광객 유치에 의한 경제적 효과에만 집착하는 소극적인 정책을 지양하고 더 나아가서 자국민의 해외여행을 통하여 외국에서 자국을 널리 홍보함으로써 국위선양에 기여할 수 있는 보다 적극적인 대외관광정책이 요망된다고 하겠다.

따라서 외래관광객의 수용면에 있어서도 외화획득이라는 효과보다도 자국을 외국인에게 널리 이해시킨다는 국제관광 본래의 효과를 위주로 해야 할 것이다. 물론 외국인 관광객을 유치하기 위하여 때로는 막대한 설비투자에도 불구하고 그 반대급부적인 외화수입이 오히려 저조하다면 그 또한 문제가 되지 않을 수 없겠으나, 국제관광정책의 근본이념은 어디까지나 국제친선이 주된 목적이 되어야 한다고 본다.

한편, 국내관광정책의 근본이념은 국민후생이 주된 목적이 되어야 한다. 소셜투어리즘이나 관광의 대중화는 관광정책 가운데서 가장 중요한 부분을 차지하는 것이라고 말할 수 있겠다.

3. 우리나라 관광정책의 변천과정

1) 1950년대의 관광정책

8·15해방 직후의 대혼란을 거쳐 1948년에 정부가 수립되었으나, 미처 관광행정체제가 확립되기도 전에 1950년 6·25전쟁이 발발하여 전국의 관광시설이 대부분 파괴되었던 것이다. 부산으로 피난을 간 정부는 1950년 12월에 교통부 총무과 소속으로 '관광계'를 신설하여 철도호텔업무를 관장케 하였으며, 그후 1954년 2월 10일 대통령령 제1005호로 교통부 육운국에 '관광과'로 승격시켜 관광사업에 대한 행정적인 체제를 마련하기 시작하였다.

1957년 11월에는 교통부가 현 세계관광기구(UNWTO)의 전신인 국제관설

관광기구(IUOTO)에 정회원으로 가입하게 됨으로써 우리나라도 세계관광의 흐름에 편승하는 계기가 되었다.

1958년 3월에는 '관광위원회'의 규정(規程)을 제정하여 교통부장관의 자문기관으로 중앙관광위원회를, 도지사의 자문기관으로 지방관광위원회를 각각 설치하여 다소나마 관광행정기능을 보강하였으나, 실질적으로는 관광행정이 이루어지지 못하였다.

2) 1960년대의 관광정책

1960년대는 우리나라 관광사업의 기반조성과 국제관광객 유치를 위한 체제정비의 시기였다고 할 수 있다.

1961년 8월 21일 제정·공포된 「관광사업진흥법」은 우리나라 관광의 획기적인 발전을 위한 최초의 법률이 되었으며, 이어서 1962년 4월 24일 제정·공포된 「국제관광공사법」에 의하여 국제관광공사(현 한국관광공사의 전신)가 설립되어 한국관광의 해외홍보, 관광객 편의제공, 관광객 유치업무를 수행하기 시작하였다.

1963년 8월에는 교통부직제를 개정하여 관광과를 '관광국'으로 승격시켰는데, 이와 같이 관광의 중앙행정기관으로 신설된 관광국은 관광에 관한 종합적인 정책의 수립과 조정업무를 담당함과 동시에 시·도 관광업무의 감독기능을 수행케 함으로써 처음으로 통일되고 일관성 있는 관광행정을 집행할 수 있게 되었다. 또 1963년 3월에는 「관광사업진흥법」 제48조에 의거 대한관광협회(현 한국관광협회중앙회의 전신)가 설립되면서 도쿄와 뉴욕에 해외선전사무소를 최초로 개설하였다.

1965년 3월에는 대통령령 제2038호로 '관광정책심의위원회 규정'을 제정·공포하고, 이를 근거로 국무총리를 위원장으로 하는 '관광정책심의위원회'를 발족하였는데, 여기서 관광정책에 관한 주요 사항을 심의·의결케 함으로써 이 기구의 법적 지위를 높이는 한편 기능을 강화하였다.

1965년에는 관광부문의 국제회의인 제14차 아시아·태평양관광협회(PATA) 연차총회를 한국에 유치하여 각국 관광업계 대표들에게 한국관광 전반에 대해 알릴 수 있는 계기를 마련하기도 하였으며, 관광업계 종사원의 양성·배출을 위해 1962년 통역안내원시험 실시에 이어 1965년부터 관광호텔종사원 자격시험제도를 실시하였다.

1966년에는 외국관광전문가에게 한국관광지 전반에 관한 연구를 의뢰하였는데, 그 연구보고서(일명 Kauffman보고서)에는 한국관광사업의 밝은 전망이 제시되었다.

1967년은 '국제관광의 해'로 정하여 국제친선과 외래관광객의 방한을 촉진하였으며, 같은 해 3월 「공원법」이 제정됨에 따라 12월에는 국내 최초로 지리산이 국립공원으로 지정되었다.

3) 1970년대의 관광정책

1970년대에 들어와서 정부는 관광사업을 경제개발계획에 포함시켜 국가의 주요 전략산업의 하나로 육성함과 동시에 관광수용시설의 확충, 관광단지의 개발 및 관광시장의 다변화 등을 적극 추진하여 1978년에는 역사상 처음으로 외래관광객 100만명을 돌파하는 성과를 거두었다.

이러한 관광진흥정책의 적극적인 추진에 의해 우리나라 관광이 규모와 질적인 면에서 크게 성장함에 따라 종래의 관광법규를 재정비함과 아울러 관광행정조직도 강화할 필요성을 느끼게 되었다.

그래서 1972년 12월 29일에 제정된 「관광진흥개발기금법」에 따라 정책금융으로 관광진흥개발기금을 설치하였고, 1975년 4월에는 「관광단지개발촉진법」이 제정되어 경주보문관광단지와 제주중문관광단지 등과 같은 국제수준의 관광단지개발을 촉진하여 관광사업발전의 기반을 조성하는 데 기여하였다.

그리고 1975년 12월 31일에는 우리나라 최초의 관광법규인 「관광사업진흥법」을 발전적으로 폐지함과 동시에 폐지되는 법의 성격을 고려하여 「관광기본법」과 「관광사업법」으로 분리제정하였다. 특히 「관광기본법」은 우리나라 관광법규의 모법(母法)이며 근본법(根本法)의 성격을 갖는데, 이 법은 우리나라 관광진흥의 방향과 시책에 관한 사항을 규정함으로써 국제친선의 증진과 국민경제 및 국민복지의 향상을 기하고 건전한 국민관광의 발전을 도모하는 것을 목적으로 제정되었다.

한편, 우리나라 관광사업이 양적으로 확대되자 1972년 8월에는 교통부직제를 개정하여 '관광국'의 업무과를 폐지하고 기획과, 지도과, 시설과를 신설하여 관광행정기구를 보강함과 동시에 지방자치단체인 서울, 부산, 강원, 제주도에는 '관광과'를, 기타 7개 도에는 관광운수과 내에 '관광계'를 두어 관광업무를 관장케 함으로써 관광진흥을 위한 보다 강력한 행정력이 뒷받침되기에 이르렀다.

더욱이 1979년 9월에는 관광국을 '관광진흥국'과 '관광지도국'으로 확대개편하고, 관광지도국 내에 '국민관광과'를 신설하여 관광지의 지도 및 개발은 물론, 국민관광에 대한 본격적인 정책수립의 입안이 시행되기에 이르렀다.

4) 1980년대의 관광정책

1980년대는 우리나라 관광이 도약한 시기라 할 수 있다. 즉 건전한 국민관광의 조성과 관광시장구조의 다변화 등 국제관광과 국민관광의 조화 있는 발전을 이루는 성장과 도약의 시기였다고 할 수 있다.

1980년 1월 5일에는 야간통행금지가 해제되고, 1981년부터는 국민관광지를 개발하기 시작하여 전략적 국제관광단지로서 경주보문관광단지 및 제주중문관광단지 개발에 이어 1983년에 충남도남관광단지와 1984년에는 남원관광단지 개발을 추진하기 시작하였다.

한편, 1983년 ASTA총회 및 교역전 서울 유치, 1985년 IBRD/IMF총회, 1986년 ANOC총회 및 86아시안게임, 1988년 서울올림픽 등 대규모 국제행사를 성공적으로 개최함으로써 관광산업의 비약적인 발전을 가져왔으며, 1988년에는 외래관광객 200만명을 돌파하는 성과를 거두기도 했다.

1970년대 후반기에 들어서서 1인당 국민소득이 약 1,000달러에 이르러 국민관광의 여건이 조성되자, 이제까지의 국제관광 우선정책에서 벗어나 국민관광과의 병행발전정책으로 전환하게 됨으로써 새로이 발생하는 관광수요에 능동적으로 대처하기 위해 관광법규의 전면적인 개편이 필요하게 되었다.

이에 따라 1986년 5월 12일 「올림픽대회 등에 대비한 관광숙박업 등의 지원에 관한 법률」이 제정되었는데, 이 법은 제10회 서울아시아경기대회(1986년 개최)와 제24회 서울올림픽대회(1988년 개최)를 원활히 개최하도록 하기 위하여 올림픽이 끝나는 1988년 12월 31일까지만 유효한 한시법(限時法)으로 제정되었다. 또 1986년 12월 31일에는 「관광진흥법」이 제정되었는데, 이 법은 관광여건을 조성하고 관광자원을 개발하며 관광사업을 육성하여 관광진흥에 이바지하는 것을 목적으로 한다.

5) 1990년대의 관광정책

1990년대는 2000년 ASEM회의 개최 준비, 2001년 한국방문의 해 사업 준비, 2002년 한·일월드컵축구대회 준비 등 다가오는 21세기 관광선진국을 대비한 재도약의 시기라고 할 수 있다.

1991년에는 외국인 관광객이 300만명을 넘어섰고, 아르헨티나에서 개최된 제9차 세계관광기구(UNWTO) 총회에서 우리나라가 UNWTO 집행이사국으로 선출되어 국제관광협력의 기반을 다진 한해였다.

1993년에는 대전엑스포를 성공리에 개최하였으며, 엑스포 전후 기간 중에는 일본인 관광객에게 무사증(無査證) 입국을 허용함으로써 일본인 관광객 유치 증대에 크게 기여하였다.

1994년에는 서울정도 600주년을 기념하여 우리의 전통문화를 세계에 널리 알리고 한국관광의 재도약과 세계화의 계기로 삼기 위해 추진한 "한국방문의 해(Visit Korea)" 사업을 성공적으로 추진하였으며, 아시아·태평양관광협회(PATA)의 연차총회, 관광교역전 및 세계지부회의 등 국제행사를 유치 개최하였다.

한편, 제도면에서는 종래 「사행행위등 규제 및 처벌특례법」에서 사행행위 영업의 일환으로 지방경찰청에서 관리해오던 카지노업을 1984년 8월 3일에는 「관광진흥법」을 개정하여 관광사업의 일종으로 전환 규정하고 문화체육부장관이 허가권을 갖게 되었다.

1996년 12월에는 대규모 관광수요를 유발하는 국제회의산업을 관광과 연계하여 발전할 수 있도록 하기 위하여 「국제회의산업 육성에 관한 법률」을 제정하였으며, 1997년 1월에는 관광숙박시설의 확충을 위해 「관광숙박시설

지원 등에 관한 특별법」을 제정하였다. 그리고 이 해에는 우리나라가 세계에서 29번째로 OECD(경제협력개발기구)에 가입함으로써 서방선진국의 관광정책기구들과 협력할 수 있는 체계를 마련하기도 했다.

1998년 2월 28일에는 정부조직의 개편으로 문화체육부가 문화관광부로 그 명칭이 바뀌었는데, 이 과정에서 "관광(觀光)"이라는 단어가 정부부처 명칭에 처음으로 들어가게 됨으로써 정책입안 및 그 추진에 있어 관광산업에 높은 비중을 부여하게 되었다.

6) 2000년대의 관광정책

2000년대는 뉴 밀레니엄을 맞이하여 21세기 관광선진국으로서의 힘찬 도약을 준비하는 시기라고 할 수 있다.

2000년도에는 국제관광교류의 증진과 국내관광 수용태세 개선에 주력했다. 제1회 APEC 관광장관회의와 제3차 아시아·유럽정상회의(ASEM)를 성공적으로 개최하여 국제적 위상을 한층 제고하였다.

2001년에는 동북아 중심의 허브공항 구축의 일환으로 인천국제공항이 개항하였으며, '2001년 한국방문의 해' 사업을 통해 관광의 선진화를 위한 제반 사업이 수행되었다.

2002년에는 '한국방문의 해'를 연장하고, 한·일월드컵 축구대회 및 부산아시안게임의 성공적인 개최로 국가이미지는 한층 높아져 외래관광객의 방한욕구를 증대시켰다. 또한 관광진흥확대회의의 정기적인 개최로 법제도 개선, 유관부처의 협력모델을 도출하고 관광수용태세 개선에 만전을 기하였다.

2003년은 동북아경제중심국가 건설을 위한 원년으로 아시아 관광허브 건설기반 구축과 개발중심의 관광정책에서 문화예술 및 생태적 가치지향의 관광정책으로의 전환과 국제적 관광인프라 확충을 추진하는 데 중점이 주어졌다. 그리고 외래관광객 1천만명 유치와 국민관광시대의 실현을 목표로 한 '참여정부 관광정책 18대과제'가 수립되었다.

2004년은 '관광진흥5개년계획(2004~2008)'이 수립되었으며, 주5일근무제의 확산, 고속철도(KTX)시대의 도래 등 관광환경이 변화되었으며, 제주에서 개최된 제53차 아시아·태평양관광협회(PATA) 연차총회는 참가인원면에서 역대 최대의 성과를 거두기도 하였다.

2005년 4월과 6월 속초와 안동에서 각각 '종합관광안내정보 서비스 개통식'을 열고 관광과 첨단 IT기술의 만남, 유-트래블(U-Travel)시대의 개막을 선포하였다. 그리고 2005년 7월에는 문화, 관광 그리고 스포츠산업을 우리나라의 새로운 성장동력산업으로 만들기 위한 청사진인 'C-Korea 2010'이 수립・발표되었으며, 2005년 9월에는 광주에서 OECD 국제관광회의가 개최되었다.

한편, 2005년 8월부터는 저소득 중소기업체 근로자들을 위한 '여행바우처'제도가 시행되었는데, 관광진흥개발기금 20억원을 활용해 시행되는 여행바우처 제도는 외국인근로자를 포함하여 월소득 250만원 이하의 중소기업체 근로자 1,500만명 내외에게 여행경비의 40%를 15만원 이내에서 지원하고 있다.

2006~2007년에는 외래관광객 입국이 낮은 증가세를 보이고 관광수지 적자가 심화됨에 따라 2006년 12월 관광산업 경쟁력 강화대책에서는 관광산업에 대한 조세부담 완화, 신규투자 및 창업촉진을 위한 제도 개선, 해외관광시장의 획기적 확대 여건 조성, 국민 국내관광 활성화, 관광자원의 품격과 부가가치 제고 등 다섯 개 분야에 걸쳐 총 62개 과제 추진 등 획기적인 범정부적 대책을 발표하였다.

2008년도에 들어와 정부는 관광산업의 국제경쟁력 강화를 위해서 2008년을 '관광산업 선진화 원년'으로 선포하고 '서비스산업 경쟁력 강화 종합대책' 등 범정부 차원의 대책을 본격적으로 추진하였다. 동년 3월과 12월의 2차례에 걸친 관광산업 경쟁력 강화회의를 비롯하여, 2008년 4월에는 서비스산업선진화(PROGRESS-1) 방안의 일환으로 「관광진흥법」, 「관광진흥개발기금법」, 「국제회의산업 육성에 관한 법률」 등 이른바 '관광3법'상의 권한사항을 제주특별자치도지사에게 일괄 이양하기로 결정하는 등 적극적이고 지속적인 노력이 추진되었다.

이밖에 2008년에는 민간주도로 3년간 추진되는 '2010~2012 한국방문의 해'를 선포하고, 경제발전, 환경복원, 문화 등이 조화된 한국형 녹색뉴딜사업으로 '문화가 흐르는 4대강 살리기' 사업추진 계획을 발표하였다. 또 정부는 2008년 12월 '2단계 관광산업 경쟁력 강화대책'에서 MICE, 의료관광 등 고수익 관광산업의 전략적 육성을 위한 방안을 발표하였다.

2009년도 정부의 관광산업의 경쟁력 강화와 지역관광 활성화 방안의 세부 추진방향은 '혁신적인 규제완화 및 제도개선'과 '고부가가치 관광산업 육성' 그리고 '시장친화적 민간투자 및 신규시장 확대'로 구분될 수 있는데, 이러한 과제들은 2009년도에 가능한 모두 추진 완료하였으며, 중장기적 추진이 필요한 과제들의 경우는 2010년에 지속 추진하기로 하였다.

2010년도는 환율하락, 신종플루 및 구제역 발생, 경기침체 지속이라는 대내외적인 위험요인을 극복하고 관광산업의 장기적인 경쟁력 확보에 주력하였다. 이에 문화체육관광부는 '관광으로 행복한 국민, 매력있는 나라 실현'이라는 비전 아래 외래관광객 1,000만명 유치목표 조기 달성을 위해 크게 4개 부문, 즉 수요와 민간투자 확대로 내수진작, 창조적 관광콘텐츠 확충, 외래관광객 유치 마케팅 강화, 관광수용태세 개선 방안 마련에 중점을 두고 사업을 적극적으로 추진하였다.

2010년 7월 15일 문화체육관광부, 법무부 등 정부 6개 부처는 대통령 주재 "제8차 국가고용전략회의"에서 「관광·레저산업 육성방안」을 공동으로 발표하였다. 동 육성방안에서 정부는 '선진 관광·레저산업 육성'이라는 비전 하에 2014년까지 외래관광객 1,200만명을 유치하고 국민 1인당 국내관광을 2014년까지 5일 늘어난 연 14일로 늘리는 등 관광산업 내수진작을 통해 신규일자리를 창출한다는 전략을 제시하였다.

2011년에 들어서는 외래관광객 1,000만명 시대 달성을 목전에 두고, 관광산업의 국제경쟁력 강화를 위한 대책 마련에 정책역량을 집중하였다. 즉 외래관광객 1,000만명 시대를 대비한 관광산업경쟁력 제고, 관광인프라 확충을 위한 제도개선과 규제개혁, MICE산업·의료관광·공연관광 등 고부가가치 관광산업 육성, 친서민 복지관광 지원확대, 지속가능한 녹색관광 육성, 2010~2012 한국방문의해 사업 추진 등이다.

2012년에 들어와서는 한국을 방문한 외래관광객이 전년대비 13.7% 증가한 1,114만명을 기록하면서 외래관광객 1,000만명 시대가 개막되었다. 외래관광객 1,000만명 달성은 우리나라가 세계 관광대국으로 진입하고 있음을 알리는 쾌거인 동시에, 우리나라 관광산업이 이제 양적 성장이 아니라 질적 성장을 이룩해야 한다는 과제를 안겨주었다. 이에 문화체육관광부는 외래관광객 1,000만명 시대에 걸맞은 관광수용태세를 완비하고, 국민 삶의 질을 높일 수 있는 관광여건을 조성하기 위해 다양한 정책과 사업을 추진하였다.

문화체육관광부는 인바운드시장의 양적성장에 부합한 질적 내실화를 위하여 명품관광, 고부가가치 창출의 관광콘텐츠를 지속적으로 발굴함으로써 한국관광의 이미지를 제고하였다. 특히 저가관광 이미지를 벗어나 MICE·의료·크루즈·공연관광 등 관광시장을 고급화하고, 관광수용태세 등 각종 문제점을 개선하기 위한 방안을 마련하여 관광산업의 발전을 위하여 노력하였다. 또한 융·복합기반 관광콘텐츠 개발 및 육성, 관광 R&D 강화, 창조관광산업 육성 등 새로운 관광콘텐츠를 발굴하여 기존 관광분야의 차별화된 관광환경 조성 기반을 마련했다.

2012년의 한국 관광시장은 '2010~2012 한국방문의해' 사업비전인 '한국관광 고품격 선진화 및 관광브랜드 인지도 강화'와 2012년의 외래관광객 1,000만명, 관광수입 130억달러, 관광경쟁력 세계 20위권 진입을 목표로 한 결과 관광수입 142억 달러를 기록했다. 3년간의 '한국방문의해' 캠페인 결과로 한국의 관광시장은 고급화된 관광지 이미지로 탈바꿈하였으며, 이에 정부는 지속적인 관광선진화 초석 마련에 힘쓰고 있다.

제2절 관광행정조직과 관광기구14)

1. 우리나라 관광행정의 전개과정

우리나라 관광행정의 역사를 살펴보면, 1950년 12월에 교통부 총무과 소속으로 '관광계'를 설치함으로써 교통부장관이 관광에 관한 행정업무를 관장

---

14) 조진호 외 4인 공저, 전게서, pp.70~88.

하기 시작하였고, 그 후 1954년 2월에는 교통부 육운국 '관광과'로 승격시켰으며, 1963년 8월에는 육운국 관광과를 '관광국'으로 승격시켜 관광행정 조직을 강화함으로써 우리나라 관광이 발전할 수 있는 기틀을 마련하였다.

1994년 12월 23일에는 정부조직 개편에 따라 그동안 교통부장관이 관장하고 있던 관광업무가 문화체육부장관으로 이관됨으로써 우리나라 관광행정의 주무관청은 문화체육부장관이었으나, 1998년 2월 28일 다시 정부조직의 개편으로 문화체육부가 문화관광부로 개칭(改稱)되면서 '관광(觀光)'이라는 단어가 정부부처 명칭에 처음으로 들어가게 되었고, 2005년 3월 31일에는 관광레저도시추진기획단 직제를 신설하였다.

2008년 2월 29일에는 「정부조직법」 개정으로 문화관광부가 문화체육관광부로 명칭이 바뀌었고, 관광레저도시추진기획단장이 관광레저도시기획관으로 변경되었으며, 2009년 4월 17일에는 관광레저도시기획관이 관광레저기획관으로 변경되어 현재에 이르고 있다.

이에 따라 문화체육관광부는 산하의 관광국(개정:2013.3.23)이 중심이 되어 관광산업진흥을 위한 종합계획을 수립·시행하고, 외래관광객의 유치증대와 관광수입증대, 관광산업에 대한 외국자본의 유치증대 등을 통한 경제사회 발전에의 기여 및 국민관광의 균형발전을 통한 복지국가 실현이라는 목표를 설정하고 각종 관광산업육성정책을 의욕적으로 추진하고 있다.

2. 중앙관광행정조직

1) 개 요

국가의 중앙관광행정기관은 「헌법」 및 그에 의거한 국가의 일반중앙행정기관에 대한 일반법인 「정부조직법」, 그리고 관광에 관한 특별법인 「관광기본법」, 「관광진흥법」, 「관광진흥개발기금법」 등에 의하여 설치된다.

「헌법」과 법령에 의거한 국가의 중앙관광행정기관을 개관하면, 국가원수이자 정부수반인 대통령이 중앙관광행정기관의 정점이 되고, 그 밑에 심의기관인 국무회의가 있고, 그리고 대통령의 명을 받아 문화체육관광부를 포함한 각 행정기관을 통할하는 국무총리가 있다. 국무총리 밑에는 관광행정의 주무관청인 문화체육관광부장관이 있다.

2) 대통령

대통령은 외국에 대하여 국가를 대표하는 국가원수로서의 지위와 행정부의 수반으로서의 지위 등 이중적 성격을 갖는다.

대통령은 행정부의 수반으로서 중앙관광행정기관의 구성원을 「헌법」과 법률의 규정에 의하여 임명하고, 관광행정에 관한 최고결정권과 최고지휘권을 가진다. 또한 관광행정에 대한 예산편성권과 기타 재정에 관한 권한을 가진다. 또한 대통령은 관광에 관련한 법률을 제안할 권한을 가지며, 국회가 제정한 관광관계법을 공포하고 집행한다. 그리고 그 법률에 이의가 있으면 법률안거부권을 행사할 수 있다.

한편, 대통령은 관광관련 법률에서 구체적으로 범위를 정하여 위임받은 사항과 그 법률을 집행하기 위하여 필요한 사항에 관하여 대통령령을 제정할 수 있는 행정입법권을 가진다. 대통령령으로 제정된 관광관련 행정입법으로는 「관광진흥법 시행령」, 「관광진흥개발기금법 시행령」, 「한국관광공사법 시행령」 등이 있다.

3) 국무회의

우리 헌법상 국무회의는 정부의 권한에 속하는 중요한 정책(관광정책을 포함)을 심의하는 행정부의 최고 심의기관이다. 국무회의는 대통령(의장)을 비롯한 국무총리(부의장)와 문화체육관광부장관 등을 포함한 15인 이상 30인 이하의 국무위원으로 구성된다.

국무회의에서는 관광에 관한 법률안 및 대통령령안, 관광관련 예산안 및 결산 기타 재정에 관한 중요한 사항, 문화체육관광부의 중요한 관광정책의 수립과 조정, 정부의 관광정책에 관계되는 청원의 심사, 국영기업체인 한국관광공사의 관리자의 임명, 기타 대통령·국무총리·문화체육관광부장관이 제출한 관광에 관한 사항 등을 심의한다.

국무회의는 의결기관이 아니고 심의기관에 불과하기 때문에 그 심의결과는 대통령을 법적으로 구속하지 못하며, 대통령은 심의내용과 다른 정책을 결정하고 집행할 수 있다.

4) 국무총리

국무총리는 최고의 관광행정관청인 대통령을 보좌하고, 관광행정에 관하여 대통령의 명을 받아 문화체육관광부장관 뿐만 아니라 행정각부를 통할한다. 또한 국무회의 부의장으로서 주요 관광정책을 심의하고, 대통령이 궐위되거나 사고로 인하여 직무를 수행할 수 없을 때에는 그 권한을 대행한다.

국무총리는 관광행정의 주무관청인 문화체육관광부장관의 임명을 대통령에게 제청하고, 그 해임을 대통령에게 건의할 수 있다. 또한 국무총리는 국회 또는 그 위원회에 출석하여 관광행정을 포함한 국정처리상황을 보고하거나 의견을 진술하고, 국회의원의 질문에 응답할 권리와 의무를 가진다.

국무총리도 관광행정에 관하여 법률이나 대통령령의 위임이 있는 경우 또는 그 직권으로 총리령을 제정할 수 있다.

5) 문화체육관광부장관

(1) 지위와 권한

문화체육관광부장관은 정부수반인 대통령과 그 명을 받은 국무총리의 통괄 아래 관광행정사무를 집행하는 중앙행정관청이다.

「정부조직법」 제30조에 의하면 "문화체육관광부장관은 문화·예술·영상·광고·출판·간행물·체육·관광에 관한 사무를 관장한다"고 규정하고 있으므로 문화체육관광부장관이 관광행정에 관한 주무관청이 된다.

문화체육관광부장관은 국무위원의 자격으로서 관광과 관련된 법률안 및 대통령령의 제정·개정·폐지안을 작성하여 국무회의에 제출할 수 있으며, 관광행정에 관하여 법률이나 대통령령의 위임 또는 직권으로 부령을 제정할 수 있다. 현재 관광과 관련해 문화체육관광부령으로 제정된 부령으로는 「관광진흥법 시행규칙」과 「관광진흥개발기금법 시행규칙」 등이 있다.

그리고 문화체육관광부장관은 관광행정사무를 통괄하고 소속 공무원을 지휘·감독하며 관광행정사무에 관하여 지방행정기관의 장을 지휘·감독한다.

그리고 관광행정사무에 관하여 정책을 수립·운영하며 중앙관서의 장으로서 관광에 관한 각종 재정에 관한 권한을 가진다.

(2) 보조기관 및 분장업무

문화체육관광부장관의 관광행정에 관한 권한행사를 보조하는 것을 임무로 하는 보조기관으로는 문화체육관광부 제1차관 및 관광국장이 있다. 개정된 「문화체육관광부와 그 소속기관 직제」에 따르면 관광국장 밑에는 관광레저기획관을 두며, 관광국에는 관광정책과·관광산업과·국제관광과·관광개발기획과·관광개발지원과 및 관광레저기반과를 둔다. 관광레저기획관은 관광개발기획과·관광개발지원과 및 관광레저기반과의 소관사무에 관하여 관광국장을 보좌한다(「문화체육관광부와 그 소속기관 직제」 제16조 및 「직제시행규칙」 제12조 〈개정:2013.3.23〉).

3. 지방관광행정조직

1) 국가의 지방행정기관

국가의 지방행정기관은 그 주관사무의 특성을 기준으로 보통지방행정기관과 특별지방행정기관으로 나누어진다. 전자는 해당 관할구역 내에 시행되는 일반적인 국가행정사무를 관장하며, 사무의 소속에 따라 각 주무부장관의 지휘·감독을 받는 국가행정기관을 말한다. 반면에 후자는 특정 중앙관청에 소속하여 그 권한에 속하는 사무를 처리하는 기관을 말한다. 관광행정에 관한 특별행정기관은 없다.

현행법상 보통지방행정기관은 이를 별도로 설치하지 아니하고 지방자치단체의 장인 특별시장, 광역시장, 특별자치시장, 도지사, 특별자치도지사와 시장·군수 및 자치구의 구청장에게 위임하여 행하고 있다(지방자치법 제102조). 따라서 지방자치단체의 장은 국가사무를 수임·처리하는 한도 안에서는 국가의 보통지방행정기관의 지위에 있는 것이며, 지방자치단체의 집행기관의 지위와 국가보통행정관청의 지위를 아울러 가진다. 그러므로 지방관광행정조직은 지방자치단체의 조직과 같다고 할 수 있다.

2) 지방자치단체의 관광행정사무

(1) 지방자치단체의 종류 및 성질

우리나라 지방자치단체는 국가공공단체의 하나로서 국가 밑에서 국가로부터 존립목적을 부여받은 일정한 관할구역을 가진 공법인(公法人)을 말한다. 현행 「지방자치법」의 규정에 따르면 지방자치단체는 ① 특별시, 광역시, 특별자치시, 도, 특별자치도와 ② 시, 군, 구의 두 종류로 구분하고 있다(동법 제2조). 여기서 지방자치단체인 구(이하 "**자치구**"라 한다)는 특별시와 광역시, 특별자치시의 관할구역 안의 구만을 말한다.

특별시, 광역시, 특별자치시, 도, 특별자치도(이하 "**시·도**"라 한다)는 정부의 직할하에 두고, **시**는 도의 관할구역 안에, **군**은 광역시나 도의 관할구역 안에 두며, **자치구**는 특별시와 광역시, 특별자치시의 관할구역 안에 둔다(지방자치법 제3조 〈개정 2011.5.30〉).

(2) 지방자치단체의 관광행정사무

지방자치단체는 그 관할구역 안의 자치사무와 위임사무를 처리하는 것을 목적으로 한다. 여기서 자치사무(自治事務)란 지방자치단체의 존립목적이 되는 지방적 복리사무를 말하고, 위임사무(委任事務)란 법령에 의하여 국가 또는 다른 지방자치단체의 위임에 의하여 그 지방자치단체에 속하게 된 사무를 말한다. 또한 위임사무는 지방자치단체 자체에 위임되는 단체위임사무(團體委任事務)와 지방자치단체의 장 또는 집행기관에 위임되는 기관위임사무(機關委任事務)로 구분된다.

관광행정은 국가사무이기 때문에 주로 기관위임사무이며, 이 사무를 처리하는 지방자치단체는 국가의 행정기관이 된다.

지방자치단체가 관광과 관련하여 행하는 사무로는 첫째, 국가시책에의 협조인데, 지방자치단체는 관광에 관한 국가시책에 필요한 시책을 강구하여야 한다. 둘째, 지방자치단체는 관광지 등의 조성사업과 그 운영에 관련되는 도로, 전기, 상·하수도 등 공공시설을 우선하여 설치하도록 노력하여야 한다. 셋째, 입장료·관람료 및 이용료의 관광지등의 보존비용 충당사무이다.

지방자치단체가 관광지등에 입장하는 자로부터 입장료를, 관광시설을 관람 또는 이용하는 자로부터 관람료 또는 이용료를 징수한 경우에는 관광지등의 보존 · 관리와 그 개발에 필요한 비용에 충당하여야 한다.

(3) "제주특별법"상 관광관련 특례규정

「제주특별자치도 설치 및 국제자유도시 조성을 위한 특별법」(이하 "제주특별법"이라 한다)에 따르면 국가는 제주자치도가 자율적으로 관광정책을 시행할 수 있도록 관련 법령의 정비를 추진하여야 하며, 관광진흥과 관련된 계획을 수립하고 사업을 시행할 경우 제주자치도의 관광진흥에 관한 사항을 고려하여야 한다. 이에 따라 제주자치도는 자율과 책임에 따라 지역의 관광여건을 조성하고 관광자원을 개발하며 관광사업을 육성함으로써 국가의 관광진흥에 이바지하여야 하는데, 이를 위한 관광진흥관련 특례규정을 살펴보면 ① 국제회의산업 육성을 위한 특례(제주특별법 제170조), ② 카지노업의 허가 등에 관한 특례(제주특별법 제171조), ③ 관광숙박업의 등급 지정에 관한 특례(제주특별법 제171조의2), ④ 외국인투자의 촉진을 위한 「관광진흥법」 적용의 특례(제주특별법 제171조의6), ⑤ 관광진흥개발기금 등에 관한 특례(제주특별법 제171조 1항, 제172조), ⑥ 관광진흥 관련 지방공사의 설립·운영(제주특별법 제173조)에 관한 규정 등이 그것이다.

4. 관광기구

1) 한국관광공사

(1) 설립근거 및 법적 성격

한국관광공사(KTO: Korea Tourism Organization)는 관광진흥, 관광자원개발, 관광산업의 연구·개발 및 관광요원의 양성·훈련에 관한 사업을 수행하게 함으로써 국가경제발전과 국민복지증진에 이바지하는 데 목적을 두고 「국제관광공사법」에 의하여 1962년 6월 26일에 국제관광공사라는 명칭으로 설립되었다. 그러나 1982년 11월 29일 「국제관광공사법」이 「한국관광공사법」(이하 "공사법"이라 한다)으로 바뀜에 따라 공사명칭도 한국관광공사

(이하 "공사"라 한다)로 바뀌어 오늘에 이르고 있다.

「한국관광공사법」에서는 한국관광공사를 법인(法人)으로 하고, 그 공사의 자본금은 500억원으로 하며, 그 2분의 1 이상을 정부가 출자한다. 다만, 정부는 국유재산 중 관광사업 발전에 필요한 토지, 시설 및 물품 등을 공사에 현물로 출자할 수 있다.

(2) 주요 사업과 활동

① 주요 사업

1. 국제관광진흥사업
   가. 외국인 관광객의 유치를 위한 홍보
   나. 국제관광시장의 조사 및 개척
   다. 관광에 관한 국제협력의 증진
   라. 국제관광에 관한 지도 및 교육
2. 국민관광진흥사업
   가. 국민관광의 홍보
   나. 국민관광의 실태 조사
   다. 국민관광에 관한 지도 및 교육
3. 관광자원개발사업
   가. 관광단지의 조성과 관리, 운영 및 처분
   나. 관광자원 및 관광시설의 개발을 위한 시범사업
   다. 관광지의 개발
   라. 관광자원의 조사
4. 관광산업의 연구·개발사업
   가. 관광산업에 관한 정보의 수집·분석 및 연구
   나. 관광산업의 연구에 관한 용역사업
5. 관광관련 전문인력의 양성과 훈련사업
6. 관광사업의 발전을 위하여 필요한 물품의 수출입업을 비롯한 부대사업으로서 이사회가 의결한 사업

② 주요 활동

한국관광공사는 '매력있는 관광한국을 만드는 글로벌 공기업'을 비전으로, 관광산업의 발전을 통한 국가경제 발전에 기여하기 위해 다양한 사업을 수행하고 있다. 외국인 관광객 유치와 관광수입 증대를 위하여 의료관광, 크루즈관광, 한류관광 등 다양한 고부가가치 한국관광상품을 개발·보급하고 있으며, 해외마케팅 전진기지인 31개 해외지사를 중심으로 해외관광시장을 개척함과 동시에 지방자치단체와 관광업계의 관광마케팅 활동을 지원하고 있다. 또한 국제회의 및 인센티브 단체 유치·개최 지원, 국제기구와의 협력활동 등을 통하여 대표적 고부가가치 상품인 MICE 산업을 종합적으로 지원하고 있다.

(3) 정부로부터의 수탁사업

우수숙박시설의 지정 및 지정취소에 관한 권한, 관광종사원 중 관광통역안내사, 호텔경영사 및 호텔관리사 자격시험, 등록 및 자격증의 발급업무 등을 위탁받아 처리하고 있다. 다만, 자격시험의 출제, 시행, 채점 등 자격시험의 관리에 관한 업무는 「한국산업인력공단법」에 따른 한국산업인력공단에 위탁함에 따라 이를 위한 기본계획을 수립한다.

2) 한국문화관광연구원

(1) 법적 성격

한국문화관광연구원(KCTI: Korea Culture & Tourism Institute: 이하 "연구원"이라 한다)은 관광, 문화예술 및 문화산업분야를 포괄하는 문화체육관광부 산하 연구기관으로서, 관광과 문화분야의 조사·연구를 통해 체계적인 정책개발 및 정책대안을 제시하고 문화·관광산업의 육성을 지원함으로써 국민의 복지증진 및 국가발전에 기여할 목적으로 문화체육관광부장관의 허가를 받아 설립된 재단법인으로 공법인(公法人)의 성격을 갖추고 있다.

그런데 이 연구원은 2007년 2월 7일 종래 (재)한국문화관광정책연구원(2002. 12. 4. 개원)의 명칭을 변경한 것이다.

(2) 주요 기능

연구원의 주요 기능은 다음과 같다.

1. 문화·관광발전을 위한 정책개발연구
2. 문화산업, 관광산업, 관광자원 육성·개발을 위한 조사·연구
3. 문화복지, 문화환경, 예술진흥, 전통문화진흥을 위한 조사·연구
4. 남북한 문화·관광교류 및 북한 문화예술·관광연구
5. 국민관광, 국민여가생활, 관광서비스 관련 조사·연구
6. 문화·관광 관련 연구용역의 수탁 및 위탁
7. 문화·관광 정보화 개발 및 정보서비스
8. 문화·관광 관련 자료의 조사·발간·서비스
9. 문화·관광 정책개발관련 사업 및 행사
10. 정부기관 및 문화체육관광부장관이 위탁하는 사업
11. 기타 연구원의 목적에 부합하는 학술연구·사업 및 위 각 호에 부대되는 사업

(3) 주요 활동

한국문화관광연구원은 기본연구사업과 수탁연구사업, 관광지식정보시스템 운영사업, 『한국관광정책』 발간사업, 국제협력사업(문화동반자 사무국 운영 및 연수사업), 관광아카데미 교육사업 및 연구지원사업 등 다양한 연구활동을 수행하고 있다.

3) 경상북도관광공사

경상북도관광공사(Gyeongsangbuk-do Tourism Coperation)는 한국관광공사의 자회사였던 '경북관광개발공사'를 경상북도가 인수함으로써 탄생한 지방공기업이다. 2012년 6월 7일 '경상북도관광공사 설립 및 운영에 관한 조례'로 설립된 경상북도관광공사는 경북의 역사·문화·자연·생태자원 등을 체계적으로 개발·홍보하고 지역관광산업의 효율성을 제고하여 지역경제 및 관광활성화에 기여함을 설립목적으로 하고 있다.

경상북도가 인수한 기존의 경북관광개발공사는 1974년 1월에 정부와 세계은행(IBRD) 간에 체결한 보문관광단지 개발사업을 위한 차관협정에 따라 1975년 8월 1일 당시 「관광단지개발촉진법」에 의거하여 설립된 '경주관광개발공사'를 모태로 하는데, 여기에 정부투자기관인 한국관광공사가 전액출자한 정부재투자기관이다. 그 뒤 경상북도 북부의 유교문화권(안동시 일대) 개발사업을 담당해야 할 필요에 의하여 1999년 10월 6일 경북관광개발공사로 이름을 바꾸어 확대·개편하였던 것이다.

4) 경기관광공사

경기관광공사(Gyeonggi Tourism Organization: 이하 "공사"라 한다)는 「지방공기업법」 제49조에 의하여 2002년 4월 8일 경기도조례로 설립된 지방공사로서 공법상의 재단법인이다. 특히 공사는 지방화시대에 부응하여 우리나라에서는 최초로 지방자치단체가 설립한 지방관광공사이다.

경기도는 공사설립을 위하여 제정한 경기도관광공사 설립 및 운영조례(2002.4.8. 제3178호) 제4조 제1항의 규정에 의하여 공사의 자본금을 전액 현금 또는 현물로 출자하였는데, 2002년 5월 11일 경기도관광공사 정관을 제정하여 출범하게 된 것이다.

한편으로 공사의 운영을 위하여 필요한 경우에는 자본금의 2분의 1을 초과하지 아니하는 범위 안에서 다른 기관·단체 또는 개인이 출자할 수 있게 하여(지방공기업법 제53조 제2항 및 조례 제4조 제1항) 지방자치단체인 경기도가 오너(owner)로서 외부참여도 가능하도록 개방하고 있다.

5) 인천관광공사(인천도시공사)

인천관광공사(INCHEON Tourism Organization; 이하 "공사"라 한다)는 「지방공기업법」 제49조에 의하여 2005년 11월 「인천광역시관광공사 설립과 운영에 관한 조례」로 설립된 지방공사로서 공법상의 재단법인이다. 특히 지방자치단체가 설립한 지방관광공사로는 경기관광공사에 이어 두 번째이다. 공사는 「인천광역시관광공사 정관」을 제정하여 2006년 1월 1일부터 출범하게 된 것이다. 그러나 인천관광공사는 2011년 12월 28일 인천도시개발공사와 통합하여 '인천도시공사'로 이름을 바꾸어 인천광역시 산하 지방공기업으로 운영되고 있다.

6) 제주관광공사

제주관광공사(JTO: Jeju Tourism Organization: 이하 "공사"라 한다)는 「제주특별자치도 설치 및 국제자유도시 조성을 위한 특별법」(제173조), 「지방공기업법」(제49조)과 「제주관광공사 설립 및 운영조례」(이하 "조례"라 한다)로 설립된 지방공사로서 공법상의 재단법인이다. 2008년 7월 2일 제주관광공사 정관에 따라 출범한 제주관광공사는 지방자치단체가 설립한 지방관광공사로는 경기관광공사와 인천관광공사에 이어 세 번째로 설립되었다.

7) 부산관광공사

부산관광공사(PTO: Pusan Tourism Organization)는 「지방공기업법」 제49조와 「부산관광공사 설립 및 운영에 관한 조례」 및 「부산관광공사 정관」(2012년 11월 5일 제정)의 규정에 의하여 부산광역시가 2012년 11월 15일 설립한 우리나라 다섯 번째의 지방관광공사로서 공법상의 재단법인이다.

5. 관광사업자단체의 관광행정

관광사업자단체는 관광사업자가 관광사업의 건전한 발전과 관광사업자들의 권익증진을 위하여 설립하는 일종의 동업자단체라 할 수 있다. 관광사업자들은 관광사업을 경영하면서 영리를 추구하고 있지만, 관광의 중요성에 비추어 볼 때 관광사업이 순수한 사적(私的)인 영리사업만은 아니라고 보며, 관광사업자는 국가의 주요 정책사업을 수행하는 공익적(公益的)인 존재라고도 할 수 있다. 따라서 관광사업자단체는 이러한 공공성 때문에 사법(私法)이 아닌 공법(公法)인 「관광진흥법」의 규정에 의하여 설립하는 공법인(公法人)으로 하고 있다.

1) 한국관광협회중앙회

(1) 설립목적 및 법적 성격

한국관광협회중앙회(KTA: Korea Tourism Association; 이하 "중앙회"라 한다)는 지역별 관광협회 및 업종별 관광협회가 관광사업의 건전한 발전을 위하여 설립한 임의적인 관광관련단체로서, 우리나라 관광업계를 대표하는 단체이다.

중앙회는 관광사업자들이 조직한 단체이므로 사단법인에 해당되며, 영리가 아닌 사업을 목적으로 하므로 비영리법인(非營利法人)에 해당한다. 또 '중앙회'는 「관광진흥법」이라는 특별법에 의하여 설립되므로 일종의 특수법인이라 할 수 있다. 따라서 '중앙회'에 관하여 「관광진흥법」에 규정된 것을 제외하고는 「민법」 중 사단법인(社團法人)에 관한 규정을 준용한다.

(2) 회 원

'중앙회'의 회원은 정회원과 특별회원으로 나눈다.

정회원은 업종별 관광협회(한국관광호텔업협회 등 현재 8개), 지역별 관광협회(서울특별시관광협회 등 현재 16개) 및 업종별 위원회(국제회의위원회 등 현재 9개)로 하고, 준회원 및 특별회원은 관광관련 기관 및 유관기관·단체와 이와 유사한 성질의 법인 또는 개인(외국법인 또는 개인을 포함한다)으로 한다.

(3) 주요 업무

가) 목적사업

'중앙회'는 그 목적을 달성하기 위하여 다음의 업무를 수행한다.

1. 관광사업의 발전을 위한 업무
2. 관광사업 진흥에 필요한 조사·연구 및 홍보
3. 관광통계
4. 관광종사원의 교육과 사후관리
5. 회원의 공제사업
6. 국가나 지방자치단체로부터 위탁받은 업무
7. 관광안내소의 운영

8. 위의 1호부터 7호까지의 규정에 의한 업무에 따르는 수익사업

나) 정부로부터의 수탁사업

① 관광종사원 중 국내여행안내사 및 호텔서비스사의 자격시험, 등록 및 자격증의 발급업무와 ② 관광진흥법 시행령 제66조 제1항의 규정에 의하여 호텔업의 등급결정권을 문화체육관광부장관으로부터 위탁받아 등급결정을 하고 있다.

2) 한국일반여행업협회

(1) 설립목적

한국일반여행업협회(KATA: Korea Association Travel Agents)는 1991년 12월 「관광진흥법」 제45조의 규정에 의하여 설립된 업종별 관광협회로서, 관광사업의 건전한 발전과 회원 및 여행종사원의 권익증진을 위한 사업, 여행업무에 필요한 조사·연구 및 통계, 홍보활동, 여행업무 종사자에 대한 지도·연수, 관광진흥을 위한 국제관광기구의 참여 등 대외활동을 통하여 여행업의 건전한 발전에 기여하고 관광진흥과 회원의 권익증진을 목적으로 하고 있다.

(2) 주요 사업

한국일반여행업협회는 다음의 사업을 행한다.

1. 관광사업의 건전한 발전과 회원 및 여행업종사원의 권익증진
2. 여행업무에 필요한 조사·연구·홍보활동 및 통계업무
3. 여행자 및 여행업체로부터 회원이 취급한 여행업무와 관련된 진정(陳情) 처리
4. 여행업무종사원에 대한 지도·연수
5. 여행업무의 적정한 운영을 위한 지도
6. 여행업에 관한 정보의 수집·제공
7. 관광사업에 관한 국내외단체 등과의 연계·협조
8. 관련기관에 대한 건의 및 의견 전달
9. 정부 및 지방자치단체로부터의 수탁업무

10. 장학사업업무
11. 관광진흥을 위한 국제관광기구에의 참여 등 대외활동
12. 관광안내소 운영
13. 공제운영사업(일반여행업에 한함)
14. 기타 협회의 목적을 달성하기 위하여 필요한 사업 및 부수되는 사업

3) 한국관광호텔업협회

(1) 설립목적

한국관광호텔업협회(KHA: Korea Hotel Association)는 「관광진흥법」 제45조의 규정에 의하여 1996년 9월 12일에 문화체육관광부장관의 설립허가를 받은 업종별 관광협회이다. 이 협회는 관광호텔업을 위한 조사·연구·홍보와 서비스 개선 및 기타 관광호텔업의 육성발전을 위한 업무의 추진과 회원의 권익증진 및 상호친목을 목적으로 하고 있다.

(2) 주요 사업

한국관광호텔업협회는 다음의 사업을 행한다.

1. 관광호텔업의 건전한 발전과 권익증진
2. 정부로부터의 수탁사업으로서 호텔업에 대한 등급결정업무
3. 관광진흥개발기금의 융자지원업무 중 운용자금에 대한 수용업체의 선정
4. 관광호텔업 발전에 필요한 조사연구 및 출판물간행과 통계업무
5. 국제호텔업협회 및 국제관광기구에의 참여 및 유대강화
6. 관광객유치를 위한 홍보
7. 관광호텔업 발전을 위한 대정부건의
8. 서비스업무 개선
9. 종사원교육 및 사후관리
10. 정부 및 지방자치단체로부터의 수탁업무
11. 지역간 관광호텔업의 균형발전을 위한 업무
12. 위 사업에 관련된 행사 및 수익사업

4) 한국종합유원시설업협회

(1) 설립목적

한국종합유원시설업협회는 1985년 2월에 설립된 유원시설사업자단체로서 「관광진흥법」제45조의 적용을 받는 일종의 업종별 관광협회이다. 유원시설업체간 친목 및 복리증진을 도모하고 유원시설 안전서비스 향상을 위한 조사·연구·검사 및 홍보활동을 활발히 전개하며, 유원시설업의 건전한 발전을 위한 정부의 시책에 적극 협조하고 회원의 권익을 증진보호함을 목적으로 한다.

(2) 주요 사업

이 협회는 다음의 사업을 수행한다.

1. 유원시설업계 전반의 건전한 발전과 권익증진을 위한 진흥사업
2. 정기간행물 홍보자료 편찬 및 유원시설업 발전을 위한 홍보사업
3. 국내외 관련기관 단체와의 제휴 및 유대강화를 위한 교류사업
4. 정부로부터 위탁받은 유원시설의 안전성검사 및 안전교육사업
5. 유원시설에 대한 국내외 자료조사 연구 및 컨설팅사업
6. 신규 유원시설 및 주요 부품의 도입 조정시 검수사업
7. 유원시설업 진흥과 관련된 유원시설 제작 수급 및 자금지원
8. 시설운영 등의 계획 및 시책에 대한 회원의 의견 수렴 · 건의 사업
9. 기타 정부가 위탁하는 사업

5) 한국카지노업관광협회

(1) 설립목적

한국카지노업관광협회는 1995년 3월에 문화체육관광부장관으로부터 카지노분야의 업종별 관광협회로 허가받아 설립된 사업자단체로서 한국관광산업의 진흥과 회원사의 권익증진을 목적으로 하고 있다.

(2) 주요 업무

이 협회의 주요 업무로는 카지노사업의 진흥을 위한 조사·연구 및 홍보활

동, 출판물 간행, 관광사업과 관련된 국내외 단체와의 교류·협력, 카지노업무의 개선 및 지도·감독, 카지노종사원의 교육훈련, 정부 또는 지방자치단체로부터 수탁받은 업무 수행 등이다.

2013년 12월 말 기준으로 전국 17개(2005년도에 신규로 3개소 개관)의 카지노사업자와 종사원을 대변하는 한국카지노업관광협회는 이용고객의 편의를 증진시키기 위해 카지노의 환경개선과 시설확충을 실시하는 한편, 카지노사업이 지난 30여년간 국제수지 개선, 고용창출, 세수증대 등에 기여한 고부가가치 관광산업으로의 중요성을 홍보하여 카지노산업의 위상제고와 대국민 인식전환을 추진하고 있다.

6) 한국휴양콘도미니엄경영협회

(1) 설립목적

한국휴양콘도미니엄경영협회는 휴양콘도미니엄사업의 건전한 발전과 콘도의 합리적이고 효율적인 운영을 도모함과 동시에 건전한 국민관광 발전에 기여함을 목적으로 1998년에 설립된 업종별 관광협회이다.

(2) 주요 업무

협회의 주요 업무로는 콘도미니엄업의 건전한 발전과 회원사의 권익증진을 위한 사업, 콘도미니엄업의 발전에 필요한 조사·연구와 출판물의 발행 및 통계, 국제콘도미니엄업 및 국제관광기구에의 참여와 유대강화, 관광객 유치를 위한 콘도미니엄의 홍보, 콘도미니엄의 발전에 대한 대정부 건의, 관광정책 등 자문, 콘도미니엄업 종사원의 교육훈련 연수, 유관기관 및 단체와의 협력증진, 정부 및 지방자치단체로부터 위탁받은 업무 등이다.

7) 한국외국인관광시설협회

(1) 설립목적

한국외국인관광시설협회는 1964년 6월 30일에 설립된 업종별 관광협회로서 주로 미군기지 주변도시 및 항만에 소재한 외국인전용유흥음식점을 회원사로 관리하며, 정부의 관광진흥시책에 적극 부응하고 업계의 건전한 발전과 회원의 복지증진 및 상호 친목도모에 기여함을 목적으로 하고 있다.

(2) 주요 업무

협회는 회원업소의 진흥을 위한 정책의 품신 및 자문, 회원이 필요로 하는 물자 공동 구입 및 공급, 회원업소의 지도 육성과 종사원의 자질 향상, 주한 미군·외국인 및 외국인 선원과의 친선도모, 외국연예인 공연관련 파견사업 등 외화획득과 국위선양을 위해서 노력하고 있다.

8) 한국컨벤션이벤트산업협회

한국컨벤션이벤트산업협회는 「관광진흥법」 제45조의 규정에 의거 2003년 8월에 설립되어 컨벤션기관 및 업계의 의견을 종합 조정하고, 유기적으로 국내외 관련기관과 상호 협조·협력활동을 전개함으로써 컨벤션업계의 진흥과 회원의 권익 및 복리증진에 이바지하고, 나아가서 국제회의산업 육성을 도모하여 사회적 공익은 물론 관광업계의 권익과 복리를 증대시키는 것을 목적으로 하고 있다.

이 협회는 2004년 9월 「국제회의산업 육성에 관한 법률」상의 국제회의 전담조직으로 지정되어, 국제회의 전문인력 교육 및 수급, 국제회의 관련 정보를 수집하여 배포하는 등 국제회의산업 육성과 진흥에 관련된 업무를 진행하고 있다.

9) 한국MICE협회

한국MICE협회는 「관광진흥법」 제45조의 규정에 따라 2003년 8월에 설립되어 우리나라 MICE업계를 대표하여 컨벤션 기관 및 업계의 의견을 종합조정하고, 유기적으로 국내외 관련기관과 상호 협조·협력활동을 전개함으로써 컨벤션업계의 진흥과 회원의 권익 및 복리증진에 이바지하고, 나아가서 국제회의산업 육성을 도모하여 사회적 공익은 물론 관광업계의 권익과 복리를 증진시키는 것을 목적으로 하고 있다.

한국MICE협회는 2004년 9월에 「국제회의산업 육성에 관한 법률」상의 국제회의 전담조직으로 지정되어 국제회의 전문인력의 교육 및 수급, 국제회의 관련 정보를 수집하여 배포하는 등 국제회의산업 육성과 진흥에 관련된 업무를 진행하고 있다. 또한 2012년 추진한 업무로는 MICE 전문 인력 양성 및 전문성 제고를 위한 제9기 MICE 전문가아카데미, 제8회 한국MICE 아카데미, 지역활성화교육 지원, 지역얼라이언스별 맞춤형 컨벤션 특화교육, 선진 컨벤션/박람회참관 지원, 맞춤형 기업교육 지원 등 MICE산업 인력양성을 위한 교육 프로그램을 진행하였다.

10) 한국관광펜션업협회

한국관광펜션업협회는 주5일근무제의 본격적 시행과 더불어 가족단위 관광체험 숙박시설의 확충이 필요함에 따라 관광펜션 지정제도를 만들어 이의 활성화를 위해 「관광진흥법」 제45조의 규정에 의거 2004년 5월에 설립된 업종별 관광협회이다.

관광펜션은 기존 숙박시설과는 차별화된 외형과 함께 자연을 체험할 수 있는 자연친화 숙박시설로 앞으로 많은 관광객들이 이용하게 될 가족단위 중저가 숙박시설로 육성할 계획이다.

11) 한국골프장경영협회

한국골프장경영협회는 「체육시설의 설치·이용에 관한 법률」 제37조에 의하여 1974년 1월에 설립된 골프장사업자단체로서 한국골프장의 건전한 발전과 회원골프장들의 유대증진, 경영지원, 종사자교육, 조사·연구 등을 목적으로 하고 있다.

특히 협회의 부설연구기관으로 한국잔디연구소를 설립하여 친환경적 골프장 조성과 관리운영을 위한 각종 방제기술 연구·지도와 병충해예방·친환경적 골프코스관리기법연구 등을 수행, 환경경영에 앞장서고 있는 것은 물론, 1990년부터 '그린키퍼학교'를 운영하여 전문성을 갖춘 유자격골프코스관리자를 배출하고 있다. 현재의 골프장은 골프채·골프회원권·골프대회·골프마케팅 등 골프산업의 중심축에 자리하고 있으며, 협회는 스포츠산업 및 레저산업을 선도하는 업종으로 그 기능을 충실히 수행하고 있다.

12) 한국스키장경영협회

한국스키장경영협회는 스키장사업의 건전한 발전과 친목을 도모하며 스키장사업의 합리적이고 효율적인 운영과 스키를 통한 건전한 국민생활체육활동에 기여하는 것을 목표로 하고 있다.

한국스키장경영협회는 스키장경영의 장기적 발전을 위한 사계절 종합레저를 모색하고, 스키장경영의 경영활성화를 위한 개선책을 강구하며, 스키장경영의 정보교환 및 상호발전을 도모하기 위해 노력하고 있다. 또 협회는 스키장사업과 관련되는 법적·제도적 규제완화 또는 철폐를 건의하고, 스키장사업의 각종 금융, 세제 및 환경관리제도 개선을 위한 연구·용역을 시행하는 등 스키장사업의 지속적 발전을 위한 다양한 사업을 추진하고 있다.

13) 한국공예·디자인문화진흥원

한국공예·디자인문화진흥원은 「민법」 제32조에 의거하여 설립되었던 한국공예문화진흥원(2000.4. 설립)과 한국디자인문화재단(2008.3. 설립)이 2010년 4월에 통합해 새롭게 출발한 기관이다.

한국공예·디자인문화진흥원은 지역에서의 공예·디자인 생산력을 증대시키고, 전통공예의 현대화를 위하여 문화·예술·기술 등 다양한 영역간의 협업을 추진하고, 국제협력을 통해 글로벌 마케팅을 전개하는 3대 실천전략(공예·디자인의 문화적 저변확대전략, 공예·디자인의 착작기반 확충전략, 공예·디자인의 마케팅·유통지원 전략)을 통해 새로운 한국공예·디자인 트랜드를 개발함으로써 한국의 공예·디자인이 세계적인 브랜드로 자리매김할 수 있도록 하기 위해 심혈을 기울이고 있다.

6. 국제관광기구

우리나라는 세계관광의 흐름을 파악하고 이에 능동적으로 대처하고자 각종 관광관련 국제기구에 가입하여 활발한 활동을 전개하며 협력관계를 유지하고 있다. 그 중에서 대표적인 것이 세계관광기구(UNWTO), 경제협력개발기구(OECD), 아시아·태평양경제협력체(APEC), 아세안+3(ASEAN+3), 아시아·태평양관광협회(PATA), 미주여행업협회(ASTA), 아시아컨벤션뷰로협회(AACVB), 국제회의전문가협회(ICCA) 등이다. 또한 최근에는 세계여행관광협의회(WTTC), 세계 관광인들의 친목 모임인 스칼(SKAL) 등으로 협력의 지평을 넓히고 있다. 국제기구와의 협력활동 내용은 다음과 같다.[15)]

1) UNWTO(세계관광기구)

세계 각국 정부기관이 회원으로 가입되어 있는 정부 간 관광기구인 UNWTO(UN World Tourism Organization; 세계관광기구)는 IUOTO(International Union of Official Travel Organization: 국제관광연맹)이 1975년에 정부 간 협력기구로 개편되어 설립된 것이다. 현재 세계 154개국 정부가 정회원으로, 350여개 관광 유관기관이 찬조회원으로 가입되어 있으며, 격년제로 개최되는 총회와 6개 지역위원회를 비롯하여 각종 회의 및 세미나를 개최하고 있다.

UNWTO는 공신력을 가진 각종 통계자료 발간을 비롯하여 교육, 조사, 연구, 관광편의 촉진, 관광지 개발, 관광자료 제공 등에 역점을 두고 활동하고 있으며, 관광분야에서 UN 및 전문기구와 협력하는 중심역할을 수행하고 있다.

우리나라는 IUOTO(국제관광연맹)의 회원이었던 교통부(현재는 문화체육관광부)가 1975년 자동적으로 UNWTO 정회원으로 가입되었고, 한국관광공사는 1977년 찬조회원으로 가입하였다. 북한은 1987년 9월 제7차 총회에서 정회원으로 가입하였다. 또 우리나라는 1980~1983년 기간 중에는 집행이사국으로 처음 선임되었고, 1992~1995년 기간 중에는 집행이사국을 역임하였으며, 1995~1999년 기간 중 사업계획조정위원회(Technical Committee for Program and Coordination)의 위원국이 되었다. 2004년부터 2007년까지 집행위원회 상임이사국으로서 활동하였으며, 2005년에는 처음으로 집행이사회 의장국으로 선임되어 남아시아 지진·해일 피해 당시 긴급 집행이사회를 소집, 주재하여 UNWTO푸켓액션플랜을 채택하여 실천하였고, 6월 집행

15) 문화체육관광부, 2012년 기준 관광동향에 관한 연차보고서, pp.79~89.

이사회에서는 차기 사무총장 선출, ST-EP재단 설립 정관안 확정 등의 성과를 거두는 등 국제 관광계의 새로운 리더로서 역할을 수행하였다.

2007년 11월 콜롬비아에서 개최된 제17차 총회에서 2008~2011 상임이사국으로 연임이 확정되었으며, 2008년 6월 제주도에서 제83차 집행이사회를 개최함으로써 관광외교역량을 강화하고 우리나라 관광의 국제적 인지도를 드높이는데 기여하였다. 또 2009년 5월에는 제3차 한-UNWTO 협력사업의 일환으로 '아태지역 관광정책에 관한 고위공무원 연수'를 몰디브에서 개최하였으며, 2011년 10.8~14일에는 제19차 UNWTO 총회를 경주에서 개최하였다. 특히, 동 총회기간에는 지난 10년간 개최된 총회 중 가장 많은 관광장관(총 42명)이 참석하여 주요 현안을 논의하였다.

2) OECD(경제협력개발기구)

OECD(Organization of Economic Cooperation and Development; 경제협력개발기구)는 유럽경제협력기구를 모체로 하여 1961년 선진 20개국을 회원국으로 설립되었다. 회원국의 경제성장 도모, 자유무역 확대, 개발도상국 원조 등을 주요 임무로 하고 있으며, 현재 30개 회원국으로 구성되어 있고, 프랑스 파리에 본부를 두고 있다. 조직구성은 의사결정기구인 이사회, 보좌기구인 집행위원회 및 특별집행위원회를 두고 있으며, 실질적 활동을 수행하는 26개의 분야별 위원회가 있다. 이 중에서 관광위원회는 관광분야에 대한 각국의 정책연구 및 관광진흥정책연구 등을 주요 기능으로 하고 있으며, 위원회 산하에 통계작업반을 두고 있다.

우리나라는 1994년 6월 관광위원회에 대한 옵서버 참가자격이 부여되어 1995년부터 관광위원회 회의 및 통계실무작업반회의에 참가하여 주요 선진국의 관광정책 및 통계기법 등을 습득하고 있으며, 1996년도부터는 정회원으로 활동 중이다. 1998년에는 OECD 관광회의를 서울에서 개최한 바 있고, OECD 권고사업의 하나인 관광위성계정(TSA) 개발을 세계 5번째로 완료하였다. 2005년 9월에는 광주에서 'OECD-Korea 국제관광회의'를 개최하여, '세계관광의 성장:중소기업의 기회'라는 주제로 급변하는 산업구조 속에서 관광중소기업들의 새로운 역할 및 협력방안을 모색한 바 있다.

2007년 11월에는 프랑스에서 개최된 제80차 OECD 관광회의에 참가하여 'Culture, Tourism and Attractiveness of the Location' 프로젝트의 일환으로 추진한 남이섬 한류관광 사례를 발표하였으며, 2008년 4월에는 제81차 관광회의에 참가하여 한국의 템플스테이 사례를 발표하였다. 또한 2008년 10월에는 OECD 관광위원회 최초로 이탈리아 리바델가르다에서 개최된 장관급 회의에 참석하여, '문화자원을 통한 관광목적지의 독특성 증진' 방안에 대한 발제에서 템플스테이, 한식 등을 소개하였다.

한편, 2009년에는 OECD 회원국간 문화와 관광 접목의 성공사례 공유를 위해 제작된 '관광에 있어서의 문화의 영향력(The Impact of Culture on Tourism)' 간행물에 한국 문화관광 우수사례인 '템플스테이'를 수록하였다. 가장 주목할 만한 성과 중의 하나는 2009년 4월에 발표된 '한식 세계화 추진계획'의 전략 중 '우리 식문화 홍보'를 통해 관광자원으로서의 한식의 중요성을 인식시킨다는 목표를 세우고, 우리 관광의 견인차 역할을 한식에 부여하기 위한 한식 세계화(Globalization of Korean Cuisine) 사업을 OECD 차원에서 진행시킨 것이다. 특히 2012년에는 제90차 OECD 관광위원회(2012.9.24~26)를 유치하여 전라북도 무주에서 개최하였다.

3) APEC(아시아 · 태평양경제협력체)

APEC(Asia Pacific Economic Cooperation; 아시아·태평양경제협력체)은 1989년 호주의 캔버라에서 제1차 각료회의를 개최함으로써 발족하였으며, 정상회의를 개최하는 등 역내 경제협력관계 강화의 구심점이 되고 있다. APEC은 11개 실무그룹(Working Group)을 두고 있는데, 관광실무그룹회의는 1991년 하와이에서 회의를 가진 이후 역내 관광발전을 저해하는 각종 제한조치의 완화, 환경적으로 지속가능한 관광개발 등의 주제를 수행하고 있으며, 2005년 5월까지 총 26회 개최되었다.

우리나라는 1998년 제주도에서 제12차 APEC 관광실무그룹회의를, 2004년 5월 경남 진주에서 제24차 APEC 관광실무회의를 개최하였으며, 2005년 5월에는 부산에서 제4차 관광포럼 및 제26차 APEC 관광실무그룹회의를 성공적으로 치렀으며 한국관광홍보 및 APEC 내 관광외교 강화에 기여했다.

제26차 회의에서는 2005 APEC 정상회의 국가로서 수임하게 된 TWG 의장직을 성공적으로 수행했으며, 정상회의 개최국으로서 주도적으로 추진 중인 '재난관리대응(Emergency Preparedness) 관련' 이슈를 회원국에 주지시키고 APEC 차원의 결속과 협력방안을 도출해내는 등 역내 관광분야 리더십을 발휘하는 계기가 되었다.

4) PATA(아시아 · 태평양관광협회)

PATA(Pacific Asia Travel Association; 아시아·태평양관광협회)는 아시아·태평양지역의 관광진흥활동, 지역발전 도모 및 구미관광객 유치를 위한 마케팅활동을 목적으로 1951년에 설립되었다. 태국 방콕에 본부를 두고 있으며 북미, 태평양, 유럽, 중국, 중동에 각각 지역본부가 있다.

주요 활동으로는 연차총회 및 관광교역전 개최, 관광자원 보호활동, 회원들을 위한 마케팅 개발 및 교육사업, 각종 정보자료 발간사업 등이 있다. 현재 73개국 1,000여개 관광기관 및 업체가 회원으로 가입되어 있으며, 전 세계에 39개 지부가 결성되어 있다.

우리나라에서는 문화체육관광부, 한국관광공사 등 총 34개 관광관련 기관 및 업체가 PATA 본부회원으로 가입되어 있으며, 매년 연차총회 및 교역전에 참가하여 세계여행업계 동향을 파악하고 한국관광 홍보 및 판촉상담활동을 전개하고 있다. PATA 한국지부에는 총 120개 기관 및 업체가 회원으로 가입되어 있으며, 지부총회 개최, 관광전 참여, 관광정보 제공 등의 활동을 하고 있다.

5) ASEAN(동남아연합)

아세안은 1966년 8월 제3차 ASA(Association of Southeast Asia: 동남아연합) 외무장관회의에서 ASA의 재편 필요성이 제기되어, 1967년 말리크 인도네시아 외무장관이 태국 측과 아세안 창립선언 초안을 마련하였다. 1967년 8월 인도네시아, 태국, 말레이시아, 필리핀, 싱가포르 5개국 외무장관회담을 개최, 아세안 창립선언을 통하여 결성되었다.

아세안은 창립 당시 5개국으로 구성되었으나, 1975년 월남전 종결을 계기로 동남아 평화 및 자유·중립지대 구상과 '동남아 우호협력조약'의 대상범위를 인도차이나반도 3개국(베트남, 캄보디아, 라오스) 및 미얀마를 포함한 지역으로 확대하는 구상이 대두되었고, 이후 브루나이(1984년), 베트남(1995년), 라오스와 미얀마(1997년), 캄보디아(1998년)가 차례로 가입하여 현재는 총 10개국의 회원국으로 구성되어 있다.

아세안은 1993년 아세안 자유무역지대(AFTA: ASEAN Free Trade Area)를 결성함으로써 국제적인 교섭력이 한층 강화되기 시작했다. 역내 무역활성화와 공동산업 프로젝트 등을 통해 산업경쟁력 역시 커질 것으로 예상되어 세계시장에서 차지하는 비중이 점점 커질 전망이다.

또한 21세기 세계 관광목적지로 아시아·태평양 지역의 중요성이 커지면서 한·중·일과 아세안의 관광협력을 논의하는 '한·중·일+아세안' 회의가 개최되었고, 이를 통해 우리나라 및 주변국과 아세안 지역의 관광협력 방안 논의가 활발히 진행 중이기도 하다. 특히 2005년 5월 26일에는 강원도 속초에서 제7차 ASEAN+3NTO(한·중·일+아세안)회의가 개최되어, 우리나라와 아세안 국가와의 관광협력 체계를 한층 더 공고히 하였고, 아세안에서 한국의 위상을 제고한 것으로 평가받았다.

6) ASTA(미주여행업협회)

미주지역 여행업자의 권익보호와 전문성 제고를 목적으로 1931년에 설립된 ASTA(American Society of Travel Agents; 미주여행업협회)는 미주지역이라는 거대한 시장을 배경으로 세계 140개국 2만여 회원을 거느린 세계 최대의 여행업협회이다.

회원들의 전문성 제고와 판촉기회를 확대하기 위하여 연례행사로 연차총회 및 트레이드쇼, 크루즈페스트 등을 실시하여 각국 NTO와 관광업계의 판촉활동의 장을 마련하고 업계동향에 대한 세미나 개최 등 유익한 교육프로그램을 제공한다.

1973년 한국관광공사가 준회원으로 가입되었으며, 1979년 ASTA 한국지부가 설립되어 운영되고 있다. 우리나라는 미주시장 개척의 기반을 다지기 위하여 동 기구 내 홍보활동을 지속적으로 추진해 오고 있으며, 매년 연차총회 및 트레이드쇼에 업계와 공동으로 한국대표단을 파견하여 판촉 및 정보수집활동을 전개하고 있다. 1983년에는 총회 및 교역전을 서울에 유치하여 대형 국제회의 개최능력을 전 세계에 홍보한 바 있다. 또한 2007년 ASTA 제주 총회(3.25~29, ICC제주)를 성공적으로 개최하면서 미주 관광시장에 대한 동북아 관광거점 확보 기틀을 마련하였고, 회의 개최지인 제주도의 국제관광 이미지가 제고되었다는 평가를 받고 있다.

7) WTTC

WTTC(World Travel and Tourism Council)은 전 세계관광 관련 가장 유명한 100여개 업계 리더들이 회원으로 가입되어 있는 대표적인 관광 관련 민간기구이다. 1990년에 설립되었으며 영국 런던에 본부를 두고 있다. 주요 활동은 관광 잠재력이 큰 지역에 대한 관광자문 제공 및 협력사업 전개, "Tourism For Tomorrow Awards" 주관, 세계관광정상회의(Global Travel and Tourism Council) 개최 등이다. 특히 매년 5월 개최되는 관광정상회의는 개최국의 대통령, 국무총리를 비롯 각국의 관광장관, 호텔 및 항공사 CEO 등이 대거 참석하여 관광현안을 논의하는 권위 있는 회의로 정평이 나 있다. 세계 관광산업과 관련된 모든 이슈를 다루며, 고용인원 2.4억명, 세계 GNP의 9.2%를 차지하는 관광산업에 대한 인식을 높이기 위한 활동을 하고 있다. 한국관광공사는 지난 2006년부터 정상회의에 참가하여 세계관광 인사와의 네트워킹 및 최신 관광 트렌드 습득에 힘쓰고 있다. 2013년 9월 WTTC 아시아 지역총회를 서울에서 개최하였다.

8) SKAL

SKAL(Sundhet, Karlek, Aiderdom, Lycka 건강, 우정, 장수, 행복) International은 1934년에 설립, 스페인 토레몰리노스에 본부를 둔 관광업계 중진들의 친선모임이다. 전 세계 관광업계 종사자 2만여명이 회원으로 가입되어 있으며, SKAL 한국지부를 비롯 90개국 500여개 지부가 활동하고 있다. 'Doing Business Among Friends'라는 SKAL의 모토대로 회원 간의 네트워킹이 가장 큰 목적이며 매년 World Congress 및 관광관련 포럼 개최, ECO Tourism Award 주관 등의 활동을 하고 있다. 한국관광공사는 2006년부터 총회에 참가하여 적극적인 활동을 펼친 결과 2009 SKAL Asian Area Congress를 인천으로 유치하여 성공적으로 개최하였고, 2010년에는 SKAL 서울지부에 이어 SKAL 인천지부도 조직되어 적극적으로 활동한 결과 2012년 SKAL 세계총회를 유치하는데 성공하여 2012년 10월 인천에서 개최되었다.

제 7 장

관광사업의 이해

제7장

관광사업의 이해

제1절 관광사업의 개요

1. 관광사업의 발전

관광사업의 개념을 규정하기에 앞서 먼저 관광사업이 어떻게 발전되어 왔는가를 살펴볼 필요가 있다. 관광사업의 발전과정을 살펴봄으로써 관광사업의 개념을 파악하는 데 도움이 될 것이기 때문이다.

관광사업은 미지의 세계나 위락을 구하는 관광여행에 대응하는 여행관련 사업으로서의 기능을 하여 왔으며, 이러한 대응은 시대적으로 큰 변화를 거치면서 발전해 왔다.

이에 관하여 일본의 오다니 다쓰오(小谷達南)[16]는 관광사업을 교통기관, 숙박시설, 관광조직과 같은 관광사업 등 여러 관광현상에 근거하여, ① 자연발생적 관광사업, ② 매개(媒介)서비스적 관광사업, ③ 개발·조직적 관광사업의 세 가지 발전단계로 나누어 특징적인 구분을 제시하고 있다. 그리고 이와 같은 구분은 관광사업의 경영형태로 볼 때에는 기생형(寄生型) 관광사업, 매개형(媒介型) 관광사업, 개발형(開發型) 관광사업으로 파악할 수 있으며, 이를 각 단계별로 보면 〈표 7-1〉과 같다.

---

16) 오다니 다쓰오(小谷達南)는 일본 릿쿄대학(立教大學) 사회학부 관광학과 교수로, 저서로는 「觀光事業論」(日本 學文社, 1994)이 있다.

〈표 7-1〉 관광사업의 발전단계

발전단계	시 대	경영유형	사업주체	주요 기업	관광객층
자연발생적 단계	고대부터 19세기 중엽까지	기생형 관광사업	기 업	말, 마차, 가마, 목조선, 여인숙, 주막	귀족, 무사 등의 특권 계급과 서민의 종교적 관광여행
매개서비스적 단계	19세기 중엽부터 제2차 세계대전 종료까지	매개형 관광사업	기 업 국 가	철도, 증기기선, 호텔, 여관, 여행업	특권계급과 서민의 일부
개발 · 조직적 단계	제2차 세계대전 종전(1945년) 이후	개발형 관광사업	기 업 국 가 공공단체	철도, 선박, 항공기, 자동차, 호텔업, 여행업, 관광개발업	일반대중

주) 스즈키 타다요시(鈴木忠義), 「現代觀光論」(東京 有斐閣), 1974, p.98.

그가 구분하고 있는 관광사업의 각 발전단계의 특징을 보면, 자연발생적 단계의 관광사업 즉 기생형(寄生型) 관광사업은 관광객을 적극적으로 유치하려는 활동도 없지는 않았으나, 전반적으로 볼 때 일반여행자나 관광객의 증가에 따라 자연적으로 발생되고 운영되었다는 것이다.

다음으로 매개서비스적 단계의 관광사업, 즉 매개형(媒介型) 관광사업은 교통업, 여행업, 숙박업의 3자가 관광사업의 핵심적인 위치를 차지하게 되었고, 이 3자가 관광객과 관광대상 간에 매개되어 적극적인 서비스의 제공에 노력함과 동시에 관광왕래의 촉진을 도모하였다. 또한 제1차 세계대전 이후에는 각국이 관광기관의 육성을 적극적으로 추진하여 국제관광의 진흥을 도모했다는 것이다.

그리고 마지막 단계인 개발·조직적 단계의 관광사업, 즉 개발형(開發型) 관광사업은 관광왕래를 촉진함에 있어서 종래의 수동적인 입장을 버리고 적극적인 수요 개발에 나서는 한편, 관광객의 조직화와 관광지 개발에 비중을 옮김으로써 관광사업을 국민복지라는 입장에서 국가 시책으로 촉진하려는 인식이 높아졌으며, 동시에 관광의 대중화가 정착하기에 이르렀다는 것인데, 이와 같은 그의 구분은 관광사업을 관광객의 욕구에 대응하는 일체의 활동이라는 관점에서 파악한 관광사업의 발전을 설명하고 있는 것이다.

이상에서 보는 바와 같이 관광 그 자체가 인류의 역사와 함께 유구한데 비해, 관광사업의 역사는 그리 오래되지 않은 것으로 생각된다. 관광사업의 본격적인 발생시기는 제2차 세계대전 이후라고 보는 설이 타당한 것 같다. 그것은 국제관광의 경제적 효과에 착안한 데서 비롯된 것이며, 따라서 외래객의 유치사업과 거의 일치하는 것이라고 볼 수 있다. 그리고 관광사업에 수반되는 친선효과를 경제효과와 더불어 중시하기에 이르고, 또 관광사업의 대상이 국내관광 왕래에까지 미치게 된 것은 그 후의 일이라고 본다.

2. 관광사업의 정의

관광사업(tourist industry)은 그 연원을 거슬러 올라가면 관광(tourism)과 더불어 발전하여 왔고, 또한 그 발전은 서로 깊은 상관관계를 형성하며 불가분의 관계에 놓여 있다. 그 때문에 관광사업이 때로는 관광 그 자체와 혼동을 일으켜서 사용되고 있음을 흔히 볼 수 있다. 다시 말해서, 단지 관광이라 말할 때 관광사업의 의미까지도 포함시키거나, 또는 관광사업을 가리킬 때 관광이란 용어로 사용하는 수도 있다는 것이다.

이와 같이 관광사업은 매우 다양한 관광행동이나 관광현상에 대처하지 않으면 안되는 사업이다. 그렇기 때문에 관광사업은 관광의 효용과 관광사업에 따른 여러 가지 효과를 높이기 위하여 끊임없는 노력과 개발이 요구되며, 따라서 그 내용도 매우 다양하고 광범위하기 때문에, 관광사업의 개념도 다양하게 제시되고 있다.

관광사업의 개념 규정에 있어서 독일의 그뤽스만(R. Glüksman)은 관광사업을 "일시적 체재지에 있어서 외래관광객들과 이를 수용한 지역의 주민들과의 제 관계의 총화"라고 정의하였으며, 일본의 이노우에 만주조(井上万壽

藏)는 "관광사업은 관광객의 욕구에 대응해서 이를 수용하고 촉진하기 위하여 이루어지는 모든 인간활동"이라고 정의하였다. 또 다나카 기이찌(田中喜一)는 관광사업을 "관광왕래를 유발하는 각종 요소에 대해 조화적 발달을 도모함과 아울러 그 일반적 이용을 촉진함으로써 경제적·사회적 효과를 올리려고 하는 조직적인 활동"이라고 정의하였으며, 스즈키 타다요시(鈴木忠義)는 관광사업을 "관광의 효용과 그 문화적·사회적·경제적 효과를 합목적적으로 촉진함을 목적으로 한 조직적 활동"이라고 정의하였다.

우리나라 「관광진흥법」은 제2조 제1호에서 "관광사업이란 관광객을 위하여 운송·숙박·음식·운동·오락·휴양 또는 용역을 제공하거나 그 밖에 관광에 딸린 시설을 갖추어 이를 이용하게 하는 업(業)을 말한다"고 규정하고 있다.

이상의 여러 정의들을 종합해 보면 "관광사업이란 관광의 효용과 그 문화적·사회적·경제적 효과를 합목적적(合目的的)으로 촉진함을 목적으로 한 조직적 활동"이라고 요약할 수 있다.

3. 관광사업의 기본적 성격

관광사업은 여러 가지 업종으로 구성되어 있는 복합적인 사업이란 특성을 가지고 있고, 그 효과도 단순히 경제적인 측면에 국한되는 것이 아니라 경제외적인 효과를 촉진하는 것을 목적으로 하기 때문에 공익성과 기업성을 동시에 달성해야 한다는 특색을 가지고 있다. 따라서 관광사업은 다음과 같은 여러 가지 기본적인 특성을 가지고 있다.

1) 복합성

관광사업의 기본적인 성격은 복합성(複合性)이라고 말할 수 있다. 먼저 관광사업은 여러 사업주체로 구성된다는 점에서 복합성을 가지고 있고, 다음으로는 사업 그 자체의 내용이 매우 다양한 업종으로 구성된다는 점에서 복합성을 가지고 있다.

첫째, 관광사업은 정부나 지방자치단체 등의 공적(公的) 기관과 민간기업이 여러 가지 의미로 역할을 분담하면서 추진하는 사업이다. 관(官)과 민

(民)이 서로가 역할을 분담하면서 사업을 추진하여 나간다는 것은 다른 산업의 경우에도 해당되지만, 관광사업의 경우는 특히 그러한 점이 두드러진다. 관광자원의 보존·관리나 관광기반시설의 건설은 공공부문(公共部門)의 역할이며, 여행업이라든가 숙박업은 거의가 민간기업(民間企業)의 역할이다. 이와 같이 역할이 분담되는 것은 어느 한쪽 부문만이 사업주체가 되지 않으면 아니 되는, 또는 어느 쪽의 부문 가운데 한쪽이 맡는 것이 적합하기 때문이다.

둘째, 관광사업은 여러 사업주체로 구성된다는 의미 외에도 다양한 업종이 모여 하나로 통합된 활동체를 성립시키는 사업이라는 것이다. 다시 말하면 관광사업은 여러 업종으로부터 제공되는 재화나 서비스를 갖추어야만 비로소 관광객의 행동에 대응할 수 있는 그러한 사업이다. 예를 들어 교통업, 숙박업, 음식업, 소매업, 출판업 등과 같은 각 업종의 사업활동이 각각 관광사업의 한 부분을 구성하고 있으며, 관광사업은 갖가지 업종에 의하여 짜여진 종합상품이라는 데 특징이 있다. 따라서 각자의 사업활동은 관광사업의 한 몫을 담당함과 동시에 고유의 존재의의를 가지고 있다.

결국 관광사업이란 여러 사업주체의 복합으로 구성될 뿐만 아니라, 갖가지 잡다한 업종의 복합으로 성립될 수 있는 조직상의 복합성을 특질로 하는 사업인 것이다.

2) 입지의존성

관광사업은 원래 관광자원에 의존하여 성립되기 때문에 입지의존성(立地依存性)이 매우 강한 사업이라고 하겠다. 그러나 관광사업은 관광자원의 우열 여하에도 의존하는 바가 크며, 동시에 그 경영적 입지조건에 의해서 크게 영향을 받는다. 이는 관광사업의 산업적 측면이 기본적으로 다음과 같은 특징을 가지고 있기 때문이다.

첫째, 관광사업은 계절의 변동에 따라 영향을 받는 사업이다. 관광사업은 관광객의 내방에 의하여 경제활동이 시작되지만, 관광객의 내방(소비활동)은 계절별, 월별, 주별, 시간별 등에 따라 변동이 크기 때문에 사업의 연속성이 불투명한 특성을 갖는다.

둘째, 관광사업은 순간생산·순간소비의 형태를 기본적 특질로 하고 있어 생산과 소비가 동시에 완결적으로 이루어지는 생산, 곧 소비형 산업이라는 것이다. 따라서 관광상품, 예를 들어 호텔의 객실과 같은 경우는 저장이 불가능하여 경영상의 탄력성이 적다.

셋째, 관광사업 가운데 호텔 및 항공사와 같은 장치산업은 고정자산의 투자비율이 높고 투하자본의 회임기간이 길며, 많은 인력을 필요로 하는 사업이기 때문에 타 산업에 비해 경영상 어려운 특성을 가지고 있다.

이상의 세 가지 특징은 관광사업의 경영상 서로 밀접한 관련을 맺게 되지만, 특히 많은 관광객이 연중 계속하여 평균적으로 내방하는 관광지를 최우선적으로 택하는 입지의존성을 중요시해야 할 것이다.

3) 공익성과 기업성

관광사업은 여러 관련업종의 복합체로 성립되는 특수성 때문에 사적(私的) 관광기업까지도 포함해서 공익목적을 달성하는 사업체이다. 그래서 관광사업은 공익성(公益性)과 기업성(企業性)을 함께 고려하여 사적 관광기업을 통해서 공익목적을 달성하려고 하는 특색이 있다.

관광기업에 있어서 공익적인 측면은 관광효과와 관광경제효과 및 경제외적 효과라는 면이 지적된다. 먼저 관광효과는 국제관광에 있어서 국제친선의 증진이나 국제문화의 교류 촉진을 들 수 있고, 국내관광에 있어서는 보건의 증진, 근로의욕의 증진, 교양의 향상 등을 들 수 있다.

다음에 관광의 경제적 효과면에서는 국민경제적 효과로서 외화획득효과를 들 수 있고, 지역경제적 효과로서는 고용효과, 소득효과, 산업관련효과, 조세효과, 산업기반시설 정비효과 등을 들 수 있으며, 지역개발의 측면에서 중요시되고 있다.

또한 경제외적 효과로는 이른바 관광산업의 진흥에 따른 부차적 효과이긴 하지만, 자연의 보존이나 문화재의 보존 및 공원의 정비나 교통시설, 상하수도시설, 의료시설 등 생활환경시설의 정비향상이나 관광객과 지역주민과의 교류효과 등을 들 수 있다.

그런데 이러한 여러 효과는 모두 공익적인 측면으로 인식되어서 관광사업진흥의 기조가 되어 있지만, 다른 한편으로 이와 같은 효과를 실질적으로 향상시킬 수 있는 사적(私的) 관광기업은 경합적인 개별기업활동을 원칙으로 하고 있어 반드시 공익적(公益的)인 성과에 기능한다고는 볼 수 없다. 그래서 관광사업은 개별기업활동의 특징을 살리면서 공익적 효과를 높이도록 관광기업을 유도해야 하며, 공익성과 기업성의 조화적 발전을 도모해 나가는 데서 의의를 찾을 수 있다고 하겠다.

4) 변동성

일반인의 관광에 대한 충족욕구는 필수적인 것이 아니고 임의적인 성격을 띠고 있기 때문에 관광활동은 외부사정의 변동에 매우 민감하여 영향을 받기 쉽다. 변동성의 요인으로는 사회적 요인, 경제적 요인 및 자연적 요인을 들 수 있다.

첫째, 사회적 요인은 사회정세의 변화, 국제정세의 긴박함, 정치불안, 폭동, 질병발생 등과 그밖에 인간의 안전에 불안감을 주는 것들이다.

둘째, 경제적 요인은 경제불황, 소득의 불안정, 환율변동, 운임변동과 외화사용 제한조치 등이다.

셋째, 자연적 요인은 기후, 지진, 태풍, 폭풍우 등과 같은 자연의 변동현상을 들 수 있다.

5) 서비스성

관광사업을 서비스업이라 하는 것은 관광사업이 생산·판매하는 상품의 대부분이 눈에 보이지 않는 서비스이기 때문이다. 서비스는 관광객의 심리에 지대한 영향을 미치고 있으므로 서비스의 질적 수준 여하에 따라 기업 자체는 물론이고 관광지 전체, 국가 전체 관광사업의 성패에 중대한 영향을 미치게 된다.

따라서 이러한 서비스의 제공은 비단 관광사업 종사자뿐만 아니라 지역주민이나 국민 전체의 친절한 서비스 제공도 필요하기 때문에, 일반국민에게 관광 및 서비스 마인드에 대한 인식을 적극적으로 계몽시킬 필요가 있다.

4. 관광사업의 현대적 특색

앞에서 관광사업의 기본적인 성격에 관하여 검토해 보았는데, 여기서는 관광사업의 현대적 특색에 관하여 기술해 보고자 한다.

우선 첫째로 사업주체의 복합성과 관련이 있는 것으로 공적 기관(公的 機關)의 역할이 크게 증대되었다는 점을 들 수 있겠다.

공적 기관이 관광에 적극적으로 관여를 하게 된 이유는 교통, 통신, 상하수도, 에너지, 치안, 보안과 같은 공공서비스가 관광을 진흥시키는 데 있어서 필수적 요소라는 명백한 사실에 있는 것만은 아니다. 1975년 12월 31일에 제정된 「관광기본법」에 명시되어 있듯이 관광행정의 목적은 ① 국제친선의 증진, ② 국민경제 및 국민복지의 향상, ③ 건전한 국민관광의 발전에 이바지한다는 인식에 있기 때문이다.

여기에서 국제친선의 증진이라 함은 우리나라 국민과 외국인 사이에 경제·사회·문화의 교류를 통하여 국민성, 풍속, 습관, 지리 및 문화를 이해하고 상호 우호적인 협력 및 선의를 증진하는 것으로서 궁극적으로는 세계평화에 이바지하게 되는 것을 말한다.

또한 국민경제 및 국민복지의 향상이란 외화획득에 의한 국제수지의 개선과 관광을 대상으로 하는 민간의 기업활동이 활발해짐으로써 국민의 사회적·문화적 생활영역을 확대시켜 결과적으로는 국민의 복지를 향상시키게 된다는 것이다.

다음으로 건전한 국민관광의 발전이란, 현대사회에 있어서 국민이 일상생활에서 어쩌면 여유와 인간성을 잃어버리기 쉬운 상황 속에서 관광이 그러한 것을 회복시켜 주는 의의를 가지고 있다고 보는 것이다.

현대는 사회관광(social tourism)이라 부르는 것처럼 경제적 또는 그 밖의 이유로 관광에 참가할 수 없는 사람들에 대하여 공적 기관은 적극적인 지원을 다해야 한다고 보고 있다. 이와 같은 관광기본법이 있다는 것은 정부가 관광행정을 적극적으로 추진할 의무가 있다는 것을 뜻한다.

관광사업의 사업주체로서 공적 기관의 역할이 어떻게 증대되었는가 하는 점에 대해서는 위에서 말한 바와 같은 배경과 더불어 자연환경의 파괴문제와 소비자보호의 문제가 중요하게 되었기 때문이다. 즉 관광의 대중화에 의한 관광수요의 증대는 민간기업에 의한 적극적인 관광개발을 가져왔고, 유한한 자연환경이 파괴된다는 문제가 생겨나게 되었기 때문이다.

관광사업의 현대적 특색으로서 다음에 들 수 있는 것은 관광사업을 구성하고 있는 각종의 사업활동이 민간기업의 활발한 사업활동에 의해 점차 확대되고 다양화되어 간다는 점이다. 이와 같은 경향은 1960년대 후반부터 특히 눈부신 발전을 보였다고 하겠다. 민간기업이 관광에 관계하여 활동하는 것은 말할 것도 없이 영리가 그 목적이다. 그러므로 관광이 대중화되고 더구나 앞으로 점점 그 수요가 증가할 것이라고 예상한다면, 민간기업에 있어서는 관광이 성장사업이며, 독자적인 창의와 연구를 결집시킬 분야가 된다고 하겠다. 그렇기에 야생동물을 방사하는 동물원 등 과거에는 볼 수 없었던 새로운 관광시설이 등장하기도 하고, 역사가 깊은 숙박업의 경우에도 대형화하고, 다각 경영화되는 경향을 따르는 등 관광사업은 더욱 복잡하게 발전되어가고 있다.

관광사업에 대한 민간대기업의 본격적인 진출은 우리나라에서는 민영호텔로부터 시작되었다. 민간호텔은 숙박업으로서 원래 관광사업의 중추적인 역할을 차지하고 있었으나, 특히 1965년에서 1968년 사이에 국제관광공사(현 한국관광공사)가 워커힐호텔 등의 운영권을 민간에게 매각한 후부터 한국관광업계의 중심세력이 되고 있다. 특히 한때 해외건설에 진출하고 있던 재벌회사들이 각지에 호텔을 세워 계열업체로 경영하였고, 호텔 이외에도 그룹의 자체인력의 해외송출을 맡기 위하여 기존 소자본의 항공운송대리점을 인수하여 국제여행업을 경영하기도 하였다. 이 밖에도 콘도미니엄 리조트의 개발이나 자연농원, 스키장 등의 야외 레크리에이션 시설의 개발 등 갖가지 관광사업을 경영하고 있다는 것은 잘 알려진 사실이다. 이와 같이 관광사업을 전개하는 민간기업은 호텔에만 한정되어 있지 않고, 여러 가지 사업에 진출하고 있음을 볼 수 있다.

이와 같이 현대의 관광사업은 첫째로, 공적 기관의 역할이 커지게 되었다는 점, 둘째로 사업활동의 내용이 민간기업의 활발한 사업활동에 따라 점점 확대되어 다양화하고 있다는 점들을 특색으로 들 수 있다.

5. 현대 관광사업의 성장요인[17)]

일반적으로 인간은 노동소득 중에서 생활을 영위하는 데 필수적인 의식주(衣食住)에 소요되는 예산을 공제한 가처분소득 내에서 관광여행이 가능한 것으로 인식되어 왔다. 그러나 오늘날 선진국을 비롯한 세계 각국은 휴가와 레저를 위한 여행의 구매를 삶의 질을 높이는 데 필수적인 것으로 보고 있고, 특히 건강 및 교육 · 휴가를 위한 여행의 증가추세가 뚜렷이 나타나고 있다. 이러한 현대 관광사업의 성장요인들을 살펴보면 다음과 같다.

1) 라이프 스타일의 변화

라이프 스타일(life style)이란 전체사회 또는 그 사회의 특정 집단이 가지고 있는 독특하고 특징적인 생활방식으로서 개인들의 가치, 태도, 신념 및 외부의 사회·문화적 환경변화로 인해서 변경될 수 있는 하나의 생활양식을 의미한다. 현대인은 생활의 질을 중요시하면서 관광을 생활의 필수품으로 보고 생활 속에서 관광을 계획하고 있다.

2) 가계소득의 증대

산업기술의 발달과 기계화로 인한 대량생산과 대량소비가 이루어지면서 생활수준은 질적·양적 측면에서 높아졌으며, 국민소득의 향상으로 개인의 가처분소득도 증대되었다.

경제적 생활수준의 향상과 더불어 가처분소득 중에서 의식주(衣食住)를 위한 비용에 비해 여행비용을 포함하는 이른바 문화성비용(cultural expense)이 증가하였는데, 그 중에서 특히 관광소비가 현저히 증가하여 여행수요를 확대하는 요인으로 작용하였다.

---

17) 김성혁 저, 관광산업의 이해(서울:백산출판사, 2014), pp.50~53.

3) 여가시간의 증대

선진국에서는 사회복지정책에 힘입어 국민대중의 증대된 여가욕구는 관광대중화현상으로 발전하였다. 대부분의 선진국에서는 주5일 근무제가 일반화되어 있고, 우리나라도 대부분의 기업에서 이 제도를 시행하고 있어 머지않아 이 제도의 정착이 전망되고 있다.

최근 들어 특히 해외여행에 대한 욕구가 일반대중에게 확산되고 있다. 해외여행은 점차로 국제교류 대중화의 실현에 공헌할 것이며, 민간차원에서 이루어지는 국제교류 확대는 세계평화의 유지에도 크게 기여하게 될 것이다.

4) 교육수준의 향상

사회교육수준의 향상과 국민소득의 증대에 따라 사람들은 부(富)로부터 만족을 얻는데만 그치지 않고 간접적으로 인식하고 있던 역사와 문화에 관한 지식을 직접 그 현장에서 확인하고 재인식하려고 하는 욕구가 증대되고 있다. 이러한 지식욕구는 해외관광의 경우에 더욱 현저해지며, 이러한 움직임은 결국 국민들이 민간차원에서 국제교류의 대열에 참여하여 문화교류에 일익을 담당하는 역할을 수행하도록 만든다.

5) 교통운송수단의 발달

제2차 세계대전이 끝난 후 항공기 제작기술의 발달은 항공교통수단의 고속성·쾌적성·안정성·경제성을 향상시키는 한편, 대량 운송능력의 보유 및 고속운항에 의한 시간절약 및 운임의 대중화를 가능하게 만들었다. 항공사는 여행자들이 비행 중에 향유하게 될 정신적인 만족감, 즉 쾌적성을 높이기 위해 기내시설과 기내서비스 향상에 한층 세심하게 배려함으로써 관광객들의 욕구에 적합하도록 노력하고 여행자들의 해외여행 욕구를 더욱 자극시키게 되었다.

한편, 육상교통수단과 해상교통수단도 자동차의 보급, 도로의 정비뿐만 아니라 고속화의 추진, 객차 및 객선설비의 개선, 그리고 세련되고 다양한 서비스를 추가함으로써 승객들의 욕구를 만족시켜, 관광의 저변확대가 실현되었다.

6) 관광촉진활동의 강화

관광사업자들에 의해 수행되는 관광과 관련한 광고, 판매촉진, 홍보 및 인적판매와 같은 상업적인 촉진활동의 전개는 관광소비 확대에 커다란 영향을 미친다.

7) 관광사업의 확충

호텔객실수의 증대와 대규모 항공사의 등장 및 유람선회사의 참여 그리고 수십만명의 종사원이 이들 관광사업에 종사하므로 관광사업의 규모가 확충되었다. 이러한 확충은 관광사업체들 간의 경쟁을 심화시켜 마케팅활동의 강화, 서비스품질의 향상, 가격인하 등으로 관광수요를 확대시키는 요인이 되었다.

8) 세계의 지구촌화

국제간의 교역 및 정보통신의 발달은 인적 교류의 확대를 수반하기 마련이다. 국가간에는 자원과 기술보유의 정도가 상이하므로 세계경제가 원활하게 운용되려면 국가간의 거래는 필수적인 것이 된다. 그렇게 되면 상담을 위한 비즈니스 여행자의 왕래가 빈번해지기 마련이고, 세계가 마치 하나의 좁은 시장으로 간주되는데, 이는 관광을 증대시키는 요인으로 작용하게 되며 관광사업의 발전을 유도하게 된다.

제2절 관광사업의 분류

1. 사업주체에 의한 분류

관광사업은 사업주체에 따라 공적 관광기관과 사적 관광기업으로 나눌 수 있다. 공적 관광기관은 정부나 지방자치단체 등의 관광행정기관과 관광협회나 업종별 협회 등 관광공익단체로 나누어지며, 영리목적인 사적 관광기업은 직접관련 관광기업과 간접적 관광관련 기업으로 나누어 볼 수 있다.

1) 관광행정기관

공적 관광사업으로 관광정책 관련 기관을 의미하는데, 국가·정부·지방자치단체 등 관광행정기관을 가리킨다. 이는 관광객·관광기업·관광관련 기업들과 직간접적으로 영향을 주고받으며 관광개발업무와 관광진흥업무를 담당한다.

2) 관광공익단체

공적 관광기관으로 관광공사 및 관광협회 등의 공익법인과 관광인력을 양성하는 교육기관 및 관광연구소 등이 있다.

대표적인 공익단체로는 관광진흥, 관광자원개발, 관광사업의 연구개발 및 관광요원의 양성·훈련을 목적으로 설립된 한국관광공사(KNTO), 관광과 문화분야의 조사·연구를 통하여 체계적인 정책개발 및 정책대안을 제시하고 지원함으로써 국민의 복지증진 및 국가발전에 기여할 목적으로 설립된 한국문화관광연구원(KCTI), 그리고 우리나라 관광업계를 대표하는 한국관광협회중앙회(KTA)와 업종별·지역별 관광협회 등이 있다.

3) 관광기업

관광객과 직접적으로 관계되어 영리를 목적으로 하는 기업들 즉 관광객의 소비활동을 주된 수입원으로 하는 기업들을 말한다. 여기에는 여행업, 숙박업, 교통업, 쇼핑업, 관광정보제공업, 관광개발업 등 대부분의 관광사업이 포함되며, 「관광진흥법」에 의한 자영업들도 여기에 포함된다.

4) 관광관련 기업

관광객과 직접 대면하지는 않으나 관광기업과 직접적인 관계를 가짐으로써 관광객과는 간접적(2차적)으로 관련을 갖는 간접관광사업 또는 2차 관광사업이라 지칭되는 기업을 말한다.

호텔에서 외주를 받은 세탁업자, 청소업자, 경비업자와 식품납품업자 등이 여기에 포함되며, 일반적인 소매상점, 요식업체, 숙박업체, 오락업체 등도 관광객이 이용할 때에는 여기에 해당된다.

2. 관광법규에 따른 분류[18)]

1) 우리나라 관광사업의 법적 전개과정

우리나라의 관광사업은 1960년대에 들어서서 비로소 조직과 체제를 갖추고 정부의 강력한 정책적 뒷받침 아래 관광사업 진흥을 위한 기반을 구축하기 시작하였다. 이에 정부는 관광사업의 중요성을 인식하고, 이를 진흥시키기 위하여 우리나라 최초의 관광법규인 「관광사업진흥법」을 제정하여 관광질서를 확립함과 동시에 관광행정조직의 정비, 관광사업의 국제화 추진 등 관광사업 발전에 필요한 기반을 조성하였다.

1961년 8월 22일 제정·공포된 「관광사업진흥법」은 우리나라 관광의 획기적인 발전을 위한 최초의 법률이다. 이 법의 제정 당시에는 관광사업의 종류를 여행알선업, 통역안내업, 관광호텔업, 관광시설업 등 4가지로 구분하였으나, 1975년 12월 31일에 폐지될 때까지 4차에 걸친 개정을 통해 관광사업의 종류를 여행알선업, 통역안내업, 관광호텔업, 관광시설업, 토산품판매업, 관광교통업, 관광삭도업 등 7가지로 구분하였다.

---

18) 조진호 외 4인 공저, 관광법규론(서울: 현학사, 2014), pp.134~147.

1970년대에 접어들면서 국민의 관광수요가 점차 증가해 갔으며, 우리나라 기업의 경제무대가 빠른 속도로 국제화되어가는 가운데 외국관광객이 급속히 증가하였다. 이에 정부는 관광법규의 재정비에 착수하여 1975년 12월 31일 최초의 관광법규인 「관광사업진흥법」을 발전적으로 폐지하면서 동법의 성격을 고려하여 「관광기본법」과 「관광사업법」으로 분리 제정하였다.

1975년 12월 31일 새로 제정된 「관광사업법」은 관광사업의 종류를 여행알선업, 관광숙박업 및 관광객이용시설업의 3종류로 크게 분류하고, 여행알선업과 관광종사원 및 관광지 지정 등에 관한 사항을 구체적으로 규정하는 한편, 규제적 성격을 강화하는 것을 주요 내용으로 하고 있다. 그러나 이 법은 관광여건과 관광성향의 변화에 따라 발전적 개정을 거듭하던 끝에 1986년 12월에 폐지하고, 그 대신 「관광진흥법」을 새로이 제정하게 되었다.

1986년 12월 31일 법률 제4065호로 제정된 「관광진흥법」은 폐지된 「관광사업법」의 내용을 대부분 답습하였으나, 관광사업의 종류는 여행업, 관광숙박업, 관광객이용시설업, 국제회의용역업 및 관광편의시설업의 5가지로 구분하고 있었다. 다만, 점차적으로 증가하고 있는 국제회의에 대비하고자 국제회의용역업을 관광사업의 일종으로 신설하고, 1994년 8월 3일 「관광진흥법」 개정시에는 종래 「사행행위등 규제 및 처벌특례법」에서 '사행행위영업(射倖行爲營業)'으로 규정하고 있던 카지노업을 관광사업의 일종으로 포함시켰다.

1999년 1월 21일에는 「관광진흥법」의 전문개정이 있었는데, 종전의 국제회의용역업을 국제회의업으로 명칭을 변경하고 그 업무범위를 확대하였으며, 또 종래 「공중위생법」에 의하여 보건복지부장관의 소관으로 되어 있던 유원시설업을 문화관광부장관의 소관으로 이관하여 관광사업의 일종으로 규정하였다.

따라서 2013년 1월 현재 「관광진흥법」에서 규정하고 있는 관광사업의 종류는 여행업, 관광숙박업, 관광객이용시설업, 국제회의업, 카지노업, 유원시설업, 관광편의시설업 등 크게 7개 업종으로 구분하고 있으며(동법 제3조 1항), 동법 시행령에서는 이를 각각의 종류별로 다시 세분하고 있다(동법 시행령 제2조). 이를 도표화하면 〈표 7-2〉와 같다.

〈표 7-2〉「관광진흥법」에 따른 관광사업의 분류

<table>
<tr><th>종 류</th><th colspan="2">세분류</th></tr>
<tr><td>여행업</td><td colspan="2">일반여행업, 국외여행업, 국내여행업</td></tr>
<tr><td rowspan="2">관광숙박업</td><td>호텔업</td><td>관광호텔업, 수상관광호텔업, 한국전통호텔업, 가족호텔업, 호스텔업, 소형호텔업, 의료관광호텔업</td></tr>
<tr><td colspan="2">휴양콘도미니엄업</td></tr>
<tr><td rowspan="6">관광객이용시설업</td><td>전문휴양업</td><td>민속촌, 해수욕장, 수렵장, 동물원, 식물원, 수족관, 온천장, 동굴자원, 수영장, 농어촌휴양시설, 활공장, 등록 및 신고 체육시설업시설, 산림휴양시설, 박물관, 미술관</td></tr>
<tr><td>종합휴양업</td><td>제1종 종합휴양업, 제2종 종합휴양업</td></tr>
<tr><td colspan="2">자동차야영장업</td></tr>
<tr><td colspan="2">관광유람선업(일반관광유람선업, 크루즈업)</td></tr>
<tr><td colspan="2">관광공연장업</td></tr>
<tr><td colspan="2">외국인전용 관광기념품판매업</td></tr>
<tr><td>국제회의업</td><td colspan="2">국제회의시설업, 국제회의기획업</td></tr>
<tr><td>카지노업</td><td colspan="2"></td></tr>
<tr><td>유원시설업</td><td colspan="2">종합유원시설업, 일반유원시설업, 기타유원시설업</td></tr>
<tr><td>관광편의시설업</td><td colspan="2">관광유흥음식점업, 관광극장유흥업, 외국인전용 유흥음식점업, 관광식당업, 시내순환관광업, 관광사진업, 여객자동차터미널시설업, 관광펜션업, 관광궤도업, 한옥체험업, 외국인관광 도시민박업</td></tr>
</table>

자료: 조진호 외 4인 공저, 관광법규론(서울: 현학사, 2014), p.134.

2) 여행업

현행 「관광진흥법」에서의 여행업이란 “여행자 또는 운송시설·숙박시설, 그 밖에 여행에 딸리는 시설의 경영자 등을 위하여 그 시설이용의 알선이나 계약체결의 대리, 여행에 관한 안내, 그 밖의 여행 편의를 제공하는 업”을 말한다.

여행업은 사업의 범위 및 취급대상에 따라 일반여행업, 국외여행업 및 국내여행업으로 구분하고 있다.

우리나라 여행업의 등록현황을 살펴보면 2013년 12월 말 기준으로 일반여행업 1,927개소, 국내여행업 5,719개소, 국외여행업 7,391개소이다.[19]

(1) 일반여행업

국내외를 여행하는 내국인 및 외국인을 대상으로 하는 여행업[사증(査證; 비자)을 받는 절차를 대행하는 행위를 포함한다]을 말한다. 따라서 일반여행업자는 외국인의 국내 또는 국외여행과 내국인의 국외 또는 국내여행에 대한 업무를 모두 취급할 수 있다.

(2) 국외여행업

국외를 여행하는 내국인을 대상으로 하는 여행업(사증을 받는 절차를 대행하는 행위를 포함한다)을 말한다. 국외여행업은 우리나라 국민의 아웃바운드 여행(해외여행업무)만을 전담하도록 하기 위하여 등장한 것이므로, 외국인을 대상으로 하거나 또는 내국인을 대상으로 한 국내여행업은 법으로 허용하지 않고 있다.

(3) 국내여행업

국내를 여행하는 내국인을 대상으로 하는 여행업을 말한다. 따라서 국내여행업은 내국인을 대상으로 한 국내여행에 국한하고 있어 외국인을 대상으로 하거나 또는 내국인을 대상으로 한 국외여행업은 법으로 금하고 있다.

---

19) 문화체육관광부, 2013년 기준 관광동향에 관한 연차보고서, pp.253~255.

3) 관광숙박업

현행 「관광진흥법」은 관광숙박업을 호텔업과 휴양콘도미니엄업으로 나누고(제3조 1항 2호), 호텔업을 다시 세분하고 있다(동법 시행령 제2조 1항 2호).

(1) 호텔업

호텔업이란 관광객의 숙박에 적합한 시설을 갖추어 이를 관광객에게 제공하거나 숙박에 딸리는 음식·운동·오락·휴양·공연 또는 연수에 적합한 시설 등을 함께 갖추어 이를 이용하게 하는 업을 말한다.

호텔업은 운영형태, 이용방법 또는 시설구조에 따라 관광호텔업, 수상관광호텔업, 한국전통호텔업, 가족호텔업, 호스텔업, 소형호텔업, 의료관광호텔업 등으로 세분하고 있다.

우리나라 호텔업의 등록현황을 살펴보면, 2013년 12월 말 기준으로 전국에 관광호텔업 740개 업체(79,441실), 한국전통호텔업 5개소(241실), 가족호텔업 87개소(7,895실), 호스텔업 75개소(1,749실)가 운영되고 있다.[20]

가) 관광호텔업

관광호텔업은 관광객의 숙박에 적합한 시설을 갖추어 관광객에게 이용하게 하고 숙박에 딸린 음식·운동·오락·휴양·공연 또는 연수에 적합한 시설 등(이하 "부대시설"이라 한다)을 함께 갖추어 관광객에게 이용하게 하는 업(業)을 말한다. 종전에는 관광호텔업을 종합관광호텔업과 일반관광호텔업으로 세분하였으나, 2003년 8월 「관광진흥법 시행령」을 개정하면서 이를 관광호텔업으로 통일하였다.

나) 수상관광호텔업

수상관광호텔업은 수상에 구조물 또는 선박을 고정하거나 매어 놓고 관광객의 숙박에 적합한 시설을 갖추거나 부대시설을 함께 갖추어 관광객에게 이용하게 하는 업으로서, 수려한 해상경관을 볼 수 있도록 해상에 구조물

20) 문화체육관광부, 전게 2013년 기준 연차보고서, pp.238~247.

또는 선박을 개조하여 설치한 숙박시설을 말한다. 만일 노후선박을 개조하여 숙박에 적합한 시설을 갖추고 있더라도 동력(動力)을 이용하여 선박이 이동할 경우에는 이는 관광호텔이 아니라 선박으로 인정된다.

우리나라에는 2000년 7월 20일 최초로 부산 해운대구에 객실수 53실의 수상관광호텔이 등록된 바 있으나, 태풍으로 인해 멸실되어 현재는 존재하지 않고 있다.

다) 한국전통호텔업

한국전통호텔업은 한국전통의 건축물에 관광객의 숙박에 적합한 시설을 갖추거나 부대시설을 함께 갖추어 관광객에게 이용하게 하는 업을 말한다.

현재 우리나라에서 운영되고 있는 관광호텔은 모두가 서양식의 구조와 설비를 갖추고 있어 외국인관광객이 한국고유의 전통적 숙박시설을 이용할 수 없는 것이 현실이다. 따라서 외국인관광객의 수요에 대처하기 위하여 한국고유의 전통 건축양식에 한국적 분위기를 풍길 수 있는 객실과 정원을 갖추고 한국전통요리를 제공하도록 한 것이 한국전통호텔업이다.

우리나라에는 1991년 7월 26일 최초로 제주도 중문관광단지 내에 객실수 26실의 한국전통호텔(씨에스호텔앤리조트)이 등록된 이래 2003년 10월 전남 구례에 지리산가족호텔(124실), 2004년 5월에는 인천에 을왕관광호텔(44실)이 등록되었고, 2010년 7월 경북에 (주)신라밀레니엄 라궁 16실, 2011년 10월에는 전남 영광에 한옥호텔 영산재 21실이 등록된 바 있다.

라) 가족호텔업

가족호텔업은 가족단위 관광객의 숙박에 적합하도록 숙박시설 및 취사도구를 갖추어 관광객에게 이용하게 하거나 숙박에 딸린 음식·운동·휴양 또는 연수에 적합한 시설을 함께 갖추어 관광객에게 이용하게 하는 업을 말한다.

경제성장으로 인한 국민소득수준의 향상은 다수 국민으로 하여금 여가활동을 향유케 함으로써 가족단위 관광의 증가를 가져왔는데, 가족단위 관광의 증가는 가족호텔을 급격히 증가하게 하였다. 이에 정부는 증가된 가족단위의 관광수요에 부응하여 국민복지 차원에서 저렴한 비용으로 건전한 가족관광을 영위할 수 있게 하기 위하여 가족호텔 내에는 취사장, 운동·오락시설 및 위생설비를 겸비토록 하고 있다.

마) 호스텔업

호스텔업은 배낭여행객 등 개별 관광객의 숙박에 적합한 시설로서 샤워장, 취사장 등의 편의시설과 외국인 및 내국인 관광객을 위한 문화·정보 교류시설 등을 함께 갖추어 이용하게 하는 업을 말한다. 이는 2009년 10월 7일 「관광진흥법 시행령」 개정 때 호텔업의 한 종류로 신설되었는데, 2010년 12월 21일 최초로 제주도에 객실수 36실의 호스텔이 등록되었으며, 2011년도에 제주도 4개소 81실, 인천광역시에 1개소 15실이 등록되어 전국 28개소에 549실이 운영되고 있다.

바) 소형호텔업

관광객의 숙박에 적합한 시설을 소규모로 갖추고 숙박에 딸린 음식·운동·휴양 또는 연수에 적합한 시설을 함께 갖추어 관광객에게 이용하게 하는 업을 말한다. 이는 외국인관광객 1,200만명 시대를 맞이하여 관광숙박서비스의 다양성을 제고하고 부가가치가 높은 고품격의 융·복합형 관광산업을 집중적으로 육성하기 위하여 2013년 11월 「관광진흥법 시행령」 개정 때 호텔업의 한 종류로 신설된 것으로, 소형호텔업에 대한 투자를 활성화시켜 관광숙박서비스의 다양성을 제고하고 관광숙박시설을 확충하는 데 기여할 것으로 기대되고 있다.

사) 의료관광호텔업

의료관광객의 숙박에 적합한 시설 및 취사도구를 갖추거나 숙박에 딸린 음식·운동 또는 휴양에 적합한 시설을 함께 갖추어 관광객에게 이용하게 하는 업을 말한다. 이는 외국인관광객 1,200만명 시대를 맞이하여 관광숙박서비스의 다양성을 제고하고 부가가치가 높은 고품격의 융·복합형 관광산업을 집중적으로 육성하기 위하여 2013년 11월 「관광진흥법 시행령」 개정 때 호텔업의 한 종류로 신설된 것으로, 의료관광객의 편의를 도모함은 물론 의료관광 활성화에 기여할 것으로 기대되고 있다.

(2) 휴양콘도미니엄업

휴양콘도미니엄업이란 관광객의 숙박과 취사에 적합한 시설을 갖추어 이를 그 시설의 회원이나 공유자, 그 밖의 관광객에게 제공하거나 숙박에 딸리는 음식·운동·오락·휴양·공연 또는 연수에 적합한 시설 등을 함께 갖추어 이를 이용하게 하는 업을 말한다(관광진흥법 제3조 제1항 2호).

본래 콘도미니엄(Condominium)은 1957년 스페인에서 기존호텔에 개인의 소유개념을 도입하여 개발한 것이 그 시초이며, 1950년대 이탈리아에서 중소기업들이 종업원들의 복리후생을 위해 회사가 공동투자를 하여 연립주택이나 호텔형태로 지은 별장식 가옥을 10여 명이 소유하는 공공휴양시설로 개발한 것이 그 효시라고 한다.

우리나라는 1981년 4월 (주)한국콘도에서 경주보문단지 내에 있는 25평형 103실을 분양한 것이 콘도미니엄의 시초인데, 1982년 12월 31일에는 휴양콘도미니엄업을 「관광진흥법」상의 관광숙박업종으로 신설한 후 오늘에 이르고 있다.

우리나라 휴양콘도미니엄업의 등록현황을 살펴보면 2013년 12월 말 기준으로 192개 콘도에 41,661실이 운영되고 있다.[21)]

4) 관광객이용시설업

관광객이용시설업이란 ① 관광객을 위하여 음식·운동·오락·휴양·문화·예술 또는 레저 등에 적합한 시설을 갖추어 이를 관광객에게 이용하게 하는 업 또는 ② 대통령령으로 정하는 2종 이상의 시설과 관광숙박업의 시설(이하 "관광숙박시설"이라 한다) 등을 함께 갖추어 이를 회원이나 그 밖의 관광객에게 이용하게 하는 업을 말한다(관광진흥법 제3조 제1항 3호).

현행 「관광진흥법」은 관광객이용시설업의 종류를 전문휴양업, 종합휴양업(제1종, 제2종), 자동차야영장업, 관광유람선업(일반관광유람선업, 크루즈업), 관광공연장업, 외국인전용 관광기념품판매업 등으로 구분하고 있다(동법 시행

21) 문화체육관광부, 전게 2013년 기준 연차보고서, pp.247~248.

령 제2조 제1항 3호).

관광객이용시설업의 등록현황을 살펴보면 2013년 12월 말 기준으로 전문휴양업 57개 업체, 종합휴양업 23개 업체, 자동차야영장업 50개 업체, 관광유람선업 38개 업체, 관광공연장업 8개 업체, 외국인전용 관광기념품판매업 205개 업체 등이다.[22)]

(1) 전문휴양업

관광객의 휴양이나 여가선용을 위하여 숙박업시설[공중위생관리법시행령 제2조 제1항 제1호(농어촌에 설치된 민박사업용시설) 및 제2호(자연휴양림 안에 설치된 시설)의 시설을 포함하며, 이하 "숙박시설"이라 한다]이나 「식품위생법 시행령」 제7조 제8호 가목·나목 또는 바목에 따른 휴게음식점영업, 일반음식점영업 또는 제과점영업의 신고에 필요한 시설(이하 "음식점시설"이라 한다)을 갖추고 별표 1 제4호 가목(2)(가)부터 (거)까지의 규정에 따른 시설(이하 "전문휴양시설"이라 한다) 중 한 종류의 시설을 갖추어 관광객에게 이용하게 하는 업을 말한다.

(2) 종합휴양업

종합휴양업은 제1종과 제2종으로 구분된다.

제1종 종합휴양업은 관광객의 휴양이나 여가선용을 위하여 숙박시설 또는 음식점시설을 갖추고 전문휴양시설 중 두 종류 이상의 시설을 갖추어 관광객에게 이용하게 하는 업이나, 숙박시설 또는 음식점시설을 갖추고 전문휴양시설 중 한 종류 이상의 시설과 종합유원시설업의 시설을 갖추어 관광객에게 이용하게 하는 업이다. 예를 들면 일정한 장소에 운동·오락 및 휴양시설을 갖춘 서울드림랜드, 운동·오락·식당 및 동식물원 시설을 갖춘 롯데월드, 동식물원, 오락 및 휴양시설을 갖춘 에버랜드(용인자연농원) 등이 이에 해당된다.

제2종 종합휴양업은 관광객의 휴양이나 여가선용을 위하여 관광숙박업의 등록에 필요한 시설과 제1종 종합휴양업 등록에 필요한 전문휴양시설 중 두

22) 문화체육관광부, 전게 2013년 기준 연차보고서, pp.256~258.

종류 이상의 시설 또는 전문휴양시설 중 한 종류 이상의 시설 및 종합유원시설업의 시설을 함께 갖추어 관광객에게 이용하게 하는 업이다.

(3) 자동차야영장업

자동차를 이용하는 여행자의 야영·취사 및 주차에 적합한 시설을 갖추어 이를 관광객에게 이용하게 하는 업을 말하는데, 2차선 이상의 진입로와 충분한 주차공간, 그리고 전기·통신·공동취사시설 등의 편의시설을 갖추어야 한다.

(4) 관광유람선업

가) 일반관광유람선업

「해운법」에 따른 해상여객운송사업의 면허를 받은 자나 「유선(遊船) 및 도선사업법(渡船事業法)」에 따른 유선사업의 면허를 받거나 신고한 자가 선박을 이용하여 관광객에게 관광을 할 수 있도록 하는 업을 말한다.

나) 크루즈업

「해운법」에 따른 순항(順航) 여객운송사업이나 복합 해상여객운송사업의 면허를 받은 자가 해당 선박 안에 숙박시설, 위락시설 등 편의시설을 갖춘 선박을 이용하여 관광객에게 관광을 할 수 있도록 하는 업을 말한다.

(5) 관광공연장업

관광공연장업은 관광객을 위하여 공연시설을 갖추고 공연물을 공연하면서 관광객에게 식사와 주류를 판매하는 업을 말한다. 관광공연장업은 1999년 5월 10일 「관광진흥법 시행령」을 개정하여 신설한 업종으로서 실내관광공연장과 실외관광공연장을 설치·운영할 수 있다.

(6) 외국인전용 관광기념품판매업

외국인 관광객(출국 예정사실이 확인되는 내국인을 포함한다)에게 물품을 판매하기에 적합한 시설을 갖추어 국내에서 생산되는 주원료를 이용하여 제조하거나 가공된 물품을 판매하는 업을 말한다.

이제까지 외국인전용 관광기념품판매업은 이용대상을 외국인 관광객에 한정하고, 판매상품은 국내에서 생산되는 주원료를 이용하여 제조 또는 가공된 물품에 한정하고 있었다. 이로 인해 외국인전용 기념품판매업의 활성화에 한계가 나타나기 시작하자, 이에 정부는 2006년 2월 「관광진흥법」을 개정하여 판매대상을 확대하여 출국예정사실이 확인되는 내국인도 포함하도록 하였다.

5) 국제회의업

국제회의업은 대규모 관광수요를 유발하는 국제회의(세미나·토론회·전시회 등을 포함한다)를 개최할 수 있는 시설을 설치·운영하거나 국제회의의 계획·준비·진행 등의 업무를 위탁받아 대행하는 업을 말한다(관광진흥법 제3조 1항 4호). 국제회의업은 국제회의시설업과 국제회의기획업으로 분류하고 있다(동법 시행령 제2조 4호).

국제회의는 참가자들이 일반관광객에 비해 장기간 체재하면서 회의기간 중 또는 그 전후에 국내관광과 쇼핑 등을 하므로 대량 관광객 유치효과를 가져오며, 교통·숙박·유흥업·관광 등 관련산업의 발전을 유도함으로써 경제발전 창출효과에도 크게 기여한다. 또한 참가자 대부분이 각국의 정치·경제·과학·기술·문화 등 관련 분야의 전문가로서 지도적인 위치에 있으므로 국가홍보 효과를 가져옴은 물론, 국제회의는 계절별 변수가 비교적 적어 관광비수기 타개책으로 활용되기도 한다.

우리나라 국제회의업의 등록현황을 살펴보면 2013년 12월 말 기준으로 국제회의시설업은 15개 업체, 국제회의기획업(PCO)은 497개 업체가 등록되어 있다.[23)]

(1) 국제회의시설업

대규모 관광수요를 유발하는 국제회의를 개최할 수 있는 시설을 설치·운영하는 업을 말하는데, 첫째, 「국제회의산업 육성에 관한 법률 시행령」 제3조에 따른 회의시설(전문회의시설 · 준회의시설) 및 전시시설의 요건을 갖추고

23) 문화체육관광부, 전게 2013년 기준 연차보고서, p.259.

있을 것과, 둘째, 국제회의 개최 및 전시의 편의를 위하여 부대시설(주차시설, 쇼핑·휴식시설)을 갖추고 있을 것을 요구하고 있다.

(2) 국제회의기획업

대규모 관광수요를 유발하는 국제회의의 계획·준비·진행 등의 업무를 위탁받아 대행하는 업을 말한다. 우리나라의 국제회의업은 '국제회의용역업'이라는 명칭으로 1986년 처음으로 「관광진흥법」상의 관광사업으로 신설되었으나, 1998년에 동법을 개정하여 종전의 국제회의용역업을 '국제회의기획업'으로 명칭을 변경하고 여기에 '국제회의시설업'을 추가하여 '국제회의업'으로 업무범위를 확대하여 오늘에 이르고 있다.

6) 카지노업

카지노업이란 전문영업장을 갖추고 주사위·트럼프·슬롯머신 등 특정한 기구(機具) 등을 이용하여 우연의 결과에 따라 특정인에게 재산상의 이익을 주고 다른 참가자에게 손실을 주는 행위 등을 하는 업을 말한다(관광진흥법 제3조 1항 5호).

카지노업은 종래 「사행행위등 규제 및 처벌특례법」에서 '사행행위영업(射倖行爲營業)'의 일환으로 규정되어 오던 것을 1994년 8월 3일 「관광진흥법」을 개정하여 관광사업의 한 종류로 전환 규정하고, 문화체육관광부에서 허가권과 지도·감독권을 갖게 되었다(동법 제21조). 다만, 제주도에는 2006년 7월부터 「제주특별자치도 설치 및 국제자유도시 조성을 위한 특별법」이 제정·시행됨에 따라 제주특별자치도에서 외국인전용 카지노업을 경영하려는 자는 제주도지사의 허가를 받아야 한다.

현행 「관광진흥법」에 의거한 카지노업은 내국인 출입을 허용하지 않는 것을 기본으로 하고 있는데(동법 제28조 1항), 예외적으로 「폐광지역개발지원에 관한 특별법」(이하 "폐광지역법"이라 한다)에 의거 폐광지역의 경기활성화와 지역주민의 고용확대 및 외화유출방지 등을 위하여 2000년 10월 강원도 정선군에 개장한 강원랜드카지노만은 내국인의 출입을 허용하고 있다. 강원랜드카지노는 2015년 12월 31일까지 한시적으로 운영될 예정이었으나, 다시

10년간 연장하여 2025년 12월 31일까지 효력을 갖도록 하였다.

우리나라 카지노시설은 2013년 12월 말 기준으로 전국에 17개 업체가 운영 중에 있는데, 이 중에서 외국인전용 카지노가 16개 업체(지역별로는 서울 3개소, 부산 2개소, 인천 1개소, 강원 1개소, 대구 1개소, 제주 8개소)이고, 내국인 출입 카지노는 강원랜드카지노 1개소이다.[24)]

7) 유원시설업

유원시설업(遊園施設業)은 유기시설(遊技施設)이나 유기기구(遊技機具)를 갖추어 이를 관광객에게 이용하게 하는 업(다른 영업을 경영하면서 관광객의 유치 또는 광고 등을 목적으로 유기시설이나 유기기구를 설치하여 이를 이용하게 하는 경우를 포함한다)을 말한다(관광진흥법 제3조 1항 6호).

유원시설업은 종래 「공중위생법」상 공중접객업의 하나인 유기장업(遊技場業)으로서 보건복지부장관의 소관이었으나, 1999년 1월 21일 「관광진흥법」 개정 때 유원시설업으로 명칭을 변경하여 문화체육관광부장관이 관장하는 관광사업의 한 종류로 규정한 것이다.

현행 「관광진흥법」상의 유원시설업은 종합유원시설업, 일반유원시설업, 기타유원시설업으로 분류하고 있다(동법 시행령 제2조 1항 5호).

우리나라 유원시설업체 현황을 살펴보면 2013년 12월 말 기준으로 300개 업체가 운영 중에 있다.[25)]

(1) 종합유원시설업

유기시설이나 유기기구를 갖추어 관광객에게 이용하게 하는 업으로서 대규모의 대지 또는 실내에서 「관광진흥법」 제33조에 따른 안전성검사 대상 유기시설 또는 유기기구 여섯 종류 이상을 설치하여 운영하는 업을 말한다.

(2) 일반유원시설업

유기시설이나 유기기구를 갖추어 관광객에게 이용하게 하는 업으로서 「관광진흥법」 제33조에 따른 안전성검사 대상 유기시설 또는 유기기구 한 종

---

24) 문화체육관광부, 전게 2013년 기준 연차보고서, pp.261~264.
25) 문화체육관광부, 전게 2013년 기준 연차보고서, p.265.

류 이상을 설치하여 운영하는 업을 말한다.

(3) 기타유원시설업

유기시설이나 유기기구를 갖추어 관광객에게 이용하게 하는 업으로서 「관광진흥법」 제33조에 따른 안전성검사 대상이 아닌 유기시설 또는 유기기구를 설치하여 운영하는 업을 말한다.

8) 관광편의시설업

관광편의시설업[26]은 앞에서 설명한 관광사업(여행업, 관광숙박업, 관광객이용시설업, 국제회의업, 카지노업, 유원시설업) 외에 관광진흥에 이바지할 수 있다고 인정되는 사업이나 시설 등을 운영하는 업을 말한다(관광진흥법 제3조 1항 7호). 이는 비록 다른 관광사업보다 관광객의 이용도가 낮거나 시설규모는 작지만, 다른 사업 못지않게 관광진흥에 기여할 수 있다고 보아 인정된 사업이라고 하겠다.

관광편의시설업을 경영하려는 자는 문화체육관광부령으로 정하는 바에 따라 특별시장·특별자치시장·광역시장·도지사·특별자치도지사(이하 "시·도지사"라 한다) 또는 시장·군수·구청장의 지정을 받을 수 있는데, 그 종류는 다음과 같다(동법 시행령 제2조 1항 6호).

(1) 관광유흥음식점업

식품위생법령에 따른 유흥주점 영업의 허가를 받은 자가 관광객이 이용하기 적합한 한국 전통 분위기의 시설을 갖추어 그 시설을 이용하는 자에게 음식을 제공하고 노래와 춤을 감상하게 하거나 춤을 추게 하는 업을 말한다.

---

26) 2013년 12월 말 기준으로 관광편의시설업으로 지정된 업체는 총 4,169개소이다. 이 중 관광유흥음식점업은 84개 업체이며 관광극장유흥업 164개 업체, 외국인전용 유흥음식점업 450개 업체, 관광식당업 1,863개 업체, 시내순환관광업 26개 업체, 관광사진업 19개 업체, 여객자동차터미널시설업 3개 업체, 관광펜션업 407개 업체, 관광궤도업 10개 업체, 한옥체험업 668개, 외국인관광도시민박업 475개 업체이다(문화체육관광부, 전게 2013년 기준 연차보고서, p.260).

(2) 관광극장유흥업

식품위생법령에 따른 유흥주점 영업의 허가를 받은 자가 관광객이 이용하기 적합한 무도(舞蹈)시설을 갖추어 그 시설을 이용하는 자에게 음식을 제공하고 노래와 춤을 감상하게 하거나 춤을 추게 하는 업을 말한다.

(3) 외국인전용 유흥음식점업

식품위생법령에 따른 유흥주점 영업의 허가를 받은 자가 외국인이 이용하기 적합한 시설을 갖추어 그 시설을 이용하는 자에게 주류나 그 밖의 음식을 제공하고 노래와 춤을 감상하게 하거나 춤을 추게 하는 업을 말한다.

(4) 관광식당업

식품위생법령에 따른 일반음식점영업의 허가를 받은 자가 관광객이 이용하기 적합한 음식제공시설을 갖추고 관광객에게 특정 국가의 음식을 전문적으로 제공하는 업을 말한다.

(5) 시내순환관광업

「여객자동차운수사업법」에 따른 여객자동차운송사업의 면허를 받거나 등록을 한 자가 버스를 이용하여 관광객에게 시내와 그 주변 관광지를 정기적으로 순회하면서 관광할 수 있도록 하는 업을 말한다.

(6) 관광사진업

외국인 관광객과 동행하며 기념사진을 촬영하여 판매하는 업을 말한다. 관광사진업을 운영하기 위해서는 사진촬영기술이 풍부한 자 및 외국어 안내서비스가 가능한 체제를 갖추어야 한다.

(7) 여객자동차터미널시설업

「여객자동차운수사업법」에 따른 여객자동차터미널사업의 면허를 받은 자가 관광객이 이용하기 적합한 여객자동차터미널시설을 갖추고 이들에게 휴게시설·안내시설 등 편익시설을 제공하는 업을 말한다.

(8) 관광펜션업

숙박시설을 운영하고 있는 자가 자연·문화 체험관광에 적합한 시설을 갖추어 관광객에게 이용하게 하는 업을 말한다. 이는 2003년 8월 「관광진흥법 시행령」 개정시 새로 추가된 업종으로 새로운 숙박형태의 소규모 고급민박시설이지만, 관광숙박업의 세부업종이 아님을 유의하여야 한다.

그리고 「제주특별자치도 설치 및 국제자유도시 조성을 위한 특별법」을 적용받는 지역에서는 관광펜션업의 규정은 적용하지 아니한다. 이 "제주특별법"에서는 관광펜션업 대신에 '휴양펜션업'을 규정하고 있기 때문이다.

(9) 관광궤도업

「궤도운송법」에 따른 궤도사업의 허가를 받은 자가 주변 관람과 운송에 적합한 시설을 갖추어 이를 관광객에게 이용하게 하는 업을 말한다. 이는 궤도차량인 케이블카 등을 설치·운행하는 사업으로 안내방송 등 외국어 안내서비스가 가능한 체제를 갖추고 있어야 하는데, 종래의 「삭도·궤도법」이 전부 개정되어 「궤도운송법」으로 법의 명칭이 변경됨에 따라 2009년 11월 2일 「관광진흥법 시행령」 개정 때 종전의 '관광삭도업'을 '관광궤도업'으로 명칭이 변경된 것이다.

(10) 한옥체험업

한옥(주요 구조부가 목조구조로서 한식기와 등을 사용한 건물 중 고유의 전통미를 간직하고 있는 건축물과 그 부속시설을 말한다)에 숙박체험에 적합한 시설을 갖추어 관광객에게 이용하게 하는 업을 말하는데, 그 지정기준을 살펴보면 한 종류 이상의 전통문화 체험에 적합한 시설을 갖추고 이용자의 불편이 없도록 욕실이나 샤워시설 등 편의시설을 갖추어야 한다. 이는 2009년 10월 7일 「관광진흥법 시행령」 개정 때 새로 추가된 업종이다.

(11) 외국인관광 도시민박업

외국인관광 도시민박업이란 「국토의 계획 및 이용에 관한 법률」 제6조제1호에 따른 도시지역(「농어촌정비법」에 따른 농어촌지역 및 준농어촌지역은 제외한다)의 주민이 거주하고 있는 단독주택 또는 다가구주택(건축법 시행령 별표 1 제1호 가목 또는 다목)과 아파트, 연립주택 또는 다세대주택(건축법 시행령 별표 1 제2호 가목, 나목 또는 다목)을 이용하여 외국인 관광객에게 한국의 가정문화를 체험할 수 있도록 숙식 등을 제공하는 업을 말한다. 외국인관광객 도시민박업의 지정기준을 살펴보면 건물의 연면적이 230제곱미터 미만이고 외국어 안내서비스가 가능한 체제를 갖추고 있어야 한다.

이는 2011년 12월 30일 「관광진흥법 시행령」 개정 때 새로 도입된 제도로, 도시지역의 주민이 거주하고 있는 단독주택 또는 아파트 등을 이용하여 외국인 관광객에게 숙식 등을 제공하고 한국의 가정문화를 체험할 수 있도록 함으로써 외국인 관광객의 유치 확대에 이바지할 수 있을 것으로 전망하고 있다.

제8장

호텔사업

제8장 호텔사업

제1절 호텔의 개념

1. 고전적 개념

과거의 고전적인 호텔의 기능은 가정을 떠나 이동하는 사람들에게 가장 기본적으로 필요한 잠자고 쉴 수 있는 곳(숙박기능), 음식을 먹는 곳(취사서비스기능), 언제 발생할지도 모르는 외부의 적으로부터 피할 수 있는 곳(보호기능) 등 주로 장소제공 기능이 가장 핵심을 이루고 있었다. 따라서 호텔의 의미도 '객실과 식음료를 제공하는 곳' 이상의 의미를 찾기는 어렵다.

2. 현대적 개념

산업혁명을 거치고 후기 산업사회로 발전하면서 소득이 증가하고 가치관이 변화함에 따라 여행의 목적 또한 이동 자체가 목적이 아니라 이동과정에서의 안락함도 추구하게 되면서 이에 맞추어 호텔의 개념도 변화하고 있다. 즉 객실과 식음료를 제공하는 단순한 기능에 부가하여 숙박과정에서 오락 및 여가 그리고 보다 편안하게 휴식을 취할 수 있는 휴게 및 문화시설을 요구하게 된 것이다. 그리고 호텔의 목표시장(target market) 또한 여행객

(traveler)에서 지역주민들(local resident)에게까지 확대함으로써 시설 및 내부 프로그램이 더욱 다양하게 발전하였다.

즉 오늘날의 호텔 고객들은 자신의 집을 떠나 이동하거나 사업을 진행하는 과정에서도 '자신의 집처럼 안락함을 누릴 수 있는 곳'을 찾게 되었고, 집에서는 느낄 수 없는 새로운 것을 추구하게 되었다. 그에 따라 호텔은 이러한 이용객들의 다양한 욕구를 충족시킬 수 있는 내·외장 시설 등의 하드웨어(hardware)와 인적 서비스 및 다양한 프로그램 등의 소프트웨어(software)를 보강하게 되었고, 이렇게 새로이 확장된 호텔의 기능은 소득수준이 높아진 지역주민들의 휴식 및 문화에 대한 다양하고도 높아진 욕구까지도 수용할 수 있게 되었다.

3. 관광법규적 정의

호텔에 대한 법규적 개념은 우리나라 「관광진흥법」에 명기되어 있다. 즉 호텔업이라 함은 관광객의 숙박에 적합한 시설을 갖추어 이를 관광객에게 제공하거나 숙박에 딸리는 음식·운동·오락·휴양·공연 또는 연수에 적합한 시설 등을 함께 갖추어 이를 이용하게 하는 업을 말한다(제3조 제1항 제2호).

여기서 관광객의 숙박에 적합한 시설이란 주로 관광객이 수면을 취하면서 체재할 수 있는 객실에 관련되는 시설을 말한다. 따라서 호텔업은 객실에 관련되는 숙박시설을 갖추어 숙박기능만을 운영하는 호텔업과 숙박시설과 숙박에 부수되는 시설(음식·운동·오락·휴양·공연 또는 연수)을 함께 갖추어 운영하는 호텔업으로 구분하고 있다.

제2절 우리나라 호텔업의 발전과정[27)]

1. 우리나라 호텔업의 시작

우리나라 호텔업의 발전은 최초의 서양식 호텔로부터 살펴볼 수 있다. 우리나라 최초의 서구식 호텔은 일본인 호리 리기타로(堀力太郎)가 1888년(고종 25년) 인천 서린동에 세운 대불(大佛)호텔이었다. 우리나라 호텔의 효시로 불리는 이 호텔은 3층 건물에 객실 11개를 갖춘 당시로서는 고급으로 지어진 건물로 우리나라를 찾는 외국인을 위한 서양식호텔이었다. 이후 대불호텔의 호황에 힘입어 청나라의 이태(怡泰)라는 사람이 대불호텔 맞은편에 객실 8개의 2층짜리 스튜워드 호텔(Steward Hotel)을 개관하였는데, 1층에서는 양잡화상(洋雜貨商)을 운영하면서 2층은 객실로 영업을 하였다.

그러나 1899년 9월에 경인선(京仁線)이 개통되면서 서울과 인천 간의 여행시간이 단축됨으로써 외국인들은 굳이 인천에서만 숙박할 필요가 없게 되자 인천의 대불호텔 등은 사양길을 걷게 되었고, 반면에 서울에서는 1902년 독일 여인 안트와네트 손탁(Sontag)이 지금의 정동에 손탁호텔(Sontag Hotel)을 건립하였다. 이 손탁호텔은 1층에는 보통 객실과 식당·회의장 등을 갖추고, 2층에는 황실의 귀빈을 모시는 객실로 꾸며 우리나라 숙박시설에 일대 전환기를 가져왔다. 호텔 내 식당에서는 처음으로 프랑스요리를 선보였으며, 객실의 가구를 비롯한 장식품, 악기, 의류 및 요리 등이 서양식으로 제공되었다. 1909년에는 역시 정동에 프랑스인이 하남(何南)호텔을, 1911년에는 일본인이 남산입구에 소복(笑福)호텔을 개업하기도 하였다.

2. 철도호텔의 발전기

일본이 중국대륙의 침략을 위해 한반도를 교두보로 삼아 남북을 종단하는

27) 김미경 외 4인 공저, 최신 호텔경영관리론(서울:백산출판사, 2012), pp.27~32.

철도를 부설하고 이에 따른 부대사업으로 철도이용객의 편의를 위해 철도역에 역사(驛舍)를 건축하는 것이 필요불가결하하게 되었다.

1899년 경인선, 1905년 경부선, 1906년 경의선이 개통되면서 여행자들의 편의를 위해 철도호텔들이 탄생하게 되었다. 1912년 8월 신의주에 가장 먼저 철도호텔이 개관되었고, 동년 12월에는 부산역에 역사(驛舍)를 벽돌 2층 건물로 세우면서 1층은 대합실로, 2층은 호텔객실로 활용하게 되었는데, 이것이 우리나라 국영호텔의 시초이다.

이러한 국영호텔은 1914년 조선호텔, 1915년 금강산호텔, 1918년 장안사호텔, 1920년 온양온천호텔, 1925년 평양호텔 등이 계속해서 건립되었다. 이어서 경성호텔, 광화문호텔, 목포호텔, 부산의 동래호텔, 월미도호텔 등이 영업을 시작하였고, 1936년에는 미국 스타틀러(Statler) 호텔의 경영방식을 도입한 반도호텔이 일본인 노구찌(野口)에 의해 우리나라 최초의 상용(商用) 호텔시대의 문을 열었다. 이 반도호텔은 111개의 객실을 갖춘 당시 최대의 시설규모를 자랑하면서 우리나라 호텔산업에 일대 전환기를 가져왔다.

3. 현대적 호텔의 발전

해방 이후 1949년에는 교통부에서 빅토리호텔을 인수·경영하였고, 1950년도에는 온양, 대구, 설악산, 무등산, 화진포에 호텔이 개관하였으며, 1952년에는 대원호텔이 문을 열었다. 이후 1954년 2월 교통부 육운국에 관광과가 개설되면서 호텔은 새로운 국면을 맞게 되었는데, 1955년에는 금수장 호텔(현 앰배서더호텔의 전신), 1957년에는 대구 관광호텔과 UN Center Hotel이, 1960년에 설악산 관광호텔이, 1960년에 Astoria Hotel과 Metro Hotel이 건설되었고, 뒤이어 사보이, 뉴코리아, 그랜드 호텔 등이 등장하였다.

1961년 8월 22일에는 우리나라 최초의 관광법규인 「관광사업진흥법」이 제정·공포되었는데, 이로써 관광호텔은 획기적인 발전의 기틀을 마련하게 되었다. 또 1962년에는 「국제관광공사법」이 제정되고 이 법에 의하여 국제관광공사(현 한국관광공사)가 설립되면서 기존의 반도호텔, 조선호텔을 비롯한 지방호텔의 호텔경영권을 인수받아 새로이 영업에 들어갔다. 그리고 1963년에는 워커힐 호텔이 개관하여 영업을 시작하였고, 1966년에는 순수 민간자본으로 건립된 세종호텔이 문을 열었다.

1970년대에는 정부가 제3차 경제개발5개년계획에 따라 관광사업을 국가전략사업으로 인식하면서 관광호텔이 더욱 증가하였는데, 정부주도하에 운영되던 호텔들이 하나 둘씩 민영화하면서 경영방식에 있어서도 일대 전환점을 가져왔으며, 전국적인 관광호텔의 등급화제도가 시행되면서 민간자본으로 이루어진 국제수준의 대규모 호텔들의 신축도 줄을 이었다. 또 외국인뿐만 아니라 내국인의 호텔이용에 대한 수요가 증가함에 따라 세계 유명호텔과의 체인화를 유치하여 서구식 대규모 관광호텔의 건설이 활기를 띠었다. 1976년 서울의 프라자호텔, 1978년 서울 하얏트호텔, 1979년에 개관된 호텔신라 등이 대표적인 호텔이다.

1980년대에는 국민관광과 국제관광의 조화발전 및 서비스수준의 향상, 국제회의의 국내유치, 86아시안게임과 88서울올림픽 개최 등을 통하여 우리나라 호텔산업도 일대 도약기를 맞이하게 되었다. 이 시기에는 국내 유수의 대기업들의 호텔사업 진출이 본격적으로 시작되었고, 아울러 한국 고유의 멋을 살린 관광호텔이 건설되는 등 호텔기업의 다양화·고급화 경향으로 각종 편의시설을 비롯한 판매시설에 더해 '관광의 꽃'이라 불리는 각종 컨벤션산업의 무대로도 호텔이 큰 역할을 하게 되었다. 서울의 르네상스호텔, 그랜드 힐튼호텔, 서울 인터컨티넨탈호텔, 호텔 롯데월드가 각각 개관되어 현대적 시설을 갖춘 국제수준의 특급호텔들이 확충되었다.

특히 1997년 1월 13일에 제정·공포된 「관광숙박시설지원 등에 관한 특별법」은 2000년 ASEM회의, 2002년의 아시안게임 및 월드컵축구대회 등 대규모 국제행사에 대비하여 관광호텔시설의 건설과 확충을 촉진하여 관광호텔시설의 부족을 해소하고 관광호텔업 기타 숙박업의 서비스 개선을 위하여 각종 지원을 함으로써 국제행사의 성공적 개최와 관광산업의 발전에 크게 이바지하였다.

이와 같이 20세기 후반부터 우리나라는 국제화의 물결과 경제적 고도성장으로 세계 굴지의 호텔체인들이 상륙하는 시대에 놓이게 되었으며, 호텔의 시설과 인적서비스도 세계적인 수준에 진입하는 시기를 맞게 되었다.

제3절 호텔의 분류

호텔의 분류는 여러 가지 기준에 따라서 나누어질 수 있으나, 일반적으로 호텔을 분류할 때에는 객실의 규모, 지리적 위치, 체재목적, 숙박기간, 숙박시설형태, 요금지급방식, 호텔등급 등에 따라 구분할 수 있다.

1. 관광법규에 따른 분류

과거에는 관광숙박업을 관광호텔업, 국민호텔업, 휴양콘도미니엄업, 해상관광호텔업, 가족호텔업, 한국전통호텔업으로 분류하였으나, 현행 「관광진흥법」은 관광숙박업을 호텔업과 휴양콘도미니엄업으로 분류하고(제3조 제1항 2호), 다시 호텔업을 관광호텔업, 수상관광호텔업, 한국전통호텔업, 가족호텔업, 호스텔업, 소형호텔업, 의료관광호텔업 등으로 세분하고 있다(동법 시행령 제2조제1항 2호).

이에 대하여는 앞의 제6장 제2절 '관광사업의 분류'에서 상세히 설명하였으므로 여기서는 생략하기로 한다.

2. 입지조건에 따른 분류

1) 메트로폴리탄 호텔(Metropolitan hotel)

대도시에 위치하고 수천 개의 객실을 보유하고 있는 매머드급 호텔을 말한다. 이러한 호텔은 많은 숙박객을 동시에 수용할 수 있고 대연회장, 전시장, 주차장 등을 완비한 컨벤셔널호텔이라고 할 수 있다. 그러므로 이 호텔은 회의와 비즈니스상에 필요한 설비와 시설 그리고 서비스가 철처하게 완비되어 있는 호텔이다.

2) 시티호텔(City hotel)

휴양지 또는 관광지 호텔과 대조적으로 불리는 호텔로서 주로 도시의 중심부에 위치하기 때문에 도심호텔(downtown hotel)이라고도 불린다.

3) 서버반(교외)호텔(Suburban hotel)

이 호텔은 도시를 벗어난 한가한 교외에 세워진 호텔이다. 위에서 설명한 시티호텔은 자동차 공해와 주차난 등으로 많은 난점들이 있지만, 자가용 여행자들이 급격히 증가하고 있는 오늘날에는 공기 좋고 주차가 편리한 교외호텔의 이용도가 날로 높아지고 있다. 예를 든다면 서울의 워커힐호텔이 여기에 해당한다.

4) 컨트리 호텔(Cuntry hotel)

이 호텔은 교외라기보다는 산간(山間)에 세워진 호텔로 마운틴호텔(mountain hotel)이라고도 부른다. 특히 등산, 스키, 골프 등의 레크리에이션 기능을 다 할 수 있는 용도의 호텔을 말하며, 우리나라의 지리산, 속리산, 설악산 등에 있는 호텔들이 이에 속한다고 할 수 있다.

5) 에어포트(공항) 호텔(Airport hotel)

공항 근처에 위치하면서 항공편 사정으로 출발 및 도착이 지연되어 탑승을 기다리는 손님과 승무원들이 이용하기에 편리한 호텔을 말한다. 최근에는 이를 에어텔(Airtel)이란 약칭으로 부르기도 한다.

6) 시포트(항구) 호텔(Seaport hotel)

에어포트 호텔과 같이 크게 성행하고 있지는 않지만, 항구 근처에 위치하고 있으면서 여객선의 출입에 따라 여객과 선원들이 이용하기에 편리한 호텔이다. 이러한 호텔들은 철도업무와 서비스를 일원화하기 위해 대개의 경우 철도회사에서 직접 경영하는 형태가 늘어나고 있다.

7) 터미널 호텔(Terminal hotel)

철도역이나 버스터미널, 공항터미널 또는 항구 등의 근처에 위치하는 호텔을 말한다. 주로 이러한 호텔을 이용하는 고객은 교통기관의 종류별로 기차, 비행기, 버스, 여객선 등의 이용승객과 승무원들이다. 유럽에서는 국제철도(Eurail Pass)가 운행되고 있어 각국의 주요 도시역마다 이 호텔들이 널리 애용되고 있음을 볼 수 있다.

3. 숙박기간에 따른 분류

1) 트렌지언트 호텔(Transient hotel)

주로 하루나 이틀 정도의 기간 동안 여행객들이 체재하는 호텔로서 흔히 상용객이 많이 이용하는 비즈니스 호텔을 말한다.

2) 레지덴셜 호텔(Residential hotel)

주택형식의 호텔로서 적어도 1주일 이상의 체재객을 대상으로 한다. 아파트와 다른 점은 호텔식의 메이드 서비스(maid service)가 있고, 또한 최소한의 식사와 음료서비스가 제공되는 식당과 주장(酒場)의 시설도 갖추고 있다.

3) 퍼머넌트 호텔(Permanent hotel)

레지덴셜 호텔과 같은 부류에 속하지만, 이것과는 약간 다르게 아파트식의 장기 체재객을 대상으로 하는 호텔로서 메이드 서비스가 제공되는 것이 특징이다.

4. 숙박목적에 따른 분류

1) 컨벤셔널 호텔(Conventional hotel)

이는 회의를 유치하기 위한 대규모 호텔로서 객실의 대형화는 물론, 대회의장 및 주차장의 설비를 완비하고, 회의를 위해 필요한 통역시설과 원격 화상회의 시설, 컴퓨터를 통한 회의시스템 등을 확보하고 있어야 한다.

2) 커머셜 호텔(Commercial hotel)

전형적인 상용(商用) 호텔로서 일명 비즈니스호텔(business hotel)이라고도 말한다. 이 호텔의 이용객들은 대부분 세일즈맨, 엔지니어, 각 회사의 지점원, 연락사무원들이 주류를 이루고 있으므로 주로 도심지에 위치하는 것이 일반적이다. 그리고 이용객들의 이용목적에 맞추어 호텔에서 업무를 보는 데 불편함이 없도록 팩스 및 복사기, 컴퓨터, 프린터기 등의 사무기기를 갖춘 비즈니스센터를 운영하고 있다.

3) 리조트 호텔(Resort hotel)

상용호텔과는 달리 휴양이나 레크리에이션의 목적으로 이용되는 호텔을 말한다. 주로 관광지, 피서지 및 피한지, 해변, 산간 등의 휴양지와 온천지에 건축되는 호텔로서 일명 vacational hotel이라고도 부른다.

4) 아파트먼트 호텔(Apartment hotel)

우리나라에서는 보기 힘든 장기체재 이용객들을 위한 호텔로서 주로 퇴직한 노년층들이 사회복지제도의 일환으로 이용하는 호텔이다. 객실마다 주방설비가 되어 있어 일반 아파트와 같은 인상을 주는 것이 특징이다.

5) 카지노 호텔(Casino hotel)

카지노 호텔은 주로 도박을 즐기는 사람들, 즉 갬블러(gambler)들이 주로 찾는 호텔로서 객실규모가 1,000실 이상에서 수천 실에 이르기까지 다양한 매머드급의 호텔이다. 호텔마다 나름대로 독특한 건축양식이나 각종 이벤트 혹은 상징물을 갖고 있는 것이 특징인데, 이러한 호텔군을 형성하는 대표적인 도시가 미국의 라스베이거스(Las Vegas)이다.

5. 숙박시설 형태에 따른 분류

1) 모텔(Motel)

모텔이란 글자 그대로 자동차 여행자를 위한 모터호텔(moter hotel)을 말한다. 오늘날 여행의 다양화에서 오는 도로의 발달과 자동차여행의 급격한 증가로 자동차와 함께 쉬고 숙박할 수 있는 모텔이 미국을 비롯하여 세계적으로 호텔 못지 않게 확산되고 있다.

2) 유스호스텔(Youth Hostel)

청소년들의 심신 수련과 보건휴양여행을 장려하기 위한 매스 투어리즘(mass tourism)의 일환으로 만들어진 숙박시설이다. 일반적인 숙박시설이 영리를 목적으로 하는 데 반해 유스호스텔은 영리적인 목적보다는 청소년들이 여행을 통해 봉사와 우애의 정신, 그리고 애국심을 함양할 수 있도록 숙박요금을 저렴하게 책정한 일종의 사회복지시설의 성격을 띠고 있다.

3) 보텔(Boatel)

보트로 여행하는 사람들이 이용하는 호텔로서 항해중 해변에서 보트를 정박시켜 두고 투숙할 수 있는 시설이다. 이는 육지의 모텔(motel)과 성격이 같다.

4) 요텔(Yachtel)

해안, 호반 및 강변에 위치하여 요트를 이용하는 여행자들이 숙박하는데 편리하도록 꾸며진 호텔을 말한다. 해안이나 호반에 요트를 계류(繫留)시킬 수 있는 설비를 갖출 것을 요한다.

5) 로텔(Rotel)

1966년 독일의 스투트가르트에 처음 출현한 로텔은 움직이는 이동식 호텔로서 26인승 2층 버스형태로 등장하여 초기에는 대중들의 눈길을 끌었지만, 많은 사람들이 움직이는 버스에서 숙식을 함께 하기란 쉬운 일이 아니었으며, 로텔(rotel)의 변형된 형태로 나타난 것이 지금의 캠핑카(camping car)라고 할 수 있다.

6) 후로텔(Floatel)

후로텔은 해상 및 수상의 호화호텔이라 할 수 있는데, 주로 폐선(廢船)을 개조하여 숙박시설로 이용하는 것이 일반적이다. 우리나라 「관광진흥법 시행령」 제2조제1항 2호에 명기되어 있는 호텔업의 일종인 수상관광호텔업에 해당한다고 할 수 있다.

6. 요금지급방식에 따른 분류

1) 미국식 요금지급방식(American plan) 호텔

1일, 1주일 또는 1개월 단위의 3식 요금을 객실요금에 포함하는 방식인 풀 펜션(full-pension), 아침 및 저녁식사의 2식만 포함시키는 하프 펜션(half- pension) 또는 데미 펜션(demi-pension) 등이 있는데, 흔히 이러한 것을 수정된 미국식 요금계산방식(Modified American Plan: MAP)이라고 한다. 그리고 객실요금에 아침의 1식만을 포함시키는 대륙식 요금지급방식(Continential plan) 호텔도 있다.

2) 유럽식 요금지급방식(European plan) 호텔

객실요금과 식사대를 분리하여 계산하는 근대식의 경영방식으로서 고객에게 식사를 제공하지 않고 고객의 의사에 따라 식사대는 별도로 계산하여 지급하는 방식이다. 유럽 쪽에 이러한 호텔들이 많은데, 주로 업무용으로 많이 이용하는 커머셜 호텔(commercial hotel)에서 이러한 요금지급방식을 채택하고 있다.

3) 혼합식 요금지급방식(Dual plan) 호텔

이는 고객의 요구에 따라 미국식이나 유럽식을 선택할 수 있는 것으로 두 가지 형태를 다 도입한 호텔 경영방식이다.

7. 규모에 따른 분류

1) 소형 호텔(Small hotel)

객실 수가 25실 이하인 소형 호텔을 말한다. 지금은 우리나라에도 이런 소규모의 호텔은 존재하지 않지만, 여관 같은 숙박시설들은 25실 이하의 객실을 갖추고 있는 곳이 많다.

2) 중형 호텔(Average hotel)

우리나라에서는 「관광진흥법」상 2등급 이하의 부류에 속하는 호텔로 객실 수가 25실에서 100실까지 보유한 호텔을 말한다.

3) 중대형 호텔(Above average hotel)

객실을 100실에서 300실까지를 확보하고 있는 호텔을 말한다. 우리나라의 「관광진흥법」상 1등급 관광호텔들이 이에 해당한다고 본다.

4) 대형 호텔(large hotel)

호텔의 객실 수가 300실 이상을 보유하고 있는 대규모 호텔을 말한다. 우리나라의 「관광진흥법」상 특등급 관광호텔들이 이에 속한다고 말할 수 있지만, 요즘에는 수백에서 수천의 객실을 보유하는 대규모 호텔이 속속 등장하고 있기 때문에, 위에서와 같은 객실 수에 의한 호텔의 분류는 전근대적인 분류방식이라고 볼 수 있다.

제4절 호텔기업의 특성

현대의 호텔은 사회적·문화적 역할과 공익적 서비스 제공을 위한 고객의 활동공간으로서의 기능을 중시하게 됨에 따라 숙박 및 식음료를 제공할 수 있는 시설 이외에도 스포츠, 레크리에이션, 레저 및 회의장, 전시장, 연회장과 같은 부대시설을 갖추고 있으며, 심지어 쇼핑시설, 놀이시설 등과의 연계까지도 추진하고 있다. 따라서 현대의 호텔은 종합적인 서비스를 판매하는 생활의 공간으로 보다 포괄적인 정의를 내리는 것이 타당할 것이다. 이처럼 종합적인 서비스를 판매하는 다기능적인 호텔기업은 다음과 같은 여러 가지 특성들을 가지고 있다.

1. 시설상의 특성

1) 초기투자의 과다

호텔은 건물의 내·외부시설 자체가 하나의 상품이 된다. 따라서 토지, 건물, 시설설비 및 기타 등으로 구성되는 초기의 투자내역 전체가 같이 결집되어야 호텔로서 영업을 할 수 있는 기반을 갖추게 되므로 호텔의 개관을 위해서는 초기에 거액의 투자비가 필요하다. 특히 입지적인 측면도 호텔의 가격경쟁력에 지대한 영향을 미치므로 주로 관광지나 위락지에 건립되는 호텔들의 특성에서 살펴볼 때 토지수용을 위한 투자비의 부담도 무시할 수 없다.

2) 비생산적 공공장소의 과다

호텔은 고객들이 이용하는 객실과 식당, 그리고 부수적으로 이용할 수 있는 오락·휴게시설로 스포츠센터 및 카지노, 바(bar)와 커피숍 등으로 구성된다. 하지만 이 외에도 라운지와 로비, 주차장 및 입구를 비롯한 주변의 환경시설 등은 그 자체로는 수익을 올릴 수 없는 비생산적인 요소이지만 호텔의 특성상 넓은 공간을 차지하고 있다.

3) 시설의 조기노후화

일반기업에 비해 호텔은 다양한 고객들이 이용하기 때문에 조기에 노후화되는 경향이 있다. 그리고 시설 자체가 기본적으로 상품을 구성하는 하나의 중요한 요소이므로 고객의 욕구변화로 경제적 효용가치를 조기에 상실하는 경우가 많다. 따라서 국제수준의 시설을 유지하기 위해서는 지속적으로 개·보수할 필요성이 제기된다. 일반건물의 수명을 일반적으로 60년으로 보는데 반해 호텔건물의 수명은 40년 정도로 보고 있다. 일반건물의 내부시설물들과 호텔의 내부시설물들의 내구연한을 비교해 보면 다음과 같다.

〈표 8-1〉 고정자산의 내구연한 비교

구 분	일반용	호텔용
철근콘크리트 건물	60년	40년
목조건물	30년	15년
전기시설	20년	15년
보일러시설	20년	15년
위생시설	17년	15년
객실용품	10년	5년
일반기구	10년	5년
도기 및 유리제품	10년	8년

4) 기계화의 한계

호텔은 기본적인 시설물에 종업원들의 인적 서비스가 어우러져 비로소 하나의 상품으로 판매된다. 나날이 늘어가는 인건비의 지출은 각 부분에서 기계화를 요구하지만 실질적으로 판매되는 상품은 무형의 서비스이다. 각 객실이 아무리 편리하게 꾸며져 있고, 주방시설이 아무리 첨단으로 만들어져 있다 하더라도 벨맨(bellman)이나 도어맨(doorman), 그리고 요리사(cook) 등의 서비스를 기계로 대체하기에는 무리가 따른다. 따라서 호텔에서의 기계화는 주로 프론트 오피스(front office)의 예약 및 등록, 회계 등의 업무나 시설 면에 한정될 뿐 더 이상의 기계화는 어려운 실정이다.

2. 상품상의 특성

1) 이동 불가능성(고정성)

일반 제조품들은 생산자와 소비자가 떨어져 있어도 유통과정을 통해 구매가 가능하지만, 호텔이라는 상품(주로 객실의 숙박과 식음료)은 고객이 직접 현장에 찾아와 구매하는 특성이 있다. 이는 다른 한편으로는 장소적 독점성을 지니고 있다고 볼 수도 있다. 호텔이 위치한 환경 및 그 주변의 빼어난 풍광은 그 호텔만의 독점적인 우월성을 가질 수 있기 때문이다. 스타틀러 호텔을 창시한 E. M. Startler는 "호텔을 건축함에 있어 중요한 것이 세 가지 있는데, 첫째가 위치요, 둘째도 위치요, 셋째도 위치"라고 하여 호텔의 위치가 경쟁력을 좌우함을 강조하였다.

2) 비저장성 · 소멸성

호텔의 대표적인 상품 중의 하나인 서비스는 종사원에 의하여 이루어지는 부분이 많다. 그런데 어느 한 종사원의 대고객 서비스가 훌륭하다 하여 그 종사원의 대고객 서비스를 저장해 놓았다가 다른 종사원이 조금씩 이용할 수 있는 것은 아니다. 따라서 호텔의 제품은 저장이 불가능하다. 일반제품들은 오늘 팔지 못했다 하더라도 그 다음날 판매가 가능하지만, 호텔의 객실은 당일 판매하지 않으면 그 가치가 소멸된다. 식음료상품의 경우에도 주문생산이므로 정확한 수요예측이 곤란하여 많은 식재료들이 버려지는 경우가 많다. 이러한 의미에서 호텔상품은 비저장성 또는 소멸성 상품이라 한다.

3. 운영상의 특성

1) 인적 서비스에 대한 의존성

호텔의 상품은 기본적으로 객실, 식음료 및 부대시설 등이라 할 수 있지만, 무엇보다 고객의 호텔선택에 영향을 미치는 가장 중요한 요소는 고객이 받는 서비스의 질적 수준이다. 호텔에서 제공되는 물적 서비스도 중요하지만 고객의 욕구수준이 다양해지고 높아지면서 그에 따라 인적 서비스의 중요성도 높아지고 있다. 따라서 이를 위해서는 호텔 내의 각 부서가 능동적인 협조체제를 갖출 필요가 있다. 이는 고객이 처음 현관을 통해 들어올 때부터 객실에서 숙박을 하거나 식당에서 식사를 할 때, 그리고 체크인·아웃하는 과정까지 각 부서 담당자들의 서비스태도에 따라 호텔에 대한 이미지가 결정되기 때문이다.

2) 연중무휴의 영업활동

연중무휴로 영업활동을 하는 것은 호텔의 대표적인 특징이다. 특히 외국인들이 다수 체재하는 호텔의 특성상 연중무휴 영업활동은 필수적인 사항이다. 이로 인해 호텔종사원들은 다른 사람이 공휴일을 즐기거나 쉬고 있는 동안에도 일을 해야 되기 때문에, 부득이 시프트(shift)제도를 통해 휴일에 쉬지 못하는 불편을 감수해야 하며, 호텔의 경영자는 이러한 점을 감안하여 일반기업보다는 많은 수의 종업원들을 확보해야 할 것이다.

4. 경영상의 특성

1) 고정자산의 구성비 과다

호텔이 영업행위를 하기 위해서는 토지의 확보를 통해 호텔의 입지를 선정하고, 그 위에 건물을 지어야 하며, 각 객실 내에는 필요한 비품과 집기를 들여놓아야 한다. 이를 위한 모든 제반 비용들은 호텔이 영업을 시작하기 전에 투입되어야 하므로 총자본에 대비한 이러한 고정자산의 투자비용이 80~90%나 되는 실정이며 일반기업에 비해 월등히 높다고 할 수 있다. 또 앞으로는 고정자산의 점유율이 더욱 높아질 수밖에 없다고 보는데, 그것은 상품이 점점 고급화되어 가고 건축비가 상승하는 관계로 고정자산의 투자비율이 높아질 것이기 때문이다.

2) 고정경비 지출의 과다

일반적으로 기업의 지출은 고정경비와 변동경비로 구분된다. 고정경비는 업무성과와 관계없이 업무를 위해 필요한 경비로 임대료, 수도난방비, 전기료 등을 말하며, 변동경비는 교통비와 접대비를 포함하는 영업활동비 등이라 할 수 있다. 호텔의 경우 고객의 숫자와 상관없이 각 객실이나 식당, 로비를 비롯한 공공장소에 이르기까지 일정한 밝기와 온도를 유지할 필요가 있으며, 각각의 시설유지를 위한 관리비, 감가상각비, 보험료, 세금 등의 고정경비 지출은 호텔의 큰 부담으로 작용한다. 특히 인건비가 40% 이상을 점유하고 있어 원가계산에 상당한 압력을 받게 된다.

3) 과중한 인건비 지출

호텔은 연중무휴로 운영되면서 직원들이 교대로 쉴 수밖에 없으므로 더 많은 직원들을 확보해야 하며, 이는 곧 과중한 인건비 지출로 이어진다. 뿐만 아니라 보다 양질의 서비스를 제공하기 위한 종업원들의 주기적인 교육훈련도 필요한데, 이때도 시프트(shift)제도의 실시로 말미암아 같은 내용의 훈련을 수차례 반복해야 하는 경우도 있어, 이 모든 것이 인건비의 지출로 연결된다.

4) 낮은 자본회전율

호텔은 건설과정에서 상당한 거액이 투자되지만 매출액은 투자된 자본에 비해 상대적으로 매우 낮아 자본회전율이 낮다. 이러한 낮은 자본회전율은 호텔경영을 압박하는 요인으로 작용하기 때문에 따라서 많은 호텔들이 종업원들의 정신교육 강화, 기계화의 도입, 그리고 보다 과학적인 수요예측기법의 활용 등을 통하여 경영성과 제고에 힘쓰고 있다.

제5절 호텔업의 등록 등[28)]

1. 등록의 의의 및 성질

「관광진흥법」상의 등록은 행정법상의 허가(許可)와 유사하나, 허가보다는 재량의 여지가 거의 없고 등록요건에 맞으면 특별한 사정이 없는 한 등록을 해주어야 하는 기속행위이며, 상대방에게 이익을 주는 수익적 행정행위(授益的 行政行爲)로 이해되고 있다. 따라서 관광사업의 등록기준에 적합한 시설을 갖추고 등록신청을 하였음에도 불구하고 등록을 받아 주지 않는 행위는 위법행위가 된다.

2. 호텔업의 등록관청

관광숙박업(호텔업)을 경영하려는 자는 특별자치도지사·특별자치시장·시장·군수·구청장(자치구의 구청장을 말한다)에게 등록하여야 한다(관광진흥법 제4조 제1항). 따라서 호텔업의 등록관청은 특별자치도지사·특별자치시장·시장·군수·구청장이다.

그런데 관광사업의 등록(登錄)은 관광사업의 허가(許可)나 지정(指定)과는 달리 등록에 앞서 선행행정절차를 거쳐야 하는 업종이 많다. 즉 관광숙박업(호텔업 및 휴양콘도미니엄업)을 경영하려는 자는 관광숙박업의 등록을 하기 전에 그 사업에 대한 사업계획을 작성하여 특별자치도지사·특별자치시장·시장·군수·구청장의 승인을 받아야 하고(동법 제15조 1항; 사업계획의 사전승인 제도), 또 관광숙박업 및 관광객이용시설업 등록심의위원회(이하 "등록심의위원회"라 한다)의 심의를 거쳐야 등록을 할 수가 있다(동법 제17조 1항).

28) 조진호 외 4인 공저, 관광법규론(서울:현학사, 2014), pp.147~152.

3. 호텔업의 등록기준

「관광진흥법」은 관광사업의 등록이나 변경등록의 기준·절차 등에 필요한 사항은 대통령령으로 정하도록 하고 있다(제4조제3항, 동법시행령 제5조 관련 〈별표 1〉). 따라서 현행 「관광진흥법」은 관광호텔업의 획기적인 개선을 위하여 등록기준을 대폭 완화하여 일반호텔이나 여관 등이 관광호텔업으로 용이하게 전환할 수 있도록 하고 있다.

1) 관광호텔업의 등록기준

1. 욕실이나 샤워시설을 갖춘 객실을 30실 이상 갖추고 있을 것
2. 외국인에게 서비스를 제공할 수 있는 체제를 갖추고 있을 것
3. 대지 및 건물의 소유권 또는 사용권을 확보하고 있을 것. 다만, 회원을 모집하는 경우에는 소유권을 확보하여야 한다.

2) 수상관광호텔업의 등록기준

1. 수상관광호텔이 위치하는 수면은 「공유수면 관리 및 매립에 관한 법률」 또는 「하천법」에 따라 관리청으로부터 점용허가를 받을 것
2. 욕실이나 샤워시설을 갖춘 객실이 30실 이상일 것
3. 외국인에게 서비스를 제공할 수 있는 체제를 갖추고 있을 것
4. 수상오염을 방지하기 위한 오수 저장·처리시설과 폐기물처리시설을 갖추고 있을 것
5. 구조물 및 선박의 소유권 또는 사용권을 확보하고 있을 것. 다만, 회원을 모집하는 경우에는 소유권을 확보하여야 한다.

3) 한국전통호텔업의 등록기준

1. 건축물의 외관은 전통가옥의 형태를 갖추고 있을 것
2. 이용자의 불편이 없도록 욕실이나 샤워시설을 갖추고 있을 것
3. 외국인에게 서비스를 제공할 수 있는 체제를 갖추고 있을 것
4. 대지 및 건물의 소유권 또는 사용권을 확보하고 있을 것. 다만, 회원

을 모집하는 경우에는 소유권을 확보하여야 한다.

4) 가족호텔업의 등록기준

1. 가족단위 관광객이 이용할 수 있는 취사시설이 객실별로 설치되어 있거나 층별로 공동취사장이 설치되어 있을 것
2. 욕실이나 샤워시설을 갖춘 객실이 30실 이상일 것
3. 객실별 면적이 19제곱미터 이상일 것
4. 외국인에게 서비스를 제공할 수 있는 체제를 갖추고 있을 것
5. 대지 및 건물의 소유권 또는 사용권을 확보하고 있을 것. 다만, 회원을 모집하는 경우에는 소유권을 확보하여야 한다.

5) 호스텔업의 등록기준 (신설 2009.10.7)

1. 배낭여행객 등 개별 관광객의 숙박에 적합한 객실을 갖추고 있을 것
2. 이용자의 불편이 없도록 화장실, 샤워장, 취사장 등의 편의시설을 갖추고 있을 것. 다만, 아러한 편의시설은 공동으로 이용하게 할 수 있다.
3. 외국인 및 내국인 관광객에게 서비스를 제공할 수 있는 문화·정보 교류시설을 갖추고 있을 것
4. 대지 및 건물의 소유권 또는 사용권을 확보하고 있을 것

6) 소형호텔업의 등록기준 (신설 2013.11.29)

1. 욕실이나 샤워시설을 갖춘 객실을 20실 이상 30실 미만으로 갖추고 있을 것
2. 부대시설의 면적 합계가 건축 연면적의 50퍼센트 이하일 것
3. 두 종류 이상의 부대시설을 갖출 것. 다만, 「식품위생법 시행령」 제21조 제8호다목에 따른 단란주점영업, 같은 호 라목에 따른 유흥주점영업 및 「사행행위 등 규제 및 처벌 특례법」 제2조제1호에 따른 사행행위를 위한 시설은 둘 수 없다.
4. 조식 제공, 외국어 구사인력 고용 등 외국인에게 서비스를 제공할 수 있는 체제를 갖추고 있을 것

5. 대지 및 건물의 소유권 또는 사용권을 확보하고 있을 것. 다만, 회원을 모집하는 경우에는 소유권을 확보하여야 한다.

7) 의료관광호텔업의 등록기준 (신설 2013.11.29)

1. 의료관광객이 이용할 수 있는 취사시설이 객실별로 설치되어 있거나 층별로 공동취사장이 설치되어 있을 것
2. 욕실이나 샤워시설을 갖춘 객실이 20실 이상일 것
3. 객실별 면적이 19제곱미터 이상일 것
4. 「학교보건법」 제6조제1항제12호, 제15호, 제16호, 제18호, 제19호 및 같은 법 시행령 제6조제1호에 따른 영업이 이루어지는 시설을 부대시설로 두지 아니할 것
5. 의료관광객의 출입이 편리한 체계를 갖추고 있을 것
6. 외국어 구사인력 고용 등 외국인에게 서비스를 제공할 수 있는 체제를 갖추고 있을 것
7. 의료관광호텔 시설(의료관광호텔의 부대시설로 「의료법」 제3조제1항에 따른 의료기관을 설치할 경우에는 그 의료기관을 제외한 시설을 말한다)은 의료기관 시설과 분리될 것. 이 경우 분리에 관하여 필요한 사항은 문화체육관광부장관이 정하여 고시한다.
8. 대지 및 건물의 소유권 또는 사용권을 확보하고 있을 것
9. 의료관광호텔업을 등록하려는 자가 다음의 구분에 따른 요건을 충족하는 외국인환자 유치 의료기관의 개설자 또는 유치업자일 것
   가) 외국인환자 유치 의료기관의 개설자
      1) 「의료법」 제27조의2 제3항에 따라 보건복지부장관에게 보고한 사업실적에 근거하여 산정할 경우 전년도(등록신청일이 속한 연도의 전년도를 말한다. 이하 같다)의 연환자수(외국인환자 유치 의료기관이 2개 이상인 경우에는 각 외국인환자 유치 의료기관의 연환자수를 합산한 결과를 말한다. 이하 같다) 또는 등록신청일 기준으로 직전 1년간의 연환자수가 1,000명을 초과할 것. 다만, 외국인환자 유치 의료기관 중 1개 이상이 서울특별시에

있는 경우에는 연환자수가 3,000명을 초과하여야 한다.

2) 「의료법」 제33조제2항제3호에 따른 의료법인인 경우에는 1)의 요건을 충족하면서 다른 외국인환자 유치 의료기관의 개설자 또는 유치업자와 공동으로 등록하지 아니할 것

나) 유치업자: 「의료법」 제27조의2 제3항에 따라 보건복지부장관에게 보고한 사업실적에 근거하여 산정할 경우 전년도 실환자수(둘 이상의 유치업자가 공동으로 등록하는 경우에는 실환자수를 합산한 결과를 말한다. 이하 같다) 또는 등록신청일 기준으로 직전 1년간의 실환자수가 500명을 초과할 것

4. 사업계획의 승인

관광사업 중에서 관광숙박업 등은 막대한 시설투자비가 소요되고, 성격상 여러 행정기관으로부터 수많은 인·허가 등을 받아야 하는 어려움이 있으므로, 사업계획의 승인 없이 사업자가 임의로 시설투자를 한 후 관광사업의 등록을 신청한 경우에 등록관청이 등록을 거부한다면, 등록을 신청한 자는 막대한 재산상의 손실을 당할 우려가 있다. 이러한 위험성을 사전에 방지하기 위해 사업계획승인을 받은 후에 관광사업의 등록을 하도록 함으로써 사업시행의 원활을 기하고자 함에 사업계획승인제도의 목적이 있다.

이에 따라 「관광진흥법」은 "관광숙박업(호텔업 및 휴양콘도미니엄업)을 경영하려는 자는 등록을 하기 전에 그 사업에 대한 사업계획을 작성하여 특별자치도지사·특별자치시장·시장·군수·구청장의 승인을 받아야 한다(제15조 제1항)"고 규정하여 '사업계획의 사전승인제도'를 도입하였다.

5. '등록심의위원회'의 심의

관광사업 중 관광숙박업(호텔업 및 휴양콘도미니엄업)의 등록(등록사항의 변경을 포함한다)에 관한 사항을 심의하기 위하여 특별자치도지사·특별자치시장·시장·군수·구청장(권한이 위임된 경우에는 그 위임을 받은 기관을 말함) 소속으로 관광숙박업 등 등록심의위원회(이하 "등록심의위원회"라 한다)를 두는

데(관광진흥법 제17조 제1항), 이들 관광숙박업 등은 다른 사업에 비하여 규모나 시설이 크고 의제(擬制)되는 법률도 많기 때문에, 등록을 하기 전에 미리 '등록심의위원회'의 심의를 거치도록 한 것이다. 다만, 대통령령으로 정하는 경미한 사항의 변경에 관하여는 '등록심의위원회'의 심의를 거치지 아니할 수 있다(동법 제17조 제4항).

제6절 호텔업의 등급[29]

1. 등급결정의 의의

문화체육관광부장관(제주특별자치도는 도지사)은 관광숙박시설 이용자의 편의를 돕고, 관광숙박시설 및 서비스의 수준을 효율적으로 유지·관리하기 위하여 관광숙박업에 대한 등급을 정할 수 있는데(관광진흥법 제19조, 「제주특별법」 제171조의2), 이러한 등급결정권은 일정한 요건을 갖춘 법인에 위탁하도록 하고 있다(관광진흥법 제80조 3항 2호 및 동법시행령 제66조).

2. 등급결정대상 관광숙박업 및 등급구분

등급을 결정하여야 할 대상업종은 호텔업에 한한다. 그러므로 관광호텔업, 수상관광호텔업, 한국전통호텔업, 가족호텔업, 호스텔업, 소형호텔업 및 의료관광호텔업 모두 등급결정대상 호텔업이다. 그리고 호텔업의 등급은 특1등급, 특2등급, 1등급, 2등급 및 3등급으로 구분한다(동법시행령 제22조 1항).

3. 호텔업의 등급결정권자

1) 등급결정권한의 위탁

문화체육관광부장관은 호텔업의 등급결정권한을 일정한 요건을 갖춘 법인

29) 조진호 외 4인 공저, 전게서, pp.187~189.

중 문화체육관광부장관에게 등록한 법인에 위탁하고 있다. 이 경우 문화체육관광부장관은 등급결정권을 위탁한 법인의 명칭·주소 및 대표자 등을 고시하여야 한다.

다만, 「제주특별자치도 설치 및 국제자유도시 조성을 위한 특별법」의 규정에 따라 제주특별자치도는 도지사가 호텔등급을 결정하고, 등급에 관한 필요사항은 도조례(道條例)로 정할 수 있기 때문에(동법 제171조의2 제1항 및 제2항), 제주특별자치도에 위치하고 있는 호텔의 등급결정은 「관광진흥법」의 적용을 받지 않는다.

2) '등급결정법인'의 자격요건

문화체육관광부장관으로부터 호텔업의 등급결정권을 위탁받기 위해서는 다음 각 호의 요건을 모두 갖춘 법인이어야 한다.

1. 비영리법인일 것
2. 관광숙박업의 육성과 서비스 개선 등에 관한 연구 및 계몽활동 등을 하는 법인일 것
3. 문화체육관광부령으로 정하는 기준, 즉 「호텔등급결정기관등록 및 등급결정에 관한 요령」에 맞는 자격을 가진 평가요원을 평가요소(서비스평가, 건축·설비·주차시설평가, 전기·통신시설평가, 소방·안전평가, 소비자 만족도평가)별로 10명 이상 확보하고 있을 것

4. 호텔업의 등급결정사유

호텔업의 등록을 한 자는 다음 각 호의 사유가 발생한 날부터 60일 이내에 문화체육관광부장관으로부터 등급결정권을 위탁받아 고시된 법인에 등급결정을 신청하여야 한다. 다만, 가족호텔업 또는 호스텔업의 등록을 한 자는 등급결정을 신청하지 아니할 수 있다(동법 시행규칙 제25조제1항 〈개정 2010.8.17〉).

1. 호텔을 신규 등록한 경우
2. 등급결정을 받은 날부터 3년이 지난 경우

3. 시설의 증·개축 또는 서비스 및 운영실태 등의 변경에 따른 등급 조정사유가 발생한 경우

5. 호텔업의 등급결정기준 등

1) 등급결정기준

호텔업의 등급결정기준은 다음의 별표 7과 같다.

◆ **호텔업의 등급결정기준**(시행규칙 제25조 제2항 관련 〈별표 7〉) ◆

구분	특1등급	특2등급	1등급	2등급	3등급
결정기준 (만점기준)	90% 이상	80% 이상	70% 이상	60% 이상	50% 이상

주: 각 등급별 평정기준은 「관광진흥법 시행규칙」 제25조 제3항에 따라 문화체육관광부장관이 고시한 호텔업의 등급결정을 위한 평정기준에 따른다.

2) 등급결정을 위한 평가요소

등급결정을 하는 경우에 평가요소는 ① 서비스상태, ② 건축·설비·주차시설, ③ 전기·통신시설, ④ 소방·안전상태, ⑤ 소비자만족도 등이다.

3) 등급결정의 절차

호텔업의 등급결정절차는 문화체육관광부령으로 정하고 세부적인 절차는 문화체육관광부장관이 정하여 고시한다.

(1) 등급결정신청

호텔업의 등록을 한 자는 등급결정의 사유가 발생한 날부터 60일 이내에 문화체육관광부장관으로부터 등급결정권을 위탁받아 고시된 법인에 등급결정을 신청하여야 한다.

다만, 가족호텔업 또는 호스텔업의 등록을 한 자는 등급결정을 신청하지 아니할 수 있다. 여기서 단서규정을 신설한 것은 호텔업 중 업종의 성격상

등급결정의 실질적인 구별효과가 크지 않은 가족호텔업과 호스텔업에 대하여 호텔업의 등급결정을 신청하지 않아도 되도록 함으로써 해당 호텔업자의 부담을 들어주려는 것이다.

(2) 호텔업의 시설 및 운영실태 조사

등급결정권자인 문화체육관광부장관은 등급결정을 위하여 필요한 경우에는 관계전문가에게 호텔업의 시설 및 운영실태를 조사하도록 의뢰할 수 있다.

제9장

여행사업

제9장

여행사업

제1절 여행업의 기본적 이해

1. 여행업의 역사

1) 세계여행업의 발전

근대 여행업은 1845년 영국인 Thomas Cook에 의해 토마스 쿡社(Thomas Cook & Son Co.)가 설립되어 광고에 의해 단체관광단을 모집한 데서 비롯되었다. 그 당시에는 이를 Excursion Agent라고 하였다. 그 후 미국에서 1850년에 아메리칸 익스프레스사(American Express Company)가 설립되었는데, 처음에는 운송업과 우편업무만을 취급하였으나 후에 금융업과 여행업으로 사업을 확장하면서 1891년에는 여행자수표(Traveler's Check; 약자로 T/C라 쓴다) 제도를 본격적으로 실시하였다. 또한 아메리칸 익스프레스사는 여행비용을 분할 지급하는 할부여행(Credit Tour) 제도를 실시하여 새로운 관광수요를 창출하고 이에 성공을 거둠으로써 여행업자로서의 입지를 굳혔다.

제2차 세계대전 전까지는 주로 철도와 선박 등의 교통기관을 이용한 여행업이 주종을 이루었으나, 제2차 세계대전 이후 항공기의 발달은 관광객의 대량수송과 장거리의 관광을 신속하게 만들었고 이로 인하여 여행업의 수가 급격히 증가하였다.

세계적으로 유명한 여행사로는 독일의 독일여행사(Deutsches Reisebiiro), 이탈리아의 이탈리아여행사(Compagnia Italiana Turismo)와 러시아의 국영여행사 인투어리스트(Intourist), 그리고 일본 최대의 여행사인 JTB(Japan Tourist Bureau; 일본교통공사) 등이 있다.

2) 우리나라 여행업의 발전과정

우리나라에서 여행사가 처음으로 설립된 것은 1910년에 압록강 가교공사의 준공개통으로 철도이용객이 증가함에 따라 일본의 JTB(Japan Tourist Bureau; 일본교통공사)가 1914년에 조선지사(현 대한여행사의 전신)를 설치한 것이 그 시초라고 하겠다.

이것은 일본의 식민지정책의 일환으로서 설치된 것이며, 일본은 자국 내 거주자의 한국여행을 권유하기 위하여 '조선의 저녁'이란 프로그램을 마련하여 자국 내 주요 도시의 각 극장에서 상영하면서 한국여행의 안내선전을 하였고, 이 지사를 통해 많은 일본인이 한반도에 이주할 수 있도록 이동의 편의를 제공하였다. 한편, 우리나라의 여행업은 철도의 개통으로 활발해지기 시작하였으며, 일본의 식민지정책의 일환으로 태동하였다.

광복 후 1950년을 전후로 하여 대한여행사가 새로이 창설되고, 온양, 서귀포, 설악산, 불국사, 해운대 등에 호텔이 개업함으로써 여행업도 본격적인 궤도에 오를 계기가 마련되었으나, 6·25전쟁으로 말미암아 1960년대 이전에 있어서는 발전을 하지 못하였다.

그러나 1961년에 우리나라 최초의 관광법규인 「관광사업진흥법」이 제정·공포됨으로써 제도면의 체제정비가 이루어지고, 여행업에 대한 행정적인 뒷받침이 가능하게 되었는데, 1962년 4월에 제정된 「국제관광공사법」에 따라 설립된 국제관광공사(현 한국관광공사의 전신)가 1963년 2월에 대한여행사를 인수·합병하여 운영해오다가 1973년 6월 30일 민영화로 현재의 대한여행사(Korean Travel Bureau; KTB)라는 명칭으로 운영되고 있다.

그 후 1965년에는 서울에서 처음으로 제14차 아시아·태평양관광협회(PATA) 연차총회를 개최함으로써 우리나라의 관광사업을 국제시장에 진출시키는 새로운 계기를 마련하였고, 또한 홍콩에서 개최되는 미주여행업협회

(ASTA)의 총회에 국제관광공사, 세방여행사 등 6개 단체가 참가하여 정회원으로 가입하게 됨으로써 이 때부터 우리나라 여행업도 획기적인 발전을 가져오게 되었다.

한편, 1977년에는 「관광사업법」의 개정에 의하여 일반여행업에서 국제여행알선업으로 개정되고 그 동안의 등록제가 허가제로 되었다. 1982년 4월에는 다시 「관광사업법」의 개정으로 종전의 허가제가 다시 등록제로 바뀌었고, 1989년에는 해외여행 완전자유화조치 및 자본주의의 시장경제원리에 입각한 제도의 운영으로 여행사의 수가 급증하여 과도한 경쟁시대가 되었다.

1990년대 중반 이후는 일반인, 신혼여행객의 해외여행뿐만 아니라 대학생들의 배낭여행을 비롯하여 중·장년층의 배낭여행 등 다양한 형태의 여행이 각광을 받기 시작하여, 전국민의 여행화·레저화로 인한 대중여행시대가 개막되기에 이르렀다.

2000년대에 들어와서는 2001년 '한국방문의 해'와 2002년 한·일 월드컵 축구대회 개최의 파급효과로 많은 외래관광객을 유치하여 관광업계의 모든 관련 산업들이 상승곡선을 그렸으며, 침체된 금강산 관광도 육로관광으로 재도약을 맞이하게 되었다. 2003년에는 SARS, 이라크전쟁, 조류독감 등 악재가 잇달아 발생하여 국제적으로 관광산업이 침체됨으로써 우리나라 여행업계도 잠시 위축되었지만, 대형 여행사들을 중심으로 한 적극적인 노력의 결과로 2005년에는 외래관광객 600만명을 돌파하였으며, 90년대 단체여행에서 탈피한 개별여행객의 증가, 여행구매 연령층의 확대, 생활수준의 향상에 따른 여가문화 정착 등으로 여행시장은 계속 확대되고 있다.

2012년에 들어서 한국을 방문한 외래 관광객이 1,114만명을 기록하면서, 외래관광객 1,000만명 시대가 개막되었다. 외래관광객 1,000만명 달성은 우리나라가 세계 관광대국으로 진입하고 있음을 알리는 쾌거인 동시에, 우리나라 관광산업이 이제 양적 성장이 아니라 질적 성장을 이룩해야 한다는 과제를 안겨주었다. 이에 문화체육관광부는 외래관광객 1,000만명 시대에 걸맞은 관광수용태세를 완비하고, 국민 삶의 질을 높일 수 있는 여건을 조성하기 위해 다양한 정책과 사업을 추진하고 있다.

2. 여행업의 의의와 특성

1) 여행업의 정의

여행업이란 여행객과 공급업자 사이에서 여행에 관한 시설의 예약·수배·알선 등의 여행서비스를 제공하고 공급자로부터 일정액의 수수료를 받는 것을 영업으로 하는 사업체를 말한다. 이 사업체를 영위하는 자를 여행업자라 부르고, 여기서 공급자는 여행업자 입장에서는 프린시펄(principal)이라고 부르고 있다.

따라서 여행업자는 하나 또는 복수의 프린시펄로부터 위탁을 받아 여행 및 여행에 관련된 서비스를 제공하는 개인 또는 회사를 말하고, 프린시펄이란 여행업자를 대리자로 하여 영업활동을 하는 개인 또는 회사로서 항공회사, 해운회사, 철도, 버스회사 등을 말한다.

현행 「관광진흥법」은 제3조 제1항 제1호에서 여행업을 "여행자 또는 운송시설·숙박시설, 그 밖에 여행에 딸리는 시설의 경영자 등을 위하여 그 시설 이용 알선이나 계약체결의 대리, 여행에 관한 안내, 그 밖의 여행 편의를 제공하는 업"이라고 규정하고 있다. 그리고 여행업은 사업의 범위와 취급대상에 따라 일반여행업, 국외여행업 및 국내여행업으로 분류된다 함은 '제6장 제2절 관광사업의 분류'에서 이미 설명한 바 있다.

유통업자로서의 여행업자는 도매업자 및 소매업자의 기능을 담당한다. 여기서 여행자와 프린시펄의 관계를 도표로 나타내면 [그림 9-1]과 같다.

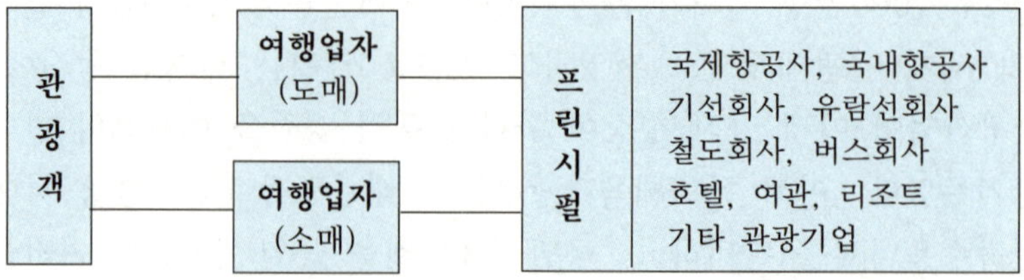

[그림 9-1] 중개자로서의 여행업자

2) 여행업의 특성

(1) 입지의존성

여행사는 다른 업종과 비교해서 고객들이 찾기 쉬우면서도 고객의 눈에 잘 띄는 곳에 위치해야 한다는 특성을 갖는다. 그래서 대부분의 여행사는 대도시의 중심가에 위치하고 있다. 여행업에 있어서 입지의존적 특성이 중요시되는 이유는 여행사의 입장에서 고객들의 접근의 용이성이 여행사의 매출에 직접적으로 영향을 미치기 때문이다. 특히 아웃바운드의 경우 잦은 해외출장으로 항공권의 수요가 많은 기업체들이 밀집되어 있는 지역이나 여권 및 비자수속이 용이한 대사관 근처에 위치해야 보다 더 경쟁력을 가질 수 있다.

(2) 낮은 위험부담률

여행업은 다른 관광사업에 비해 고정자본의 투자가 적기 때문에 경영실패로 인한 위험부담률이 상대적으로 매우 낮다고 할 수 있다. 즉 장치산업인 프린시펄로부터 소재(素材)를 구입하며 개업초기에는 주문생산에 주력하여 대규모 설비투자가 필요치 않는 사업이므로, 비교적 자금부담이 적고 또한 위험부담도 적은 사업이다. 이를테면 여행사가 예약된 항공좌석과 호텔객실을 취소하더라도 이에 대한 책임을 지는 경우가 거의 없어 상품구입(판매를 위한 구입)에 대한 위험부담이 거의 수반되지 않는다.

(3) 노동집약적 산업

여행업은 다른 서비스산업과 마찬가지로 인적자원에 대한 의존도가 매우 높은 노동집약적 산업이다. 이렇게 여행업이 노동집약적 산업인 이유는 여행업의 주요 업무로는 여행상품기획 및 개발업무, 상담업무, 수속대행업무, 예약 및 수배업무 등이 있는데, 이러한 업무들이 여행업의 특성상 업무의 자동화가 이루어지기 어렵다. 또한 여행업은 소비자들의 욕구가 다양하고, 여행상품의 특성상 모방이 용이하기 때문에 제품들 간의 차별화가 어려워 결국 인적자원의 서비스가 상품의 품질을 결정하는 중요한 요소가 되기 때문에, 다른 업종에 비해 상대적으로 인적자원에 대한 의존도가 매우 높다고 할 수 있다.

(4) 과도한 경쟁구조

여행업은 다른 업종에 비해서 상대적으로 소자본 창업이 가능하다. 따라서 계속해서 많은 업체가 생겨나기도 하고 문을 닫기도 한다. 그렇기 때문에 다른 업종에 비해서 시장진입장벽이 낮기 때문에 경쟁이 더욱 치열하다고 할 수 있다. 또한 여행상품은 모방이 용이하기 때문에 특화된 상품이나 서비스 품질로 경쟁을 하는 것이 아니라 가격이 중요한 경쟁력이 되고 있기 때문에 더욱더 과도한 경쟁이 일어나고 있다.

(5) 계절적 수요탄력성

여행업은 계절적·요일적·시간적 요인 등에 의해 집중성이 강한 업종이기 때문에 성수기와 비수기의 수요탄력성이 매우 높다. 일반적으로 방학기간과 휴가철, 주말에, 계절적으로는 겨울보다는 봄·가을에 여행수요가 집중되어 있으며, 국외여행은 자녀들이 방학을 하게 되는 여름과 겨울에 집중되는 현상을 보이고 있다. 여행사들은 여행상품의 가격차별화와 여행조건의 차별화 등을 통하여 수요의 탄력성에 적절하게 대처할 수 있는 여행상품의 개발이 필요하다.

(6) 신용사업

여행업은 유형의 상품이 아닌 무형의 상품을 판매하고 서비스를 제공하기 때문에 더욱 신용이 중요시되고 있는 업종으로서 여행업의 특성 중 신용사업은 여행소재 공급업자인 시설업자와의 신용관계와 소비자인 여행객과의 신용문제 두 가지로 나누어서 생각할 수 있다.

신용은 여행사의 사업성을 좌우할 수 있는 중요한 요소로써 소비자들은 여행상품을 구매할 때 미리 거액의 여행경비를 지급하고 있으며, 여행관련 소재업자도 여행사에 대한 신뢰성을 바탕으로 공급량을 조정하고 있기 때문에 여행사를 운영하는데 있어서 신용은 사업의 성공과 실패를 결정하는 가장 중요한 요소 중의 하나이다.

3. 여행업의 기능

「관광진흥법」은 제3조 제1항 제1호에서 "여행업이란 여행자 또는 운송시설·숙박시설, 그 밖에 여행에 딸리는 시설의 경영자 등을 위하여 그 시설 이용 알선이나 계약 체결의 대리, 여행에 관한 안내, 그 밖의 여행 편의를 제공하는 업"이라고 정의하고 있다. 이를 더 구체적으로 세분해서 여행업의 기능을 살펴보면 다음과 같다.

1) 알선기능

여행업은 여행자 또는 운송시설·숙박시설, 그 밖에 여행에 딸리는 시설의 경영자 등을 위하여 그 시설의 이용을 알선하는 행위를 한다. 예를 들면 여행업자는 여행자와 운송사업자 또는 숙박업자의 중간에서 항공권의 매매, 호텔의 예약·수배 등 여행서비스를 제공하거나 토산품점, 식당 등 여행에 부수되는 시설의 이용을 알선하고, 이에 대한 일정한 수수료를 받아 사업을 영위하는 알선행위를 행한다.

2) 대리기능

여행업은 여행자 또는 운송시설·숙박시설, 그 밖에 여행에 딸리는 시설의 경영자 등을 위하여 여행과 관련되는 계약의 체결 및 수속 등을 대리해 주는 기능을 수행한다. 예를 들면 여행자 또는 운송시설·숙박시설, 그 밖에 여행에 딸리는 시설의 경영자 등을 대리하여 그 시설의 이용계약을 체결하는 행위 또는 여행자를 위하여 여권 및 사증(査證)을 받는 절차 그 밖에 출입국수속 등을 대행하는 행위(다만, 「해외이주법」 제10조제1항의 업무와 관련된 행위는 제외한다) 등은 여행업의 대리기능에 속하는 행위이다.

3) 여행편의 제공기능

여행자를 위하여 여행에 관한 상담에 응하거나 정보를 제공하는 것, 여행자를 위하여 안내 등 여행의 편의를 제공하는 것 등은 그 밖의 여행의 편의를 제공하는 업에 해당된다. 보수를 받고 이러한 업무를 계속적으로 비즈니스로 영위하는 것이 여행업이다.

4) 여행상품의 생산·판매기능

이것은 종래의 소극적인 알선업무를 달리하여 적극적으로 여행상품을 직접 생산·판매하는 기능을 말한다. 여행업자는 자기가 가지고 있는 다양하고 구체적인 여행정보를 활용하여 독자적으로 여행상품을 생산·판매(ready made)하거나, 여행자의 주문에 의해 여행상품을 생산·판매(order made)함으로써 보다 많은 수익을 올려 경영의 합리화를 도모해야 한다.

4. 여행업의 등록 등

1) 여행업의 등록관청

여행업을 경영하려는 자는 특별자치도지사·특별자치시장·시장·군수·구청장(자치구의 구청장을 말한다)에게 등록하여야 한다(관광진흥법 제4조 제1항). 따라서 여행업의 등록관청은 특별자치도지사·특별자치시장·시장·군수·구청장(자치구의 구청장)이다.

2) 여행업의 등록절차

여행업의 등록을 하려는 자는 별지 제1호서식의 관광사업등록신청서에 공통의 구비서류와 사업별 필요서류를 첨부하여 특별자치도지사 · 특별자치시장 · 시장 · 군수 · 구청장(자치구의 구청장을 말함)에게 제출하여야 한다.

등록신청을 받은 특별자치도지사 · 특별자치시장 · 시장 · 군수 · 구청장은 신청한 사항이 등록기준에 맞으면 관광사업등록증을 신청인에게 발급하여야 한다.

3) 여행업의 등록기준

「관광진흥법 시행령」에서 규정하고 있는 여행업의 등록기준은 다음과 같다(관광진흥법 시행령 제5조 관련 [별표 1] 〈개정 2009.11.30〉).

(가) 일반여행업의 등록기준

1. 자본금(개인의 경우에는 자산평가액): 2억원 이상일 것
2. 사무실: 소유권이나 사용권이 있을 것

(나) 국외여행업의 등록기준

1. 자본금(개인의 경우에는 자산평가액): 6천만원 이상일 것
2. 사무실: 소유권이나 사용권이 있을 것

(다) 국내여행업의 등록기준

1. 자본금(개인의 경우에는 자산평가액): 3천만원 이상일 것
2. 사무실: 소유권이나 사용권이 있을 것

제2절 여행업자의 특별의무[30)]

1. 여행업자의 '보증보험등' 가입의무

1) 의의 및 도입배경

여행업은 그 특성상 다른 관광사업에 비해서 사고가 발생할 개연성이 높을 뿐만 아니라 사고의 효과도 국제성을 띠는 경우가 많은 반면에, 여행업의 대부분은 고정자산(사무실, 집기, 비품 등에 불과)의 비율이 낮고 수입원이 협소하며, 영업이익률이 낮기 때문에 다른 관광사업보다 영세한 것이 사실이다. 따라서 보험 등의 가입의무를 강화하여 우발적인 여행사고의 발생에 대한 손해의 배상을 보장하고 국제적인 신뢰성을 확보하기 위하여 여행업자의 보험가입의무를 도입하게 된 것이다.

---

30) 조진호 외 4인 공저, 전게서, pp.170~177.

2) 여행업자의 '보증보험등' 가입의무

① 여행업의 등록을 한 자(이하 "여행업자"라 한다)는 그 사업을 시작하기 전에 여행알선과 관련한 사고로 인하여 관광객에게 피해를 준 경우 그 손해를 배상할 것을 내용으로 하는 보증보험 또는 한국관광협회중앙회의 공제(共濟)(이하 "보증보험등"이라 한다)에 가입하거나 업종별 관광협회(업종별 관광협회가 구성되지 않은 경우에는 지역별 관광협회)에 영업보증금을 예치하고 그 사업을 하는 동안 계속하여 이를 유지하여야 한다(동법 시행규칙 제18조 1항).

② 여행업자 중에서 기획여행을 실시하려는 자는 그 기획여행 사업을 시작하기 전에 보증보험 등에 가입하거나 영업보증금을 예치하고 유지하는 것 외에 추가로 기획여행과 관련한 사고로 인하여 관광객에게 피해를 준 경우 그 손해를 배상할 것을 내용으로 하는 보증보험등에 가입하거나 업종별 관광협회(업종별 관광협회가 구성되지 아니한 경우에는 지역별 관광협회)에 영업보증금을 예치하고 그 기획여행 사업을 하는 동안(기획여행 휴업기간을 포함한다) 계속하여 이를 유지하여야 한다(동법 시행규칙 제18조 2항 〈개정 2010.8.17〉).

③ 그러나 직전 사업연도의 매출액이 없는 사업개시 연도의 경우에는 보증보험등 가입금액 또는 영업보증금 예치금액을 직전 사업연도 매출액이 1억원 미만인 경우에 해당하는 금액으로 한다. 직전 사업연도의 매출액이 없는 기획여행의 사업개시 연도의 경우에도 또한 같다. 여행업과 함께 다른 사업을 병행하는 여행업자인 경우에는 직전 사업연도 매출액을 산정할 때에 여행업에서 발생한 매출액만으로 산정하여야 한다.

3) '보증보험등' 가입금액 및 영업보증금 예치금액의 기준

여행업자가 가입하거나 예치하고 유지하여야 할 보증보험등의 가입금액 또는 영업보증금의 예치금액은 직전사업연도의 매출액(손익계산서에 표시된 매출액을 말한다) 규모에 따라 〈별표 3〉과 같이한다(동법 시행규칙 제18조 3항 〈개정 2010.8.17〉).

◆ **보증보험등 가입금액(영업보증금 예치금액) 기준** (개정 2010.8.17) ◆

(관광진흥법 시행규칙 제18조 제3항 관련 〈별표 3〉)

(단위: 천원)

<table>
<tr><th>여행업의 종류 (기획여행 포함) / 직전사업연도의 매출액</th><th>국내여행업</th><th>국외여행업</th><th>일반여행업</th><th>국외여행업의 기획여행</th><th>일반여행업의 기획여행</th></tr>
<tr><td>1억원 미만</td><td>20,000</td><td>30,000</td><td>50,000</td><td rowspan="4">200,000</td><td rowspan="4">200,000</td></tr>
<tr><td>1억원 이상 5억원 미만</td><td>30,000</td><td>40,000</td><td>65,000</td></tr>
<tr><td>5억원 이상 10억원 미만</td><td>45,000</td><td>55,000</td><td>85,000</td></tr>
<tr><td>10억원 이상 50억원 미만</td><td>85,000</td><td>100,000</td><td>150,000</td></tr>
<tr><td>50억원 이상 100억원 미만</td><td>140,000</td><td>180,000</td><td>250,000</td><td>300,000</td><td>300,000</td></tr>
<tr><td>100억원 이상 1,000억원 미만</td><td>450,000</td><td>750,000</td><td>1,000,000</td><td>500,000</td><td>500,000</td></tr>
<tr><td>1,000억원 이상</td><td>750,000</td><td>1,250,000</td><td>1,510,000</td><td>700,000</td><td>700,000</td></tr>
</table>

2. 기획여행 요건 설정 및 광고

1) 기획여행의 의의

기획여행이란 여행업을 경영하는 자가 국외여행을 하려는 여행자를 위하여 여행의 목적지·일정, 여행자가 제공받을 운송 또는 숙박 등의 서비스 내용과 그 요금 등에 관한 사항을 미리 정하고 이에 참가하는 여행자를 모집하여 실시하는 여행을 말한다(관광진흥법 제2조 3호).

여행은 주로 기획여행의 형태로 운용되고 있는데, 그동안 기획여행이 무분별하게 판매되어 왔으며, 여행업자 간의 과당경쟁으로 인하여 관광업계의 질서를 파괴하는 경우가 허다하였다. 이에 따라 국외여행의 질적 향상을 도모하고 여행자의 권익보호 및 과당경쟁 방지를 위하여 기획여행을 규제할 필요성이 제기됨으로써, 여행업자는 법정요건을 갖추어 일정한 절차에 따라서만 기획여행을 실시할 수 있도록 한 것이다(동법 제12조).

2) 기획여행의 실시요건

「관광진흥법」은 국외여행을 하려는 여행자를 위해 기획여행을 실시하도록 규정하고 있기 때문에 기획여행은 '국외여행'에 국한하고 있다. 그러므로 기획여행을 할 수 있는 여행업자는 일반여행업자와 국외여행업자이고 국내여행업자는 대상에서 제외된다. 또 '제주자치도'에서는 기획여행의 실시요건이나 광고 등의 표시에 관하여는 '도조례'로 정할 수 있도록 하였다(제주특별법 제171조 2항).

따라서 국외여행업 또는 일반여행업을 하는 여행업자 중에서 기획여행을 실시하려는 자는 국외여행업 또는 일반여행업에 따른 보증보험등에 가입하거나 영업보증금을 예치하고 유지하는 것 외에 추가로 기획여행에 따른 보증보험등에 가입하거나 영업보증금을 예치하고 유지하여야 한다. 여행업자가 가입하거나 예치하고 유지하여야 할 보증보험등의 가입금액 또는 영업보증금의 예치금액은 직전 사업연도의 매출액(손익계산서에 표시된 매출액을 말함) 규모에 따라 위에서 설명한 바 있는 시행규칙 〈별표 3〉과 같이 한다(관광진흥법 제12조, 동법 시행규칙 제18조 3항).

3) 기획여행실시 광고등 표시의무

기획여행을 실시하는 자가 광고를 하려는 경우에는 다음 각 호의 사항을 표시하여야 한다. 다만, 2 이상의 기획여행을 동시에 광고하는 경우에는 다음 각 호의 사항 중 내용이 동일한 것은 공통으로 표시할 수 있다(동법 시행규칙 제21조).

1. 여행업의 등록번호, 상호, 소재지 및 등록관청
2. 기획여행명·여행일정 및 주요 여행지
3. 여행경비
4. 교통·숙박 및 식사 등 여행자가 제공받을 서비스의 내용
5. 최저 여행인원
6. 보증보험등의 가입 또는 영업보증금의 예치 내용
7. 여행일정 변경 시 여행자의 사전 동의 규정

3. 유자격 국외여행인솔자에 의한 인솔의무

1) 국외여행 인솔자의 자격요건

여행업자가 내국인의 국외여행을 실시할 경우 여행자의 안전 및 편의 제공을 위하여 그 여행을 인솔하는 자를 둘 때에는 문화체육관광부령으로 정하는 다음 각 호의 어느 하나에 해당하는 자격요건에 맞는 자를 두어야 한다(관광진흥법 제13조 제1항 및 동법 시행규칙 제22조 제1항). 다만, '제주자치도'에서는 이러한 자격요건을 「관광진흥법 시행규칙」이 아닌 '도조례'로 정할 수 있도록 규정하고 있다(제주특별법 제171조 제2항).

1. 관광통역안내사 자격을 취득할 것
2. 여행업체에서 6개월 이상 근무하고 국외여행 경험이 있는 자로서 문화체육관광부장관이 정하는 소양교육을 이수할 것
3. 문화체육관광부장관이 지정하는 교육기관에서 국외여행인솔에 필요한 양성교육을 이수할 것

2) 국외여행 인솔자의 자격 등록

국외여행 인솔자의 자격요건을 갖춘 자가 내국인의 국외여행을 인솔하려면 문화체육관광부장관에게 등록하여야 한다. 이는 내국인 국외여행 인솔자에 대한 등록제도를 도입한 것이다.

국외여행인솔자의 자격요건을 갖춘 자로서 국외여행 인솔자로 등록하려는 사람은 국외여행 인솔자등록신청서(별지 제24호의2서식)에 다음 각 호의 어느 하나에 해당하는 서류 및 사진(최근 6개월 이내에 촬영한 탈모 상반신 반명함판) 2매를 첨부하여 관련 업종별 관광협회에 제출하여야 한다.

1. 관광통역안내사 자격증
2. 문화체육관광부장관이 지정하는 교육기관에서 국외여행 인솔에 필요한 소양교육 또는 양성교육을 이수하였음을 증명하는 서류

3) 국외여행 인솔자의 자격증 발급

국외여행 인솔자등록신청을 받은 업종별 관광협회는 국외여행 인솔자 자격요건에 적합하다고 인정되는 경우에는 국외여행 인솔자 자격증(별지 제23호의3서식)을 발급하여야 한다.

4) 국외여행 인솔자 자격증의 재발급

발급받은 국외여행 인솔자 자격증을 잃어버리거나 헐어 못 쓰게 되어 자격증을 재발급받으려는 사람은 국외여행 인솔자 자격증 재발급신청서(별지 제24호의2서식)에 자격증(자격증이 헐어 못 쓰게 된 경우만 해당한다) 및 사진(최근 6개월 이내에 촬영한 탈모 상반신 반명함판) 2매를 첨부하여 관련 업종별 관광협회에 제출하여야 한다.

제3절 외국인 의료관광의 활성화[31)]

1. 의료관광의 의의

의료관광은 의료 서비스와 관광이 결합된 융·복합 관광산업이라 할 수 있다. 그런데 「관광진흥법」에서 정의하고 있는 의료관광이란 국내 의료기관의 진료, 치료, 수술 등 의료 서비스를 받는 외국인 환자와 그 동반자가 의료 서비스와 병행하여 관광하는 것을 말한다. 다시 말하면 의료 서비스를 받는 환자와 그 동반자가 의료 서비스를 받음과 동시에 주변 관광지와 연계하여 여행, 휴양, 문화체험 등 건강과 삶의 보람을 찾는 새로운 관광형태를 말한다.

이와 같이 치료와 관광을 겸하는 의료관광산업은 고용창출효과가 높을 뿐만 아니라, 일반관광객에 비해 체류기간은 2배 이상 길고 지출하는 비용 또

31) 조진호 외 4인 공저, 전게서, pp.173~175.

한 수백만원에서 수천만원에 이르고 있기 때문에, 성장잠재력을 가진 미래 산업으로 주목받고 있다.

2. 외국인 의료관광의 활성화

이와 같이 성장잠재력을 가진 의료관광산업을 활성화하기 위해서는 무엇보다 국제수준의 병원 설립과 의료서비스의 개선, 메디컬비자 도입, 전문인력 양성, 보험상품 개발과 분쟁조정절차 마련 등 의료사고와 의료분쟁에 대한 법적·제도적 대비책이 마련되어야 할 것이다.

우리나라는 최근 한국의료서비스에 대한 인식의 변화로 피부성형, 미용, 치료목적의 외국인 의료관광객의 입국이 날로 증가함에 따라 2009년 3월 25일 「관광진흥법」 개정 때 의료관광에 대한 관광진흥개발기금의 지원근거를 마련함으로써 해외 의료관광객의 국내 유치 활성화를 도모하고 있다(관광진흥법 제12조의2).

1) 외국인 의료관광 유치 · 지원 관련 기관

(1) 문화체육관광부장관은 외국인 의료관광의 활성화를 위하여 다음의 기준을 충족하는 외국인 의료관광 유치·지원 관련 기관에 관광진흥개발기금을 대여하거나 보조할 수 있다.

1. 「의료법」(제27조의2 제1항)에 따라 등록한 외국인환자 유치 의료기관(이하 "의료기관"이라 한다) 또는 같은 법(제27조의2 제2항)에 따라 등록한 외국인환자 유치업자(이하 "유치업자"라 한다)
2. 「한국관광공사법」에 따른 한국관광공사
3. 그 밖에 '의료관광'의 활성화를 위한 사업의 추진실적이 있는 보건·의료·관광 관련 기관 중 문화체육관광부장관이 고시하는 기관

(2) 이상의 외국인 의료관광 유치·지원 관련 기관에 대한 관광진흥개발기금의 대여나 보조의 기준 및 절차는 「관광진흥개발기금법」에서 정하는 바에 따른다.

2) 외국인 의료관광 지원

(1) 외국인 의료관광 우수전문교육기관·우수교육과정 선정

문화체육관광부장관은 외국인 의료관광을 지원하기 위하여 외국인 의료관광 전문인력을 양성하는 전문교육기관 중에서 우수 전문교육기관이나 우수교육과정을 선정하여 지원할 수 있다.

(2) 외국인 의료관광 유치 안내센터 설치·운영

문화체육관광부장관은 외국인 의료관광 안내에 대한 편의를 제공하기 위하여 국내외에 외국인 의료관광 유치 안내센터를 설치·운영할 수 있다.

(3) 외국인 의료관광 유치 공동 해외마케팅사업 추진

문화체육관광부장관은 의료관광의 활성화를 위하여 지방자치단체의 장이나 의료기관 또는 유치업자와 공동으로 해외마케팅사업을 추진할 수 있다. 한편, 제주자치도에서는 '제주특별법'에 따라 도지사가 제주자치도에 적합한 의료관광 모델 개발을 위한 연구 및 마케팅·홍보 등에 관한 지원을 할 수 있으며, 그 지원범위 및 방법 등에 관하여 필요한 사항은 도조례로 정하도록 하고 있다(제주특별법 제200조).

제 10 장

관광교통업

제10장
관광교통업

제1절 관광교통업의 이해

1. 관광과 교통

교통업은 교통수단(육·해·공)을 이용하여 인간이나 재화를 장소적으로 이동시키는 과정에서 서비스를 상품으로 하여 이윤을 추구하는 사업으로 관광행위상 뒤따르는 이동의 수단을 제공한다는 점에서 관광과 교통업은 불가분의 관계에 있다. 아무리 훌륭한 관광자원이 개발되어 있다 하더라도 교통수단의 도움 없이는 관광의 효과를 제대로 발휘할 수 없기 때문이다.

산업혁명 이후 교통산업의 발전은 관광산업에 있어 시간단축과 비용절감이라는 편익을 제공해 주었다. 철도, 자동차, 항공기, 선박 등의 교통매개체는 여행목적지를 결정짓는 데 중요한 역할을 하고 있으며, 숙박시설의 입지여건까지도 영향을 미치는 관광에 있어서는 필수불가결한 매체가 된다.

1830년대 이전까지만 하여도 해상여행이 상류계층에게 유용한 교통수단으로 인식되었으나, 1830년대에 이르러 철도가 생겨남으로써 폭발적인 수요의 증가를 가져와 관광의 대중화가 실현되었다.

그러나 1930년대에 이르러 자동차와 버스가 관광객의 수송업자로서 철도를 대신하게 되었으며, 특히 1959년 상업비행의 실현은 1960년대 이후 항공교통이 관광객의 수송수단으로 자리를 잡는 중요한 계기가 되었다.

이렇게 볼 때 교통업은 관광주체와 관광객체를 연결시켜 주는 장소적 매체로서 관광사업 가운데 중요한 위치를 차지하고 있을 뿐 아니라 현대관광을 성립시키는 데 그 기반을 닦았다고 볼 수 있다. 특히 최근에는 마차, 모노레일, 증기기관차, 고속전철, 로프웨이, 리프트, 케이블카 등의 육상교통수단이 희소성, 진기성, 호화성, 쾌적성 등의 요소에 의해 교통수단의 관광자원화 경향을 보이고 있다.

2. 관광교통의 개념

관광교통은 관광루트와 관광코스를 결정짓는 가장 중요한 요소이고, 관광대상으로서 기능한다는 점에서 인류에게는 매우 중요한 생활영위수단이고, 관광활동을 가치 있고 다양하게 하는 역할을 하게 된다.

이러한 관광교통의 개념정의에 관하여는 학자들의 견해가 다양하지만, 이들을 종합해 보면 “관광교통이란 관광객이 일상생활권을 벗어나 반복적이면서 체계 있고 관광적 가치가 있는 교통수단을 이용하여 관광자원을 찾아가면서 이루어지는 경제적·사회적·문화적 현상이 내포된 이동행위의 총체”라고 정의할 수 있다.

3. 관광교통의 특성

1) 즉시재(무형재)

관광교통은 흔히 즉시재(instantaneous goods) 또는 무형재(invisible goods)로 불린다. 일반적으로 유형재는 반드시 일정한 형상과 존속기간을 가지며, 그 생산과 소비는 각기 다른 장소에서 이루어지는 것이 보통이지만, 교통서비스는 생산되고 있는 순간에 소비되지 않으면 소용이 없다. 다시 말하면 생산과 소비가 동시에 이루어지는 성격을 띠고 있기 때문에 교통서비스는 저장이 불가능하다. 이는 교통수요에 대하여 언제든지 이에 대처할 수 있는 적정한 규모의 수송시설이 사회적으로 존재하지 않으면 안된다는 것을 의미한다.

2) 수요의 편재성

교통은 기본적으로 휴가기간, 주말, 출퇴근 시간 등 특정기간이나 특정시간에 수요가 집중되는 수요의 편재성이 나타난다. 특히 관광교통은 통근 등과 같이 직장에 가기 위해 교통기관을 이용하는 파생수요와는 달리 관광여행 그 자체가 목적으로 돼 있는 수요이기 때문에 수요의 탄력성이 매우 크다.

이와 같은 현상은 운임이 갑자기 인상되었다고 해서 통근 자체를 포기할 수는 없으나, 관광여행은 그 영향을 받기 쉬운 것이다. 따라서 관광교통은 소득의 탄력성도 크고 경기변동의 영향도 받기 쉽다.

3) 자본의 유휴성

관광교통수요가 시간적·지역적으로 편재하기 때문에 성수기를 제외하면 자본의 유휴성이 높은 특징을 갖는다. 교통사업의 총비용 가운데서 차지하는 감가상각비, 고정인건비, 고정적 유지·관리비, 수리비 등의 이른바 고정비의 비율이 높고, 그 때문에 조업도의 증가에 따른 단위당 고정비의 감소가 강하게 작용하므로 조업률이 높은 만큼 평균비용이 감소된다. 따라서 가격을 내려서라도 좌석을 채우는 것이 효율적이기 때문에 특히 비수기에는 가격경쟁이 심해져 경영에 많은 어려움을 겪고 있다.

4) 독점성

관광객과 관광자원의 매개적 역할을 수행하고 있는 관광교통은 이동을 전제로 하는 관광의 특성상 독점형태의 성격을 띠고 있다. 따라서 대체 교통수단이 없을 경우에 운임이 크게 인상되었다 하더라도 그 교통수단을 이용하지 않을 수 없다. 교통업은 이와 같은 독점에 따른 폐단이 크기 때문에 교통사업에 대한 통제는 사회문제로 논의돼 왔고, 정부의 통제 하에 운행되고 있는 경우가 많다.

제2절 육상교통업

1. 철도교통

1) 철도교통과 관광

조지 스티븐슨(George Stevenson)에 의해 발명된 증기기관차가 1825년 영국의 스톡턴(Stocton)에서 달링턴(Darlington)까지 운행을 시작한 후 1830~1930년대까지 철도는 약 100년간 관광사업 발전에 크게 기여해왔다. 그 당시 원거리 육상여행은 대부분 철도에 의해서 이루어졌으며, 관광지 또한 철도역을 중심으로 형성되기 시작했다.

그러나 제2차 세계대전 이후 원거리여행은 항공기에 밀리고, 단거리여행은 자동차에 밀려 그 성장세가 급격히 둔화되었다. 그렇지만 경제성, 안정성면에서 다른 교통기관보다 우위에 있어 운행 여하에 따라서는 제2의 도약기를 맞이할 것으로 보인다. 선진제국들의 경우 철도주유권과 각종 쿠폰제가 잘 발달되어 있고 또한 철도의 속도와 운송서비스의 개선 등으로 철도교통의 새로운 전기를 맞이하고 있다. 유럽의 경우 운송서비스의 개선을 통해 철도산업이 여행교통수단으로서 이용률 1위를 점유하고 있다.

고속전철의 경우도 속도의 우위를 경쟁력으로 사업여행자에겐 큰 매력적인 교통수단이 되고 있다, 일본의 신칸센(新幹線), 독일의 ICE, 프랑스의 TGB, 스페인의 AVE는 관광자원화가 되어 있는 대표적인 교통수단의 한 형태다. 이 외에도 특수한 형태로서 관광지 또는 관광지 내의 이동수단인 모노레일, 로프웨이 등도 관광자원화되어 위락여행자들에게 인기를 얻고 있다.

한편, 철도여행은 추억과 낭만을 가져다주는 여행으로 인식된 만큼 로맨스특급열차여행이 인기를 끌고 있다. 몽고횡단 특급열차, 캐나다 특급열차, 오리엔트 특급열차, 스위스 특급열차, 뉴델리 자이살버 특급열차 등이 있으나, 캐나다 특급의 밴쿠버-토론토 구간은 가장 낭만적인 코스로서 각광을 받고 있다.

2) 철도관광의 특성

철도교통의 특징은 안정성·정시성을 중시하여 국민을 사고와 교통체증으로부터 자유롭게 하며, 장거리 및 대량수송이 가능하여 지역간 교통에 적합하며, 타 교통수단에 비해 쾌적성이 뛰어나고 환경친화적 에너지절약형 사업으로 21세기 미래 중심교통수단이라는 점이다. 또한 효율성면에서 300~500km 구간에서 다른 수송수단에 비해 우위에 있다는 평가를 받고 있다.

철도관광은 일반제품 또는 유사한 운송기업의 버스, 항공기와는 다른 서비스로서의 장점을 지니고 있으며, 구체적으로 살펴보면 다음과 같다.

1. 철도교통은 근거리 이동시 소요시간면에서 항공기와 큰 차이가 없을 뿐만 아니라 다른 관광교통수단에 비해 경제적이다.
2. 열차종별, 역수의 증가와 함께 철도관광의 종류와 코스도 증가한다는 점에서 다양한 형태의 관광이 이루어질 수 있다.
3. 교통체증 없이 약속시간에 관광목적지에 도착할 수 있는 정시성을 확보할 수 있는 장점이 있다.
4. 넓은 공간에서 각 개인이 하나로 결속되는 공통체의식과 유대감을 형성하는 친목도모의 장으로 이용할 수 있는 장점이 있다.
5. 고속으로 주행하지만 주행감각을 느낄 수 없을 정도의 안정감이 있다.
6. 열차 내의 편의시설(식당, 라운지, 카페, 화장실, 세면장 등)을 자유롭게 이동할 수 있다.

3) 우리나라의 철도와 관광[32)]

(1) 철도관광의 개요

우리나라의 철도는 1899년 9월 18일 제물포~노량진 간에 33.2㎞의 경인철도를 개통한 이래 지속적으로 발전을 거듭하면서 국민의 안전하고 편리한 생활철도로서 널리 이용되었고, 건전한 국내 관광산업을 주도하는 중요한 교통수단으로 자리잡았다. 최근에는 민간기업 경영기법을 도입하여 고객만족서비스 제공과 업무 프로세스 개선을 통한 경영효율화를 추구하고 있다.

철도를 이용한 관광은 안정성·정시성 등으로 관광객들에게 인기가 높다. 또한 최근에는 관광열차 프로그램이 기획되어 운행되고 있으며, 특히 안정성을 고려해야 하는 수학여행 등의 단체여행은 철도를 이용한 관광이 선호되고 있다. 또한 철도의 운행은 각 경유지의 관광자원에 대한 접근성을 확보하여 관광객들에게 편리성을 제공하고, 새로운 관광지를 만들어 내기도 하며, 다른 교통수단과의 연계를 통하여 관광의 범위확대에 기여하고 있다.

철도를 다른 교통수단과 비교하면, 신속성 측면에서는 항공기, 대량수송의 경제성 측면에서는 선박, 편리성 측면에서는 자동차에 뒤지는 경향이 있으나, 교통기관의 가장 중요한 조건인 안정성·정시성이라는 측면에서는 타 교통기관에 비하여 매우 우수한 교통수단이다.

(2) 고속철도 관광

21세기에 들어와 우리 국토는 고속철도시대의 개막이라는 전환점을 맞이하게 되었다. 많은 국가적 관심과 더불어 추진돼온 경부고속철도 1단계 사업이 2004년 4월에 완료됨으로써 우리나라도 고속철도시대에 진입하게 된 것이다.

2004년 4월 1일 개통된 KTX는 1992년에 시작된 경부고속철도사업의 일환으로 서울과 부산간 418.7㎞를 잇는 고속철도 건설 프로젝트 1단계에 해당하는 서울~대구 간의 사업구간에 개통이 이루어짐으로써 서울에서 부산까지의 소요시간을 2시간 40분대로 앞당겨 전국을 반나절 생활권으로 단축

32) 문화체육관광부, 2012년 기준 관광동향에 관한 연차보고서, pp.321~324.

시키는 혁명적인 생활문화 변화를 이룩하게 되었다.

특히 2005년 1월 1일부터는 철도청이 한국철도공사로 전환되면서 기존의 틀에서 벗어나 경영개선과 각종 서비스의 제공 등 다양한 이벤트와 관광 활성화를 위하여 노력하고 있는데, 고속철도 개통 5년 8개월 만인 2009년 12월에는 이용객이 무려 2억명을 돌파하는 교통혁명을 이룩하였다.

2010년 11월 1일에는 대구에서 경주, 울산을 거쳐 부산으로 향하는 경부고속철도 2단계 구간이 개통됨으로써 경부고속철도는 완전개통이 이루어지게 되었다. 이로써 기존선을 이용하던 대구~부산 간의 노선에서도 더 빠른 속도로 운행할 수 있게 되었다.

그리고 KTX와 일반철도와의 상호보완적인 결합은 고객의 욕구에 맞는 열차의 운행으로 보다 편리하고 쉽게 철도에 접근할 수 있게 되었다. 또한 지방자치단체와 연계한 시티투어 상품개발은 물론 선박연계 및 해외상품, 계절요인을 반영한 상품, 문화예술축제와 연계한 상품 등을 개발하고 있으며, 지방자치단체와 여행업체가 참가하는 관광협력 세미나, 신상품 경진대회를 개최하는 등 지역의 축제와 연계관광 체제 구축 및 국내 관광 활성화를 위한 신상품 개발을 위해 노력을 계속하고 있다.

외국인 관광객의 수요창출과 문화관광진흥에 기여하고자 개발된 코레일패스(KR-PASS)는 외국인 전용으로 판매되고 있으며 외국인 관광객의 국내관광편의를 도모해 왔다. 코레일패스는 일정기간 동안 구간이나 횟수의 제한 없이 KTX, 새마을호의 특실과 수도권 전동열차 및 관광열차를 제외한 모든 열차의 이용이 가능한 상품으로 외국인 관광객의 이동편의를 증진시켜 수도권 중심의 인바운드 관광시장을 지역단위 관광으로 분산시켰다.

코레일패스는 1999년에 세계 최초로 철도 이용권의 인터넷 발매 시스템을 도입하였으며, 2007년에는 코레일 영문홈페이지를 통해 코레일패스 전용사이트를 개설하였고, 이로 인해 세계 45개국에서 코레일패스 교환권(e-Ticket)의 온라인 예매가 가능해졌다.

그 밖에 통통통뮤직트레인, 바다열차, 에코레일 자전거열차 등 고객의 다양한 욕구를 충족시키기 위하여 관광전용객차를 개발하여 한층 고급화된 철도관광상품을 개발·운영하고 있으며, 2008년 11월부터는 최고급 호텔급 숙박시설을 갖춘 관광전용열차 '레일크루즈 해랑'을 운행하여 철도관광의 새로운 장을 열었다. 최근에는 계절별·지역별로 문화축제, 이벤트열차 등 열차의 멋과 낭만을 느낄 수 있는 관광상품을 출시하여 많은 고객으로부터 호응을 얻고 있다.

이와 같이 고속철도의 등장은 정치, 경제, 사회, 문화 모든 영역에 있어서 우리가 종전에 경험하지 못한 기회를 제공하고 있다. 직접적으로 나타나는 효과로는 여행시간의 단축이며, 이에 따라 여행 및 통행패턴에 많은 변화가 생길 것이다. 그리고 고속철도의 통과지역은 산업입지 및 거주여건이 향상되어 지역경제가 활성화되면서 인구의 흡인력이 커지게 될 것이다. 또한 국가적인 차원에서 생각해보면 고속철도로 인해 생활패턴의 변화, 지방도시로의 인구분산효과, 지역균형발전, 관광산업의 활성화, 화물수송능력 증가 등 국민생활경제에 크게 기여할 것으로 기대된다.

2. 전세버스운송사업

1) 전세버스운송사업의 의의

전세버스운송사업이란 운행계통을 정하지 아니하고 전국을 사업구역으로 정하여 1개의 운송계약에 따라 국토교통부령으로 정하는 자동차를 사용하여 여객을 운송하는 사업을 말한다.

다만, 정부기관·지방자치단체와 그 출연기관·연구기관 등 공법인 및 회사·학교 또는 「영유아보육법」 제10조에 따르는 어린이집, 그리고 「산업집적활성화 및 공장설립에 관한 법률」에 따른 산업단지 중 국토교통부장관이 정하여 고시하는 산업단지의 관리기관의 장과의 1개의 운송계약(운임의 수령주체와 관계 없이 개별 탑승자로부터 현금이나 회수권 또는 카드결제 등의 방식으로 운임을 받는 경우는 제외한다)에 따라 그 소속원(산업단지 관리기관의 경우에는 해당 산업단지 입주기업체의 소속원을 말한다)만의 통근·통학목적으로 자동차를 운행하는 경우에는 운행계통을 정하지 아니한 것으로 본다(여객자동차운수사업법 시행령 제3조 2호).

2) 전세버스 관광상품의 형태

(1) 전세버스관광

전세버스관광은 학교, 회사, 협회 또는 계모임, 친목단체 등과 같은 자생단체에서 전세버스 운송업체의 운송서비스를 제공받아 스포츠행사, 박람회, 쇼핑센터, 관광지 등을 여행하는 것을 말한다. 이 상품은 단일목적지의 여행으로 관광안내원은 동반하지 않는다.

(2) 단체관광

국내에서 가장 많이 이용하는 전세버스의 한 형태이다. 단체의 대표와 여행사(전세버스업자) 간의 상담을 통하여 여행일정 및 관광목적지를 결정하여 계획된 운송서비스를 제공하는 것이다. 모든 일정표에 숙박·식사·쇼핑·관광지 등이 포함되며, 전 여정기간 동안 전문 관광안내원이 동반하여 여행서비스를 제공한다.

(3) 개별 패키지관광

전세버스회사에서 특별한 이벤트나 계절상품, 유명관광지를 목적지로 한 특별기획 여행상품을 개별 여행자들이 모여 이용하는 운송관광상품이다.

(4) 도시 패키지관광

개별 패키지관광과 유사하나 일정한 도시 내의 주요 관광지, 호텔, 음식점, 쇼핑센터 등을 운행하며 운송서비스를 제공한다.

(5) 연계 교통관광

타 교통수단인 항공, 크루즈, 여객선, 철도와 전세버스를 연결하여 운송서비스를 제공하는 관광형태이다. 우리나라의 경우 관광열차와 연계하는 형태와 제주도 여행시 항공기와 버스, 여객선과 버스를 이용하는 연계교통 관광형태가 가장 전형적으로 이루어지고 있다.

3) 전세버스사업의 현황

우리나라는 1948년 서울~온양 간에 관광전세버스가 처음으로 운행되기 시작하였으나, 1950년 6·25전쟁의 발발로 사실상 중단되었다. 그 후 정부가 관광에 대한 관심이 높아지면서 1961년 8월 22일 우리나라 관광에 관한 최초의 법률인 「관광사업진흥법」을 법률 제689호로 제정·공포하였는데, 여기에 관광사업의 일종으로 전세버스업이 관광교통업으로 신설 규정되면서 많은 발전이 있었다.

그러나 1975년 12월 31일 「관광사업진흥법」이 폐지되고 「관광기본법」과 「관광사업법」으로 분리 제정되었는데, 새로운 「관광사업법」에서는 관광교통업이 관광사업의 종류에서 제외되었고, 1986년 12월 31일 「관광사업법」이 폐지됨과 동시에 동법의 내용을 거의 답습한 현행 「관광진흥법」에서도 관광교통업에 관한 규정은 없다. 전세버스운송사업은 현행 「여객자동차운수사업법 시행령」 제3조에서 규정하고 있는 '여객자동차운송사업' 중의 한 업종으로 발전하면서 오늘에 이르고 있다.

3. 자동차대여사업

1) 자동차대여사업의 의의

자동차대여사업이란 렌터카(rent-a-car) 즉 자동차를 빌려주는 사업을 말한다. 광의의 개념으로 자동차를 이용하는 고객의 요구에 부응하여 자동차 자체의 대여와 이에 부과되는 다양한 서비스를 포함하여 고객에게 필요할 때 필요한 장소에서 필요한 만큼 빌린다는 점에서 서비스산업에 해당된다.

법적인 개념으로 자동차대여사업이란 다른 사람의 수요에 응하여 유상(有償)으로 자동차를 대여(貸與)하는 사업을 말한다(여객자동차운수사업법 제2조 제4호).

2) 자동차대여사업의 특성

관광교통수단을 크게 분류하면 철도·버스·항공기 등의 공공교통기관과 자가용 자동차로 대표되는 사적 교통기관으로 분류할 수 있는데, 자동차대여사업은 이 중간에 틈새시장을 파고드는 '제3의 교통기관'의 위치에 있다고 볼 수 있다.

자동차대여사업이 제3의 교통기관으로 불리는 이유는 첫째, 철도·항공기·버스·택시 등의 공공수송기관의 보완적 교통수단과 도시주변, 근교, 관광지 등에서 공공수송기관의 대체교통기관으로서의 기능을 발휘하고 있다는 점, 둘째, 유통부문 및 기업활동에서 업무용 자동차의 경비절감과 휴가철 자동차 선호 이용자들의 렌터카 사용이 증가하고 있다는 것이다.

또한 자동차대여업의 매력은 필요할 때마다 자동차를 빌릴 수가 있어 자동차를 운전하여 드라이브를 즐기면서 비밀성을 보장받을 수 있다는 것이다. 특히 장거리 여행시 자가용 자동차를 이용하지 않고도 신속하고 안전한 타 교통수단을 이용한 후 목적지에서 보조차의 기능을 담당함으로써 여행자들에게 기동성을 보장하여 줄 수 있다는 점이다.

3) 자동차대여사업과 타 관광사업과의 연계

(1) 철도·항공기와의 결합수송 서비스

사람들이 여행을 할 때 철도의 고속성·안전성의 장점 및 항공기의 장거리 고속성의 장점 또는 자동차가 갖는 기동성 등을 감안하여 스케줄을 세워서 여행을 하게 된다.

각각 특성 있는 교통수단 중에서 여행하는 사람이 각각의 필요에 알맞은 방법으로 터미널에서 연계승차가 되는 시스템을 요구한다. 특히 렌터카는 장시간 차를 운전하여 드라이브를 즐긴다든지, 사업상 몇 군데의 방문지가 있다든지, 밀실성 있는 이동하는 방이라는 자가용적 특성을 요구하는 사람들에게 많이 이용된다.

(2) 여행업자와의 제휴

여행 중 렌터카를 사용하는 경우, 렌터카의 예약과 더불어 당연히 철도와 항공기의 예약도 필요하게 되는데, 이는 목적지까지의 교통수단으로서 철도와 항공기를 연계하여 이용하기 때문이다. 특히 성수기인 경우에 렌터카 예약이 절대 필요하고, 더불어 렌터카를 장시간 사용하면 숙박이 수반되어야 하므로 호텔 등의 예약이 필요하게 된다. 따라서 여행업자에게서 하나의 패키지상품으로 구입하는 것이 유용할 수도 있다. 렌터카업자는 필연적으로 이러한 여행업자와 제휴하여 여행의 편리성 향상에 노력을 기울여야 한다.

(3) 관광산업과의 제휴 등 부가가치 서비스

관광지의 렌터카 회사는 그 지역 내에 있는 관광명소 및 관광시설 등과도 제휴하거나, 책임 있는 토산품점 등을 추천하거나 한다. 예를 들면, 관광지역 입장료의 할인 등 부가적인 서비스를 제공하는 것은 렌터카의 상품개발이라는 이점은 물론, 지역관광사업체에 있어서도 커다란 이점을 제공하는 것이라 할 수 있다. 렌터카를 이용한 관광활동은 단지 자연경관을 감상하는 것만이 아니고 지역의 신뢰성 있는 리조트·여가사업체와 제휴함으로써 관광객의 편리성에도 기여하게 된다.

(4) 경쟁사업과의 역할분담

렌터카의 경쟁사업으로서 대표적인 것은 택시가 있다. 택시나 렌터카 모두에 각각 장·단점이 있고, 한편으로는 분명히 경쟁되는 점과 역할분담면도 있다.

택시는 직업전문운전자가 운전하기 때문에 안심하고 타게 되며, 친절하고, 지리에 밝고, 안내도 자세하게 받을 수 있다. 반면에 요금은 약간 비싸며, 프라이버시면의 문제와 식사시간 맞추기 등이 불리한 점으로 지적되고 있다.

렌터카는 완전 밀실성이 있고, 프라이버시가 지켜지며, 본인이 운전대를 잡고 운전 그 자체를 즐길 수 있다. 그리고 자신이 좋을 때 바라는 장소에 언제나 갈 수 있고, 어느 곳에나 정차할 수 있는 자유가 있다. 또한 장시간 이용하면 요금이 상대적으로 저렴하다.

따라서 택시와 렌터카 각각의 특성을 명확하게 살린 형태로 역할을 분담하여 양 업계의 보다 나은 발전을 위하고, 나아가서 여행자의 편리성 향상에 도움이 되는 방향으로 협력을 해야 할 것이다.

제3절 항공운송사업[33)]

1. 항공운송사업의 이해

1) 항공운송의 중요성

항공운송은 가장 중요한 장거리 교통수단으로서 5대양 6대주를 연결하고 있어 국제관광 발전에 크게 이바지하고 있다. 그간 항공운송시장 환경은 '규제와 보호'가 중요시되었으나, 세계화·자유화·민영화의 큰 축을 중심으로 '경쟁과 협력'에 의한 시장원리가 강조되는 추세이며, 최근 항공자유화 및 항공사 간의 전략적 제휴, 지역간 통합운송시장의 확산으로 다양한 형태의 경쟁구도가 형성됨에 따라, 당분간 이러한 시장원리가 강조되는 기조는 크게 변화하지 않을 것으로 전망된다.

2) 항공운송사업의 개념

항공운송사업이란 타인의 수요에 맞추어 항공기를 사용하여 유상(有償)으로 여객이나 화물을 운송하는 사업을 말한다(항공법 제2조 제31호).

3) 항공운송사업의 분류

항공운송사업은 국내항공운송사업, 국제항공운송사업 및 소형항공운송사업으로 분류하고 있다.

(1) 국내항공운송사업

국내항공운송사업이란 국토교통부령으로 정하는 일정 규모 이상의 항공기를 이용하여 다음 각 목의 어느 하나에 해당하는 운항을 하는 항공운송사업을 말한다(항공법 제2조 제32호).

가) 국내 정기편 운항: 국내공항과 국내공항 사이에 일정한 노선을 정하

---

33) 김성혁 외 2인 공저, 최신관광사업개론(서울:백산출판사, 2013), pp.301~307.

고 정기적인 운항계획에 따라 운항하는 항공기 운항

나) 국내 부정기편 운항: 국내에서 이루어지는 가목 외의 항공기 운항

(2) 국제항공운송사업

국제항공운송사업이란 국토교통부령으로 정하는 일정 규모 이상의 항공기를 이용하여 다음 각 목의 어느 하나에 해당하는 운항을 하는 항공운송사업을 말한다(항공법 제2조 제33호).

가) 국제 정기편 운항: 국내공항과 외국공항 사이 또는 외국공항과 외국공항 사이에 일정한 노선을 정하고 정기적인 운항계획에 따라 운항하는 항공기 운항

나) 국제 부정기편 운항: 국내공항과 외국공항 사이 또는 외국공항과 외국공항 사이에 이루어지는 가목 외의 항공기 운항

(3) 소형항공운송사업

소형항공운송사업이란 국내항공운송사업 및 국제항공운송사업 외의 항공운송사업을 말한다(항공법 제2조 제34호).

4) 항공운송사업의 구성요소

항공운송사업을 구성하는 기본적 요소는 3가지로 구성되는데, 운송수단인 항공기, 항공기의 이·착륙 장소와 여객출입국 서비스를 제공하는 공항 및 터미널, 항공기의 운항로이자 운송권을 확보해 주는 항공노선이다.

(1) 항공기

항공운송서비스는 항공기의 운항에 의해 직접 생산되고 소비된다. 따라서 항공기는 항공운송시스템 구성요소로서 절대적인 위치를 차지하고 있는데, 안전성, 항공기의 속도, 적재력과 쾌적성, 항공기의 정비 및 부품의 조달용이성 등이 동시에 확보되어야 한다. 항공기의 선정과 수명은 항공운송사업 발전의 중요한 요소이다.

(2) 공 항

공항은 운송시스템의 능률에 많은 영향을 미치고 있음에도 소홀히 취급되는 경향이 있다. 공항의 중요성은 단순히 접근이 용이한 입지문제 뿐만 아

니라 기상조건 및 출입국 여객의 원활한 처리 또는 흐름을 보장해 줄 수 있는 내부시설의 확보가 중요하다. 이와 더불어 공항으로 연결되는 대중교통망과 거리 그리고 다양한 교통수단을 상호 연결시킬 수 있는 수송체계를 확립하는 것이 중요하다.

(3) 항공노선

항공운송사업에 있어 항공노선을 개설·확보한다는 것은 노선의 운항권, 곧 영업권을 확보한다는 의미이다. 따라서 항공사로서는 확보하고 있는 항공노선의 수 등에 따라 항공사의 지위, 항공사의 발전 및 수익확보 가능성 그리고 특정시장에서의 점유율을 평가하는 척도가 된다.

5) 항공운송사업의 특성

(1) 안전성

모든 교통기관이 안전성을 중요시하지만, 그 중에서도 항공운송사업은 안전성을 지상과제로 삼고 그 지속적인 유지에 노력하고 있다. 초기에는 항공운송의 안전성이 우려되었으나, 과학기술의 발달과 더불어 모든 첨단기술의 집합체인 항공기의 출현으로 고도의 안전성을 확보하였지만, 아직도 항공기의 안전성 문제가 논의되고 있음은 부인할 수 없는 현실이기도 하다.

항공운송사업의 안전성은 항공기 제작 및 정비기술의 발전, 항공기의 운항 및 유도시스템의 진전, 공항 활주로의 개선 등에 힘입어 이제는 거의 완벽하리 만큼 안전성이 보장되고 있어 다른 교통수단의 추종을 불허하고 있다.

(2) 고속성

항공운송의 중요한 특성 중의 하나는 고속성이다. 이 고속성이 고객을 유인하는 흡인요소이자 다른 기관의 추월을 불가능하게 만드는 요소이다. 이 고속성은 전 세계의 주요 도시를 서로 연결하는 항공노선망을 구축하여 시간적·거리적 장애를 극복함으로써 이용객의 증대를 가져와 국제교통체계를 항공 중심으로 이끌었다. 특히 항공운송의 고속성은 국내항공 운항보다는 일정한 고도에 올라서 운항하는 순항거리가 긴 국제노선에서 고속성의 진가가 발휘되고 있다.

(3) 쾌적성 및 편리성

항공기 이용객들은 비싼 요금을 지급하고 폐쇄된 공간에서 장거리여행을 하게 됨으로, 기내 서비스 및 안전한 비행을 통한 쾌적성이 매우 중요하다. 최근 항공업계의 두드러진 경향은 항공사들이 동일한 기종(機種)을 보유·운항하기 때문에 항공기 자체만으로는 상품차별화가 어렵다고 보고 쾌적성과 안락감을 향상시킬 수 있는 각종 시설을 기내에 추가함으로써 서비스 경쟁에서 우위를 차지하려는 노력을 경주하고 있다.

(4) 정시성

항공기 이용객들은 항공사의 정시성 확보 여부를 항공사 선택기준으로 보는 경향이 있는데, 이는 운항정시성(運航定時性)이 항공사의 신뢰성과 직결됨을 의미한다. 그러나 항공운송은 타 교통수단에 비하여 항공기의 정비 및 기상조건 등에 의하여 크게 제약을 받는 특성이 있기 때문에 정시성(定時性) 확보에 많은 어려움이 있다. 따라서 항공운송사업에 있어 정시성의 확보 여부는 반드시 극복하여야 할 중요한 과제 중의 하나이다.

(5) 경제성

항공운송의 경제성은 여객운임의 저렴성(低廉性)에 있다. 다른 교통수단과 비교하여 비싼 것은 사실이지만, 항공운송의 발전에 따라 타 교통수단에 비교하여 상대적으로 저렴해지고 있으며, 항공운송으로 절약되는 시간의 가치를 감안한다면 항공운송의 경제성은 매우 높다고 할 수 있다.

(6) 공공성

정기항공운송사업은 특히 공공성(公共性)을 중시하고 이를 지켜야 한다. 이러한 공공성의 유지 필요성 때문에 어느 업종보다 정부의 규제와 간섭이 많을 뿐만 아니라 항공운송사업은 국제성(國際性)을 띠고 있어 국익과도 밀접한 관계가 있다.

(7) 노선개설의 용이성

항공운송은 육상교통과 같이 도로나 철도의 건설과 관계없이 공항이 있는 곳이면 항공노선의 개설이 용이하다는 것이다. 따라서 노선의 제약을 받지 않으면서도 수요에 부응하여 운항편수의 증감, 기종선정 등 공급을 탄력성 있게 조정해 나가면서 운항할 수 있다.

(8) 자본집약성

항공운송사업은 규모의 경제(economy of scale)가 발휘되는 사업이다. 특히 대량운송시대를 맞이하여 항공사 간의 경쟁은 막대한 자본을 투자하여 경쟁우위를 확보해야만 하는 자본집약적인 사업이다. 이에 따라 항공운송사업의 출자형태도 정부가 전액 출자하는 국영기업 형태가 많이 나타나게 된다.

2. 관광과 항공교통

1) 항공기의 발달과 여행내용의 변화

항공산업의 발달에 따른 항공기의 보급화와 대형화는 항공운송시장의 변화를 가져왔다. 특히 소득수준의 향상, 의식수준의 변화, 여가시간의 확대 등으로 관광시장의 수요가 확대되면서 관광객들의 항공기 이용은 급격히 증가하였다. 여행범위에 있어서도 국내여행 중심에서 국제여행 중심으로 변화되었고, 달나라를 여행목적지로 하는 초기의 우주여행을 예고하고 있다. 또한 여행사들은 항공기의 발달에 따라 다른 관광교통수단과 연계하여 관광객의 욕구에 맞는 다양한 주제관광상품 개발의 여건을 마련해 주었다.

2) 항공교통에 의한 관광지 개발

관광자원으로 가치는 우수하나 접근성이 양호하지 못하여 개발되지 못한 많은 섬이나 지역이 전적으로 항공운송 서비스의 개시로 여행시간의 단축, 항공요금의 하락 등으로 경제적 거리와 시간적 거리가 단축되면서 세계적인 관광휴양지로 개발된 사례를 많이 찾아볼 수 있다. 남태평양의 '괌과 싸이판', 태국의 '푸켓', 말레이시아의 '랑카위', 인도양의 공화국 '몰디브(Maldive)', 한국의 제주도 등이 항공운송 서비스의 개시로 대륙에서 수천마일 이상 떨어져 있던 오지의 섬이 유명한 관광지로 자리매김하게 된 것이다.

3) 항공운송업과 관광사업체의 제휴

항공사는 매출액 증대와 이윤증대 및 안정된 수입원을 확보하기 위하여 다양한 사업을 수행하기도 한다. 화물수송과 여객수송에 의하여 벌어들이는 운임수입만으로는 기업확장과 안정된 기업경쟁을 바랄 수 없다. 오늘날 많은 항공사들이 기본업무인 운송사업 이외에 관련된 사업을 포함하는 다각적인 사업을 수행함으로써 기업계열화를 추구하고 있다. 항공사가 기업계열화, 기업결합, 협업체제형태로 영업신장과 수익증대를 도모하는 것은 오늘날의 추세이다.

3. 항공운송의 현황

우리나라의 항공산업은 1989년 해외여행 자유화 및 경제성장에 따른 생활수준 향상 등에 따라 항공운송수요 증가로 이어져 1993년 이후 10년간 여객 5.8%, 화물 7.0%의 높은 항공수요 증가율을 보이며 내실 있는 성장을 이룩해 왔다. 2003년 이후의 항공운송수요는 고유가 지속과 세계경제의 침체, 아시아의 SARS(중증급성호흡기증후군) 등 여러 가지 요인의 영향을 받아 감소와 증가를 되풀이하고 있다.

국내선의 경우 고속도로의 확충(서해안고속도로, 중앙고속도로, 대전~진주간 고속도로) 및 고속철도 개통 등의 대체 육상교통수단의 고속화에 따른 영향으로 인하여 제주도 연계노선을 제외한 내륙을 연결하는 항공수요는 전년수준(2011년)을 유지하거나 마이너스 성장을 나타내고 있다.

한편, 국제선의 경우는 1952년 3월 자유중국과 최초로 항공협정을 체결한데 이어 2011년 12월 말 기준으로 구주 25개국을 비롯하여 총 92개국과 항공협정을 체결하였으며, 이중 49개국 158개 도시에 국제선 정기편이 운항되고 있다.

제4절 해상운송사업

1. 해상운송의 개요

해상운송은 대외무역 증대에 따른 수출입 화물 운송수단 뿐만 아니라 해상 관광자원 개발 및 해안도서 지방의 교통수요에 따라 여객 및 관광객 운송수단으로서도 그 수요가 날로 증가하고 있다.

최근 국민생활수준의 향상과 새로운 관광욕구, 삼면이 바다인 우리나라의 지리적 특성은 육지와 가까운 도서지역의 관광객 수요가 급증하고 있는 것은 물론, 멀리 백령도, 홍도, 거문도, 울릉도 등도 관광지화가 이루어지고 있어 경치가 수려한 도서지역에 대해서는 지역개발차원에서도 관광자원의 개발과 보존의 필요성이 강조되고 있다.

이에 따라 지금껏 도서주민의 교통수단으로 이용되어 왔던 여객선은 교육수준과 생활수준의 향상에 따른 여가선용의 방법으로서 미지의 바다에 대한 동경과 해양레포츠활동 등이 급속히 확산되면서 해안관광을 겸한 연안여객선 운항이 활성화되고 있다. 또한 해양관광산업이 본격적으로 개발되면서 해양관광을 목적으로 해상유람을 즐기고자 하는 관광객들을 대상으로 특급호텔 수준의 시설과 서비스를 제공하면서 주요 항구도시 및 해안관광자원을 운항하는 크루즈가 해양관광객의 교통수단으로서 그 가치가 날로 높아지고 있다.

2. 해상운송업의 종류

해상운송은 대외무역 증대에 따른 수출입 화물의 운송수단 뿐만 아니라 해상 관광자원 개발 및 해안도서 지방의 교통수요에 따라 여객 및 관광객 운송수단으로서도 그 수요가 날로 증가하고 있다. 이에 따라 해상운송업도 연안여객선에서 카페리, 관광유람선으로 발전을 거듭하고 있다.

1) 연안여객선

연안여객선은 육지와 인근 도서지방을 연결하는 선박으로 여행자를 비롯해 주로 서민들이 이용하는 선박이다. 최근의 여행패턴이 도서지방을 선호하는 점을 감안한다면 연안여객선을 이용한 여행상품 개발은 필수불가결한 것으로 인식하지 않으면 아니 된다. 연안여객선은 국제화·지방화시대를 맞이하여 관광객을 끌어들여서 지역을 활성화하려는 지자체에게 있어서 지역발전에 기여하는 좋은 사업체로서 인식되고 있다.

2) 카페리

카페리(car ferry)란 승객과 함께 자동차를 실어 나르는 배를 일컫는데, 한국과 일본(부산~시모노세키)을 오가는 부관(釜關)페리를 비롯해 국내항로에는 부산~제주, 인천~제주, 목포~제주, 완도~제주, 고흥~제주, 포항~울릉도, 부산~서귀포, 진해~거제 등의 노선에 카페리가 운행 중에 있다. 국제항로에는 부산~시모노세키 구간(227km)을 비롯해 부산~오사카(700km), 부산~하카타(214km), 인천~웨하이(426km), 인천~칭타오(531km), 인천~텐진(926km), 부산~연태(1,000km), 인천~대련(533km) 등의 노선에 카페리가 취항중이다. 카페리는 개별관광객 수송이나 대형단체의 행사에 주로 이용하며 승선권을 예매하거나 판매하는 여행사는 승객에 따른 수수료를 챙길 수 있는 장점이 있다.

3) 관광유람선

여행 선진국인 서구는 물론 최근에 와서는 우리나라도 선박을 이용한 유람선여행에 많은 관심을 갖는 관광객들이 생겨나게 되었다. 관광유람선을 이용하는 유람선여행은 '생(生)의 최고의 낭만'이라고 부르듯 관광의 극치라고 할 수 있다.

우리나라는 2008년 8월에 「관광진흥법 시행령」을 개정하여 종전의 관광유람선업을 일반관광유람선업과 크루즈(cruise)업으로 세분하여 규정하고 있다(동법시행령 제2조 제1항 3호).

3. 해상여객운송사업

1) 해상여객운송사업의 개념

해상여객운송사업이란 해상이나 해상과 접하여 있는 내륙수로(內陸水路)에서 여객선(여객 정원이 13명 이상인 선박을 말한다)으로 사람 또는 사람과 물건을 운송하거나 이에 따르는 업무를 처리하는 사업으로서 「항만운송사업법」 제2조 제4항에 따른 항만운송관련사업 외의 것을 말한다(해운법 제2조 제2호).

2) 해상여객운송사업의 종류

(1) 내항 정기 여객운송사업

이는 국내항[해상이나 해상에 접하여 있는 내륙수로에 있는 장소로서 상시(常時) 선박에 사람이 타고 내리거나 물건을 싣고 내릴 수 있는 장소를 포함한다]과 국내항 사이를 일정한 항로와 일정표에 따라 운항하는 해상여객운송사업을 말한다.

(2) 내항 부정기 여객운송사업

이는 국내항과 국내항 사이를 일정한 일정표에 따르지 아니하고 운항하는 해상여객운송사업을 말한다.

(3) 외항 정기 여객운송사업

이는 국내항과 외국항 사이 또는 외국항과 외국항 사이를 일정한 항로와 일정표에 따라 운항하는 해상여객운송사업을 말한다.

(4) 외항 부정기 여객운송사업

이는 국내항과 외국항 사이 또는 외국항과 외국항 사이를 일정한 항로와 일정표에 따르지 아니하고 운항하는 해상여객운송사업을 말한다.

(5) 순항(巡航) 여객운송사업

이는 해당 선박 안에 숙박시설, 식음료시설, 위락시설 등 편의시설을 갖춘 대통령령으로 정하는 규모 이상의 여객선을 이용하여 관광을 목적으로 해상을 순회하며 운항(국내외의 관광지에 기항하는 경우를 포함한다)하는 해상여객운송사업을 말한다.

(6) 복합 해상여객운송사업

이는 위의 (1)부터 (4)까지의 규정 중 어느 하나의 사업과 (5)의 사업을 함께 수행하는 해상여객운송사업을 말한다.

4. 크루즈업

1) 크루즈의 개념

해양관광산업이 본격적으로 개발되면서 해상유람을 즐기고자 하는 관광객들을 대상으로 선내에 객실·식당·스포츠 및 레크리에이션 시설 등 관광객의 편의를 위한 각종 서비스시설과 부대시설을 갖추고 순수한 관광활동을 목적으로 관광자원이 수려한 지역을 순회하며 운항하는 선박을 크루즈(cruise)라 말한다.

일반적으로 크루즈여행이라고 할 때에는 크루즈 내에 숙박과 위락시설 등 관광객을 위한 각종 시설을 갖추고 여행자의 요구에 적합한 선상활동 및 유흥·오락프로그램 등의 행사와 최고의 서비스를 제공하는 것은 물론, 매력적인 지상 관광자원 및 관광지를 순회하면서 관광시키는 종합관광시스템을 의미한다.

2) 크루즈관광의 유형

(1) 선박 · 거리 · 가격에 따른 분류

대중 크루즈(volume cruise)는 크게 2~5일의 단기 크루즈와 7일 짜리인 일반크루즈, 9~14일 간의 장기 크루즈가 있다. 고급 크루즈(premium cruise)는 1주일 항해에서부터 2주~3개월 간의 장기 항해까지 있다. 호화크루즈(luxury cruise)는 최상의 서비스를 제공하고, 크루즈 중 가장 비싸고 긴 일정과 이국적인 관광지들이 포함되어 있다. 특수목적 크루즈(speciality cruise)는 고래구경·스쿠버 다이빙·고고학·생물학 연구 등의 크루즈를 포함한다.

(2) 장소 · 활동범위 · 운항 유형에 따른 분류

장소에 따라 호수나 하천을 운항하는 내륙 크루즈, 바다를 순항하는 해양크루즈로 구분할 수 있다. 활동범위에 따라서는 해양법상 국내 영해를 순항하는 국내 크루즈와 자국과 자국 외의 지역을 함께 순항하는 국제크루즈, 주요 항구를 중심으로 순항하는 항만크루즈, 섬을 순회하는 도서순항 크루즈로 분류된다. 운항유형에 따라서는 특별한 파티나 이벤트가 펼쳐지는 파티크루즈와 식사를 중심으로 하는 레스토랑 크루즈, 장거리를 운항하는 장거리 크루즈, 외항 여객선으로 오락시설을 갖춘 외항 크루즈로 분류된다.

3) 크루즈관광의 특성

크루즈와 타 해운교통과의 차이점은 첫째, 크루즈는 관광이 목적이고, 여객선은 수송이 목적이다. 둘째, 기간이 크루즈는 장기적이고, 카페리는 단기적이다. 셋째, 크루즈는 대규모이고, 쾌속선은 소규모의 고속성을 가진다.

따라서 크루즈관광의 특성은 첫째, 목적이 수송이 아닌 관광이다. 크루즈는 관광매력이 있는 곳을 연계하여 관광루트를 만든다. 둘째, 기간이 장기적이다. 셋째, 수려한 지역(경승지)을 관광한다. 넷째, 선내에 다양한 시설이 설치되어 있다. 다섯째, 선내 서비스가 최고급이다. 일곱째, 규모가 대형이다.

4) 현행 「관광진흥법」에서의 크루즈업

(1) 개 요

2008년에 개정된 「관광진흥법 시행령」은 관광객이용시설업의 일종인 '관광유람선업'에 크루즈업을 추가 신설하고 이를 일반관광유람선업과 크루즈업으로 구분하여 규정하고 있다(제2조 제1항 3호).

가) 일반관광유람선업:

「해운법」에 따른 해상여객운송사업의 면허를 받은 자나 「유선(遊船) 및 도선사업법(渡船事業法)」에 따른 유선(遊船)사업의 면허를 받거나 신고한 자가 선박을 이용하여 관광객에게 관광을 할 수 있도록 하는 업(業)을 말한다.

나) 크루즈업:

「해운법」에 따른 순항(巡航) 여객운송사업이나 복합 해상여객운송사업의 면허를 받은 자가 해당 선박 안에 숙박시설, 위락시설 등 편의시설을 갖춘 선박을 이용하여 관광객에게 관광을 할 수 있도록 하는 업을 말한다.

(2) 등록기준

가) 일반관광유람선업의 등록기준

1. 「선박안전법」에 따른 구조 및 설비를 갖춘 선박일 것
2. 이용객의 숙박 또는 휴식에 적합한 시설을 갖추고 있을 것
3. 수세식화장실과 냉·난방 설비를 갖추고 있을 것
4. 식당·매점·휴게실을 갖추고 있을 것
5. 수질오염을 방지하기 위한 오수 저장·처리시설과 폐기물처리시설을 갖추고 있을 것

나) 크루즈업의 등록기준

크루즈업의 등록기준은 일반관광유람선업의 등록기준에 일부를 추가하고 있다(동법시행령 제5조 관련 〈별표 1〉 참조).

1. 「선박안전법」에 따른 구조 및 설비를 갖춘 선박일 것
2. 이용객의 숙박 또는 휴식에 적합한 시설을 갖추고 있을 것
3. 수세식화장실과 냉·난방 설비를 갖추고 있을 것
4. 식당·매점·휴게실을 갖추고 있을 것
5. 수질오염을 방지하기 위한 오수 저장·처리시설과 폐기물처리시설을 갖추고 있을 것
6. 욕실이나 샤워시설을 갖춘 객실을 20실 이상 갖추고 있을 것
7. 체육시설, 미용시설, 오락시설, 쇼핑시설 중 두 종류 이상의 시설을 갖추고 있을 것

제 11 장

국제회의산업

제11장

국제회의산업

제1절 국제회의의 기본적 이해

1. 국제회의의 중요성

국제회의가 하나의 '산업(産業)'으로 가장 먼저 정착한 곳은 유럽지역이다. 국제기구의 약 65%가 위치하고 있는 유럽의 경우 전 세계 국제회의의 약 60%를 개최하는 등 세계 국제회의산업의 중심지가 되어 왔다. 최근 국제회의산업이 고부가가치 산업으로 인식되면서 세계 각국은 컨벤션센터 건립, 국제회의 전문요원의 양성 등을 통해 자국으로의 국제회의 유치에 총력을 기울이고 있다.

우리나라도 급속한 경제성장과 국력신장에 힘입어 세계 여러 국가들과 각 분야에서 교류를 확대해 왔으며, 항공망의 꾸준한 확충, 숙박 및 회의장시설 등 국제회의 기간산업의 발전으로 인해 국제회의를 비롯한 전시회, 이벤트 등 국제행사의 개최건수가 해마다 증가추세를 보이고 있다.

그러나 우리나라의 국제회의산업은 대형 컨벤션센터의 부족, 국제회의 전문인력의 부족, 국제회의 관련업의 수도권 집중, 지방 국제항공망 부족, 관련 업계의 공조체제 부족, 국제회의 정보 부족 등 앞으로 해결해야 할 많은 과제를 안고 있다. 관광수지 적자가 계속되고 있는 우리의 현실에서 관광산업의 꽃으로 불리는 국제회의산업이 가져다 줄 수 있는 경제적·문화적·사회적 파급효과를 올바로 파악하고, 국제회의를 적극 유치하고 활성화해 나감으로써 관광수지의 흑자전환에 노력을 배가해야 할 것이다.

2. 국제회의의 정의

국제회의의 정의에 관하여는 이론상의 정의와 실정법상의 정의로 나누어 고찰해 볼 수 있다. 이론상의 정의를 보면, 국제회의란 통상적으로 공인된 단체가 정기적 또는 부정기적으로 주최하며 3개국 이상의 대표가 참가하는 회의를 의미하는데, 회의는 그 성격에 따라 국가 간의 이해조정을 위한 교섭회의, 전문학술회의, 참가자 간의 우호증진이 목적인 친선회의, 국제기구의 사업결정을 위한 총회나 이사회 등 그 종류가 매우 다양하다.

한편, 실정법인 현행 「국제회의산업 육성에 관한 법률」(이 책에서 "국제회의육성법"이라 한다)에 따르면, 국제회의란 첫째, 국제기구나 국제기구에 가입한 기관 또는 법인·단체가 개최하는 세미나·토론회·전시회·학술대회 및 기타 회의로 5개국 이상의 외국인이 참가하고, 회의참가자가 300인 이상이고 그 중 외국인이 100인 이상이며, 3일 이상 진행되는 회의일 것, 둘째, 국제기구에 가입하지 아니한 기관 또는 법인·단체가 주최하는 회의로서 회의참가자 중 외국인이 150인 이상이고, 2일 이상 진행되는 회의를 국제회의로 규정하고 있다(동법 제2조 1호 및 동법시행령 제2조).

3. 국제회의의 종류

일반적으로 국제회의를 회의의 형태에 따라 분류하면 다음과 같다.

1) 회의(meeting)

회의는 모든 종류의 모임을 총칭하는 포괄적인 용어이다. 특히 모든 참가자가 단체에 관한 사항을 토론하기 위해서 단체의 구성원이 되는 형태의 회의를 말한다.

2) 총회(assembly)

한 기구의 회원국들의 대표가 모여 의사결정 및 정책결정 등을 하고 위원회의 선출과 예산협의의 목적으로 모이는 공식적인 회의를 말한다.

3) 컨벤션(convention)

회의분야에서 가장 일반적으로 사용되는 용어로서 정보전달을 주된 목적으로 하는 정기집회에 많이 사용되는데 전시회를 수반하는 경우가 많다. 각 기구나 단체에서 개최하는 연차총회(annual meeting)의 의미로 쓰였으나, 요즘에는 총회, 휴회기간 중에 개최되는 각종 소규모 회의, 위원회회의 등을 포괄적으로 의미하는 용어로 사용된다.

4) 콘퍼런스(conference)

컨벤션과 유사한 뜻을 가진 용어이지만, 컨벤션이 주로 불특정다수의 주제를 다루는 조직 및 관련기구의 정기회의인 반면, 콘퍼런스는 주로 과학·기술·학문 등 전문분야의 새로운 정보를 전달하고 습득하거나 특정 문제점 연구를 위한 회의이기 때문에 통상 컨벤션에 비해 토론회가 많이 준비되고 회의참가자들에게 토론의 참여기회가 많이 주어진다.

5) 콩그레스(congress)

컨벤션과 유사한 의미를 가진 용어로서 유럽지역에서 많이 사용되며, 주로 국제규모의 회의를 의미한다. 컨벤션이나 콩그레스는 본회의와 사교행사 그리고 관광행사 등의 다양한 프로그램으로 구성되며, 대규모 인원이 참가한다. 대개 연차적으로 개최되며, 주로 상설 국제기구가 주최한다.

6) 포럼(forum)

제시된 한 가지의 주제에 대해 상반된 견해를 가진 동일 분야의 전문가들이 사회자의 주도하에 대중 앞에서 벌이는 공개토론회로서 청중이 자유롭게 질의에 참여할 수 있으며 사회자가 의견을 종합한다.

7) 심포지엄(symposium)

제시된 안건에 대해 전문가들이 연구결과를 중심으로 다수의 청중 앞에서 벌이는 공개토론회로서, 포럼에 비해 회의참가자들이 다소의 형식을 갖추어 회의를 진행하므로 청중의 질의기회는 적게 주어진다.

8) 패널토의(panel discussion)

청중이 모인 가운데 2명에서 8명까지의 연사가 사회자의 주도하에 서로 다른 분야에서의 전문가적 견해를 발표하는 공개토론회로서 청중도 자신의 의견을 발표할 수 있다.

9) 워크숍(workshop)

콘퍼런스, 컨벤션 또는 기타 회의에 보조적으로 개최되는 짧은 교육프로그램으로, 30명 내외의 참가자가 특정문제나 과제에 관한 새로운 지식, 기술, 아이디어 등을 교환하며, 발표자와 참가자가 동질성을 갖고 새로운 정보와 전문업무를 교육시키는 교육토론회이다.

10) 세미나(seminar)

교육 및 연구목적으로 개최되는 회의로 발표자와 참가자가 단일한 논제에 대해 발표·토론하며, 발표자와 참가자는 교육자와 피교육자의 관계를 전제로 한다.

11) 클리닉(clinic)

클리닉은 특별한 기술을 교육하고 습득하기 위한 목적에 많이 활용되는 회의형태로 기술과 전문지식 제공이 목적이며, 대부분은 소규모 집단이 참여한다.

12) 전시회(exhibition)

무역, 산업, 교육분야 또는 상품 및 서비스판매업자들의 대규모 전시회로서 회의를 수반하는 경우도 있다. 'exposition' 및 'tradeshow'라고도 하며, 유럽에서는 주로 'trade fair'라는 용어를 사용한다.

13) 원격회의(teleconference)

회의참석자가 회의장소로 이동하지 않고 국가간 또는 대륙간 통신시설을 이용하여 회의를 개최한다. 회의경비를 절감하고 준비 없이도 회의를 개최할 수 있다는 장점이 있으며, 오늘날에는 각종 audio, video, graphics 및 컴퓨터 장비, 멀티미디어를 갖춘 고도의 통신기술을 활용하여 회의를 개최할 수 있으므로 그 발전이 주목되고 있다.

14) 인센티브 관광(incentive travel)

기업에서 주어진 목적이나 목표달성을 위해 종업원(특히 판매원), 거래상(대리점업자), 거액 구매고객들에게 관광이라는 형태로 동기유발을 시키거나 보상함으로써 생산효율성을 증대하고 고객을 대상으로 광고효과를 유발하는 것으로서 포상관광이라고도 말한다.

4. 국제회의의 기준

1) 국제협회연합의 기준

국제회의에 관한 각종 통계를 작성하여 발표하고 있는 권위있는 국제기구인 국제협회연합(UIA: Union of International Associations)에서는 각종 국제회의 통계를 작성할 때 국제회의의 기준을 다음과 같이 제시하고 있다.

① 국제기구가 주최하거나 후원하는 회의

② 국제기구에 소속된 국내지부가 주최하는 국내 회의 가운데 다음 조건을 모두 만족하는 회의:

ⓐ 전체 참가자수가 300명 이상일 것

ⓑ 참가자 중 외국인이 40% 이상일 것

ⓒ 참가국수가 5개국 이상일 것

ⓓ 회의기간이 3일 이상일 것

2) 우리나라의 기준

우리나라의 '국제회의육성법'에서는 국제회의요건을 다음과 같이 규정하고 있다(동법 제2조 1호, 동법시행령 제2조 1호 및 2호).

① 국제기구나 국제기구에 가입한 기관 또는 법인·단체가 개최하는 회의로서 다음 요건을 모두 갖춘 회의

ⓐ 해당 회의에 5개국 이상의 외국인이 참가할 것

ⓑ 회의참가자가 300명 이상이고 그 중 외국인이 100명 이상일 것

ⓒ 3일 이상 진행되는 회의일 것

② 국제기구에 가입하지 아니한 기관 또는 법인·단체가 개최하는 회의로서 다음 요건을 모두 갖춘 회의
ⓐ 회의참가자 중 외국인이 150명 이상일 것
ⓑ 2일 이상 진행되는 회의일 것

5. 국제회의의 개최효과

국제회의산업이 고부가가치의 신종산업으로 떠오르자 국제회의를 비롯한 전시회 또는 이벤트 등 국제행사의 개최건수가 해마다 증가추세를 보이고 있다. 이제 관광산업의 꽃으로 불리는 국제회의산업은 국가전략산업으로 각광을 받으면서 정착되어가고 있으며, 특히 그 효과는 다방면에 걸쳐 상승작용을 함으로써 개최국의 위상과 경제적인 부를 동시에 상승시켜 주고 있다.

1) 정치적 효과

국제회의 개최는 국가 간의 인적교류와 국제회의 참가자 상호간의 정보교환으로 인하여 국가간 협력을 증진하는 데 필수적이다. 대부분의 국제회의는 대규모 인원이 참가한다는 점과 참가자들은 각 나라와 그들의 활동영역에서 어느 정도의 사회적 지위를 가진 사람들이라는 점에서 국가와 국가 사이의 관계를 증진시키는 효과를 기대할 수 있다.

국제회의는 인종·문화적 차이를 넘어 상호간의 결합을 촉진시킬 수 있다는 정치사회화의 기능을 가지고 있으며, 참가하는 국가 간의 인적·문화적 커뮤니케이션을 통해 친선·우호 협력관계에서 상호교류를 통해 국가이익을 실현할 수 있다. 또한 국제회의는 개최국이 자국의 사회·문화적 특성을 홍보하는 계기가 되며, 참가자들 간의 증가된 상호접촉은 장벽을 허물게 하고, 불신을 감소시키며, 상호이해를 촉진시킨다.

2) 사회·문화적 효과

국제회의는 외국과의 직접적인 교류를 통해 지식·정보의 교환, 참가자와 개최국 시민간의 접촉을 통한 시민의 국제감각 함양 등 국제화의 중요한 수단이 될 수 있다. 또한 국제회의 유치, 기획, 운영의 반복은 개최지의 기반

시설 뿐만 아니라 다양한 기능을 향상시키며 개최국의 이미지 향상, 국제사회에서의 위상확립 등 개최국의 지명도 향상에도 큰 기여를 한다. 또한 지방으로의 국제회의 분산 개최는 지방의 국제화와 지역 균형발전에도 큰 몫을 하게 된다.

3) 경제적 효과

국제회의산업은 종합 서비스산업으로 서비스업을 중심으로 사회 각 산업분야에 미치는 승수효과가 매우 크다. 국제회의는 개최국의 소득향상효과(회의참가자의 지출→서비스산업 등 수입증가→시민소득 창출), 고용효과(서비스업 인구 등 광범위한 인력 흡수), 세수 증가효과(관련산업 발전→법인세→시민소득 증가→소득세) 등 경제 전반의 활성화에 기여하게 된다. 그 밖에도 참가들이 직접 대면을 하게 되므로 상호 이해 부족에서 올 수 있는 통상마찰 등을 피할 수 있게 될 뿐만 아니라, 선진국의 노하우를 직접 수용함으로써 관련분야의 국제경쟁력을 강화하는 등 산업발전에도 중요한 역할을 한다.

4) 관광산업적 효과

국제회의 개최는 관광산업 측면에서 볼 때 관광 비수기 타개, 대량 관광객 유치 및 양질의 관광객 유치효과를 가져다 줄 뿐만 아니라, 국제회의는 계절에 구애받지 않고 개최가 가능하며, 참가자가 보통 100명에서 많게는 1,000명 이상에 이르므로 대량 관광객 유치의 첩경이 된다. 또한 국제회의 참가자는 대부분 개최지를 최종 목적지로 하기 때문에 체재일수가 길며 일반 관광객보다 1인당 소비액이 높아 관광수입 측면에서도 막대한 승수효과를 가져온다.

6. 국제회의 개최 현황[34)]

국제협회연합(Union of International Associations; UIA)의 조사에 따

34) 문화체육관광부, 전게 2012년 기준 연차보고서, pp.96~97.

르면, 2012년에 총 10,498건의 국제회의가 개최되었으며(2011년 10,743건), 이 중 한국은 총 563건의 국제회의를 개최하여 세계 5위를 차지했다. 이는 전년 대비(469건, 6위) 세계순위가 1단계 상승함으로써 세계 국제회의 주요 개최지로서 높아진 한국의 위상을 보여주었다.

세계 주요 국가별 개최순위를 보면, 싱가포르가 952건으로 작년에 이어 세계 1위 자리를 지켰으며, 일본이 731건으로 2위, 미국이 658건으로 3위로 지난해보다 1단계 하락한 순위를 기록했다. 뒤이어 4위 벨기에는 597건, 한국은 563건으로 5위를 차지했다. 벨기에와 우리나라는 개최건수가 증가하여 한 단계씩 상승했고, 작년 4위를 기록했던 프랑스는 올해 6위(494건)를 차지했다.

세계 주요 도시별 개최 순위를 보면, 싱가포르가 919건을 개최해 부동의 1위 자리를 지켰으며, 브뤼셀이 464건으로 2위, 파리가 336건으로 3위, 비엔나가 286건으로 4위를 기록했다. 서울은 232건을 기록해 세계 5위, 아시아 2위 자리를 굳건히 지켰다.

국내 도시별 성적을 보면 서울이 232건을 개최하여 세계 5위, 아시아 2위를 2010년에 이어 지켰으며, 부산이 82건을 개최 세계 22위, 아시아 7위를 기록하였으며, 제주 또한 68건을 개최 세계 26위, 아시아 9위를 기록함에 따라 서울, 부산, 제주 3개 도시가 아시아 순위 10위권 안에 드는 성과를 보여주었다. 이밖에 인천지역 국제회의 개최건수가 24건, 대구 20건, 대전 10건, 광주 9건, 창원 6건, 경주 4건, 고양 3건으로 집계되었다.

7. 「관광진흥법」에서의 국제회의업 개관

1) 국제회의업의 정의

「관광진흥법」에서 국제회의업이란 대규모 관광수요를 유발하는 국제회의(세미나·토론회·전시회 등을 포함한다)를 개최할 수 있는 시설을 설치·운영하거나 국제회의의 계획·준비·진행 등의 업무를 위탁받아 대행하는 업을 말한다(동법 제3조 1항 4호). 국제회의업은 국제회의시설업과 국제회의기획업으로 분류된다(동법 시행령 제2조 4호).

2) 국제회의시설업

(1) 의 의

국제회의시설업이란 대규모 관광수요를 유발하는 국제회의를 개최할 수 있는 시설을 설치·운영하는 업을 의미하며, 첫째, 「국제회의산업 육성에 관한 법률 시행령」 제3조에 따른 회의시설(전문회의시설·준회의시설) 및 전시시설의 요건을 갖추고 있을 것과, 둘째, 국제회의 개최 및 전시의 편의를 위하여 부대시설(주차시설, 쇼핑·휴식시설)을 갖추고 있을 것을 요구하고 있다(관광진흥법 시행령 제5조 관련 [별표 1]).

(2) 등록관청 및 등록기준

국제회의시설업을 경영하려는 자는 특별자치도지사·시장·군수·구청장(자치구의 구청장을 말한다)에게 등록하여야 한다(관광진흥법 제4조 1항).

국제회의시설업의 등록기준은 다음과 같다(동법 시행령 제5조 관련 〈별표 1〉).

1. 「국제회의산업육성에 관한 법률 시행령」 제3조에 따른 회의시설 및 전시시설의 요건을 갖추고 있을 것
2. 국제회의 개최 및 전시의 편의를 위하여 부대시설로 주차시설, 쇼핑·휴식시설을 갖추고 있을 것

(3) 국제회의시설 현황

2012년 12월 말 현재 국제회의시설업은 컨벤션센터 12개, 호텔회의장 149개, 준회의장 46개 등 총 207개 시설이 등록되어 있다.

우리나라의 전문 컨벤션센터(국제회의시설)는 2012년 12월 말 현재 서울 코엑스(COEX)컨벤션센터(1979.3. 개관)를 비롯하여 부산 전시컨벤션센터(BEXCO, 2001.9. 개관), 대구 전시컨벤션센터(EXCO, 2001.4. 개관), 제주국제컨벤션센터(ICC JEJU, 2003.3. 개관), 경기도 고양에 한국국제전시장(KINTEX, 2005.4. 개관), 창원에 창원컨벤션센터(CECO, 2005.9. 개관), 광주에 김대중컨벤션센터(KTJ Center, 2005.9. 개관), 대전에 대전컨벤션센터(DCC, 2008.4. 개관), 인천에 송도컨벤시아(Songdo Convensia, 2008.10. 개관) 등이 문을 열었으며, 이 외에도 몇몇 지방자치단체가 컨벤션시설

을 설립하기 위한 타당성 검토가 진행되고 있다.

3) 국제회의기획업

(1) 의 의

국제회의기획업이란 대규모 관광수요를 유발하는 국제회의의 계획·준비·진행 등의 업무를 위탁받아 대행하는 업을 말한다. 우리나라 국제회의업은 '국제회의용역업'이라는 명칭으로 1986년에 처음으로 「관광진흥법」상의 관광사업으로 신설되었으나, 1998년에 동법을 개정하여 종전의 '국제회의용역업'을 '국제회의기획업'으로 명칭을 변경하고 여기에 '국제회의시설업'을 추가하여 '국제회의업'으로 업무범위를 확대하여 오늘에 이르고 있다.

2012년 12월 말 기준으로 국제회의기획업(PCO)은 전국에 444개 업체가 등록되어 있다(문화체육관광부, 전게 2012년 기준 연차보고서, p.302 참조).

(2) 등록관청 및 등록기준

국제회의기획업을 경영하려는 자는 특별자치도지사·시장·군수·구청장(자치구의 구청장을 말한다)에게 등록하여야 한다. 국제회의기획업의 등록기준은 다음과 같다(동법 시행령 제5조 관련 〈별표 1〉).

1. 자본금: 5천만원 이상일 것
2. 사무실: 소유권이나 사용권이 있을 것

제2절 국제회의산업 육성시책[35)]

1. 국제회의산업의 의의

국제회의산업이라 함은 국제회의의 유치와 개최에 필요한 국제회의시설, 서비스 등과 관련된 산업을 말한다('국제회의산업법' 제2조 2호). 즉 「관광진흥법」에서 규정하고 있는 국제회의시설업 및 국제회의기획업(동법시행령 제2조 1

35) 조진호 외 4인 공저, 전게서, pp.339~349.

항 4호)과 관련된 산업을 말한다.

2. 국제회의산업 육성을 위한 국가 및 정부의 책무

「국제회의산업 육성에 관한 법률」(이하 "국제회의산업법"이라 한다)에서는 국제회의산업 육성을 위하여 국가나 정부의 책임과 지원 그리고 지방자치단체의 역할 등에 관하여 규정하고 있다(동법 제3조부터 제16조).

1) 행정상·재정상의 지원조치 강구

국가는 국제회의산업의 육성·진흥을 위하여 필요한 계획의 수립 등 행정상·재정상의 지원조치를 강구하여야 하는데, 이 지원조치에는 국제회의 참가자가 이용할 숙박시설·교통시설 및 관광편의시설 등의 설치·확충 또는 개선을 위하여 필요한 사항이 포함되어야 한다(국제회의산업법 제3조). 여기에서 국가라는 표현을 사용한 것은 국제회의산업 육성을 위한 재정상의 지원은 행정부인 문화체육관광부 단독으로는 해결할 수 없기 때문이다.

2) 국제회의 전담조직의 지정 및 설치

국제회의 전담조직이라 함은 국제회의산업의 진흥을 위하여 각종 사업을 수행하는 조직을 말한다.

(1) "전담조직"의 지정

문화체육관광부장관은 국제회의산업의 육성을 위하여 필요하면 국제회의 전담조직(이하 "전담조직"이라 한다)을 지정할 수 있다(국제회의산업법 제5조 1항).

국제회의 전담조직은 다음 각 호의 업무를 담당한다(동법시행령 제9조).

1. 국제회의의 유치 및 개최 지원
2. 국제회의산업의 국외홍보
3. 국제회의 관련정보의 수집 및 배포
4. 국제회의 전문인력의 교육 및 수급
5. 지방자치단체의 장이 설치한 전담조직에 대한 지원 및 상호협력

6. 그 밖에 국제회의산업의 육성과 관련된 업무

(2) "전담조직"의 설치

국제회의시설을 보유·관할하는 지방자치단체의 장은 국제회의 관련업무를 효율적으로 추진하기 위하여 필요하다고 인정하면 전담조직을 설치할 수 있다(국제회의산업법 제5조 2항).

3) 국제회의산업 육성기본계획의 수립 등

문화체육관광부장관은 국제회의산업의 육성·진흥을 위하여 국제회의산업 육성기본계획(이하 "기본계획"이라 한다)을 수립·시행하여야 하는데, 기본계획의 내용은 다음과 같다.

1. 국제회의의 유치와 촉진에 관한 사항
2. 국제회의의 원활한 개최에 관한 사항
3. 국제회의에 필요한 인력의 양성에 관한 사항
4. 국제회의시설의 설치 및 확충에 관한 사항
5. 그 밖에 국제회의산업의 육성·진흥에 관한 중요 사항

4) 국제회의 유치 및 개최 지원

① 문화체육관광부장관은 국제회의의 유치를 촉진하고 그 원활한 개최를 위하여 필요하다고 인정하면 국제회의를 유치하거나 개최하는 자(국제회의 개최자)에게 지원을 할 수 있다(국제회의산업법 제7조 1항).

② 문화체육관광부장관은 국제회의 유치·개최의 지원에 관한 업무를 대통령령으로 정하는 바에 따라 법인이나 단체에 위탁할 수 있다(국제회의산업법 제18조 1항). 이에 따라 국제회의 유치·개최의 지원에 관한 업무는 국제회의 전담조직에 위탁하도록 되어 있다.

③ 문화체육관광부장관은 국제회의 유치·개최의 지원에 관한 업무를 위탁한 경우에는 해당 법인이나 단체에 예산의 범위에서 필요한 경비(經費)를 보조할 수 있다.

④ 지원을 받으려는 자는 문화체육관광부장관에게 국제회의 유치·개최에 관한 지원을 신청하여야 한다(국제회의산업법 제7조 2항).

5) 국제회의산업 육성기반의 조성

① 국제회의산업 육성기반이란 국제회의시설, 국제회의 전문인력, 전자국제회의체제, 국제회의 정보 등 국제회의의 유치·개최를 지원하고 촉진하는 시설, 인력, 체제, 정보 등을 말한다(국제회의산업법 제2조 6호).

② 문화체육관광부장관은 국제회의산업육성기반을 조성하기 위하여 관계 중앙행정기관의 장과 협의하여 다음 각 호의 사업을 추진하여야 한다(동법 제8조 1항).

1. 국제회의시설의 건립
2. 국제회의 전문인력의 양성
3. 국제회의산업 육성기반의 조성을 위한 국제협력
4. 인터넷 등 정보통신망을 통하여 수행하는 전자국제회의 기반의 구축
5. 국제회의산업에 관한 정보와 통계의 수집·분석 및 유통
6. 그 밖에 국제회의산업 육성기반의 조성을 위하여 필요하다고 인정되는 사업으로서 대통령령으로 정하는 사업. 여기서 "대통령령으로 정하는 사업"이라 함은 국제회의 전담조직의 육성 및 국제회의산업에 관한 국외홍보사업을 말한다.

③ 문화체육관광부장관은 다음 각 호의 기관·법인 또는 단체(이하 "사업시행기관"이라 한다) 등으로 하여금 국제회의산업 육성기반의 조성을 위한 사업을 실시하게 할 수 있다(국제회의산업법 제8조 2항).

1. 문화체육관광부장관이 지정하거나 지방자치단체의 장이 설치한 국제회의 전담조직
2. 문화체육관광부장관에 의하여 지정된 국제회의도시
3. 「한국관광공사법」에 따라 설립된 한국관광공사
4. 「고등교육법」에 따른 대학·산업대학 및 전문대학
5. 그 밖에 대통령령으로 정하는 법인·단체. 여기서 "대통령령으로 정하는 법인·단체"란 국제회의산업의 육성과 관련된 업무를 수행하는 법인·단체로서 문화체육관광부장관이 지정하는 법인·단체를 말한다.

6) 국제회의 전문인력의 교육·훈련 등

문화체육관광부장관은 국제회의 전문인력의 양성 등을 위하여 사업시행기관이 추진하는 다음 각 호의 사업을 지원할 수 있다(국제회의산업법 제10조).

1. 국제회의 전문인력의 교육·훈련
2. 국제회의 전문인력 교육과정의 개발·운영
3. 그 밖에 국제회의 전문인력의 교육·훈련과 관련하여 필요한 사업으로서 문화체육관광부령으로 정하는 사업

7) 국제회의도시의 지정 및 지원

(1) 국제회의도시의 지정

문화체육관광부장관은 국제회의산업의 육성·진흥을 위하여 국제회의도시 지정기준에 맞는 특별시·광역시 및 시를 국제회의도시로 지정할 수 있는데, 이 경우 지역 간의 균형적 발전을 고려하여야 한다. 그러나 「제주특별자치도 설치 및 국제자유도시 조성을 위한 특별법」(이하 "제주특별법"이라 약칭함)은 이러한 '국제회의산업법'의 규정에도 불구하고 제주특별자치도를 국제회의도시로 지정·고시할 수 있다(동법 제170조)고 규정하고 있다. 이에 따라 문화관광부(당시)는 2006년 9월 14일 제주특별자치도를 국제회의도시로 지정·고시한 바 있으며, 종전의 국제회의도시였던 '서귀포시'는 국제회의도시에서 제외되었다.

이로써 우리나라는 2005년 서울특별시, 부산광역시, 대구광역시, 제주특별자치도가 국제회의도시로 지정한데 이어 2007년에는 광주광역시, 2009년에는 대전광역시와 경남 창원시, 2011년에는 인천광역시를 추가로 지정함으로써 2012년 12월 말 현재 8개가 지정되어 있다.

(2) 국제회의도시의 지원

문화체육관광부장관은 지정된 국제회의도시에 대하여는 다음 각 호의 사업에 우선 지원할 수 있다(동법 제15조).

1. 국제회의도시에서의 관광진흥개발기금('기금법' 제5조)의 용도에 해당하는 사업

2. '국제회의산업법'의 규정(제16조 제2항 각 호)에 의한 재정지원에 해당하는 사업

8) 국제회의산업 육성재원의 지원

(1) 재정의 지원

문화체육관광부장관은 국제회의산업의 발전과 국민경제의 향상 등에 이바지하기 위하여 관광진흥개발기금의 재원 중 국외여행자의 출국납부금 총액의 100분의 10에 해당하는 금액의 범위에서 국제회의산업의 육성재원을 지원할 수 있다(국제회의산업법 제16조 1항).

(2) 재정지원 대상사업

문화체육관광부장관은 예산의 범위 안에서 다음 각 호에 해당되는 사업에 소요되는 비용의 전부 또는 일부를 지원할 수 있다(국제회의산업법 제16조 2항).

1. 국제회의 전담조직의 운영
2. 국제회의 유치 또는 그 개최자에 대한 지원
3. '국제회의산업법' 제8조 제2항의 "사업시행기관"에서 실시하는 국제회의산업 육성기반 조성사업, 즉 ⓐ 국제회의도시, ⓑ 한국관광공사, ⓒ 대학·산업대학 및 전문대학, ⓓ 국제회의산업의 육성과 관련된 업무를 수행하는 법인·단체로서 문화체육관광부장관이 지정하는 법인·단체
4. '국제회의산업법' 제10조부터 제13조까지의 각 호에 해당하는 사업, 즉 ⓐ 국제회의 전문인력의 교육·훈련, ⓑ 국제협력의 촉진, ⓒ 전자국제회의 기반의 확충, ⓓ 국제회의 정보의 유통 촉진
5. 그 밖에 국제회의산업의 육성을 위하여 필요한 사항으로서 대통령령으로 정하는 사업

제 12 장

카지노산업

제12장

카지노산업

제1절 카지노산업의 이해

1. 카지노의 개요

2009년 12월 말 현재 전 세계적으로 운영 중에 있는 카지노시설은 5,648개소로 집계되고 있다. 카지노산업의 시설규모면에서 1위(1,246개소)를 차지하고 있는 미국을 비롯하여 캐나다(2위 630개소), 프랑스(3위 197개소), 영국(4위 151개소), 체코(5위 135개소), 러시아(6위 106개소), 아르헨티나(7위 84개소), 독일(8위 71개소), 스페인(9위 38개소), 남아프리카공화국(10위 36개소) 등이 세계 10대 카지노대국으로 알려져 있다.[36]

우리나라 카지노시설은 2012년 12월 말 현재 17개 업체(외국인전용 16개 업체, 내국인출입 허용 1개 업체)가 운영 중에 있는데, 세계 주요 38개 카지노 보유 국가 중에서 13위를 차지하였다. 이는 우리나라 카지노가 단순한 도박이라는 개념을 벗어나 여가선용을 목적으로 유치된 외래관광객에게는 필수적인 관광상품임을 시사해주고 있는 것이다. 또한 카지노는 여가공간을 제공하는 기능 외에도 외화획득을 통한 국제수지의 개선과 지역경제의 활성화, 지역주민의 소득 및 고용 증대, 세수확보 등의 차원에서 서양의 주요 선진국은 물론 가까운 동남아시아국가에서도 적극적으로 육성하고 있는 추세이다.

---

36) 사행산업통합감독위원회(국무총리실 산하), 2009 사행산업백서, pp.92~100. 참조.

미국을 비롯한 관광대국에서 카지노가 성공적으로 추진되고 있는 데에는 위와 같은 경제적 효과 외에도 많은 사람들(미국의 경우 어른 4명 중 3명)이 카지노게임을 합법적인 여가활동으로 인식하고 있다는 점이다. 이는 카지노가 일반대중의 오락문화로 저변 확대가 되고 있음을 나타내주고 있으며, 국제관광에 있어서 카지노게임은 경제적 목적을 넘어서 외래관광객들의 야간관광상품으로 필수적임을 시사해 주고 있다.

2. 카지노의 개념

카지노란 갬블링(gambling), 음악, 쇼, 댄스 등 여러 가지 오락시설을 갖춘 연회장이라는 의미의 이탈리아어 카사(Casa)에서 유래한 것으로 르네상스(Renaissance)시대에 귀족들이 소유하고 있던 사교·오락용의 별장을 의미하였으나, 오늘날에 와서는 일반적인 사교 또는 여가선용을 위한 공간으로서 각종 게임기구를 설치하여 갬블링이 이루어지는 장소를 의미한다고 정의하고 있다.

그리고 웹스터사전(Webster's College Dictionary)에서는 카지노란 모임·춤 특히 전문 갬블링(professional gambling)을 위해 사용되는 건물이나 넓은 장소로 정의하고 있으며, 국어사전에서는 음악·댄스·쇼 등 여러 가지 오락시설을 갖춘 실내 도박장으로 정의하고 있다.

우리나라에서 카지노업은 종래 「사행행위등 규제 및 처벌특례법」에서 '사행행위영업(射倖行爲營業)'의 일환으로 규정되어 오던 것을 1994년 8월 3일 「관광진흥법」을 개정할 때 관광사업의 일종으로 규정한 것이다. 그리고 「관광진흥법」은 제3조제1항 5호에서 카지노업이란 "전문영업장을 갖추고 주사위·트럼프·슬롯머신 등 특정한 기구 등을 이용하여 우연의 결과에 따라 특정인에게 재산상의 이익을 주고 다른 참가자에게 손실을 주는 행위 등을 하는 업"이라고 정의내리고 있다.

우리나라의 카지노업은 관광산업의 발전과 크게 연관되어 있다. 특히 카지노는 특급호텔 내에 위치하여 외래관광객에게 게임·오락·유흥 등 야간관광활동을 제공함으로써 체류기간을 연장시키고, 관광객의 소비를 증가시키는 주요한 관광산업 중의 하나로 발전되어 왔다. 또한 카지노업은 외래관광객으로부터 외화를 벌어들여 국제수지를 개선하는 데 기여해 왔으며, 국가재정수입의 확대와 소득·고용창출 등 긍정적인 경제적 효과를 가져온 주요 수출산업이라고도 할 수 있다.

3. 카지노업의 특성

카지노업은 우선 외래관광객을 위해서 게임장소와 오락시설을 제공한다. 게임장소와 오락시설의 제공이라는 두 가지 서비스는 우리나라 카지노업의 기본적 기능이라고 할 수 있다. 이러한 카지노업의 특징을 살펴보면 다음과 같다.[37)]

첫째, 카지노업은 다른 산업에 비하여 고용창출효과가 높다. 카지노업은 타 관광 관련 산업에 비해 규모나 시설은 적으나 카지노의 특수한 조직구조와 운영으로 인해 하루 24시간 게임테이블을 운영하기 위하여 많은 종사원을 필요로 하기 때문에 경영규모에 비해 많은 고용창출을 하고 있다. 카지노는 순수한 인적 서비스상품이며 노동집약적인 산업으로, 수출산업인 섬유·가죽업, TV부문, 반도체산업 및 자동차산업에 비해 고용승수가 훨씬 높게 나타나고 있다.

둘째, 카지노업은 전천후 관광상품이다. 카지노가 주로 실내공간에서 이루어지는 여가활동이므로 악천후에도 전혀 상관하지 않고 이용이 가능한 관광상품이다. 또한 24시간 영업함으로써 야간 관광상품으로도 이용될 수 있으며, 자연관광자원의 기후에 대한 한계성을 극복할 수 있는 훌륭한 대체관광산업이 된다.

셋째, 카지노업은 무공해 관광산업이라고 정의할 수 있는데, 카지노산업의 외화가득률은 우리나라 대표적 수출산업인 자동차산업, 섬유·가죽 등의 의류산업, 텔레비전·세탁기 등 가전제품산업 및 반도체산업에 비해 훨씬 높다. 카지노이용객 한 사람을 유치하면 컬러TV 4대, 반도체 76개 수출한 것과 같으며, 카지노에 외국인 관광객 11명이 유치된다면 고급승용차 1대를

37) 고택운, 카지노산업 프로젝트 기획실무, p.7.

수출하는 것과 맞먹는 효과가 있다고 한다.

넷째, 카지노는 외래관광객의 소비액을 증가시키고 체류기간을 연장시킨다. 카지노 이용객 1인당 소비액은 외래관광객 1인당 소비액의 약 48%를 차지할 정도로 단일지출항목으로는 상당히 높은 비중을 차지한다. 카지노는 외래관광객에게 게임장소와 오락시설을 제공하는 기능을 함으로써 체류기간 연장과 소비지출을 증가시키기 때문에 실제로 카지노가 없는 나라의 관광객의 체류 일수가 평균 1.5일인데 비해 카지노 게임을 하는 고객들의 체류 일수는 3.4일로 2일이나 차이가 나는 현상으로 설명할 수 있다.

다섯째, 카지노산업의 경제적 파급효과는 매우 크다. 정부의 강력한 규제와 도박산업이라는 사회적으로 부정적인 인식하에서도 각 지방자치단체에서 카지노를 유치하려는 치열한 경쟁에서 볼 수 있듯이 세수의 확보, 외래관광객 유치에 따른 외화가득효과, 호텔 등 관광 관련 산업의 매출에 지대한 영향을 미치는 등 다양한 경제적 효과를 발생시킨다.

여섯째, 카지노는 양면성이 있다. 카지노가 여가선용을 위한 건전한 오락산업이며 세수확보, 외화유출방지, 고용창출 등 지역경제 활성화에 지대한 영향을 미치고 있어 국가 및 지방자치단체에서 적극적으로 카지노의 도입을 추진하려고 하는 긍정적인 사회경제적 측면이 있는가 하면, 카지노는 단순한 도박산업이며 범죄와 도박중독증, 가정파탄 및 도산, 과소비, 사행심 조장, 폭력조직과의 연루 등 각종 사회악의 온상이라는 부정적인 측면이 공존하고 있다.

4. 카지노산업의 파급효과

카지노산업을 파급효과면에서 살펴보면, 지역경제에 미치는 영향으로는 지역경제활성화, 고용창출, 조세수입의 증대와 지역개발의 효과 등 긍정적 측면이 있는가 하면, 지역사회에 미치는 영향으로는 도박중독의 증가 및 범죄의 증가, 과도한 게임비용의 증가와 같은 부정적 효과가 나타나는 등 양면성을 가지고 있다.

1) 긍정적 효과

첫째, 우리나라의 내국인출입 카지노(강원랜드카지노)의 허용에서 볼 수 있듯이 카지노를 허용하는 국가들에 있어 주된 허용목적으로 지역경제 활성화를 들고 있다. 이는 카지노를 허용함으로써 카지노이용객의 지출과 이로 인한 카지노 종사원의 지출을 지역경제에 흡수시키고, 이를 통해 지역경제 활성화를 도모하려는 데에 목적을 두고 있는 것이다.

둘째, 카지노업의 고용창출 효과는 수출산업인 섬유산업과 TV부문 및 반도체 부문에 비해 매우 높게 나타나고 있어 다른 산업에 비해 지역주민들에게 높은 고용기회를 제공하고 있는 것으로 조사되고 있다. 2012년 말 기준으로 국내 카지노 종사원 수는 외국인전용 카지노의 경우 4,928명이며, 내국인출입 카지노(강원랜드카지노)의 경우 1,697명으로, 국내 카지노 17개 업체에서 총합 6,625명의 종사원을 고용하고 있는 것으로 나타났다(문화체육관광부, 2012년 기준 관광동향에 관한 연차보고서, pp.303~307).

셋째, 카지노업을 허용하는 국가 및 지역에 있어서 카지노업 허용의 목적은 관광객 유치 및 관광수입의 증대, 지역경제 활성화 그리고 세수증대 등을 들고 있다. 특히 카지노업은 비건전한 도박으로서의 사행산업으로 인식되어 중과세를 부과하고 있는데, 이는 역설적으로 카지노업이 세수증대에 크게 기여를 하는 것으로 평가할 수 있다. 카지노사업자가 납부하는 조세 중에서 2012년도 관광진흥개발기금 납부 현황을 살펴보면 외국인전용 카지노의 경우 1,274억원, 강원랜드카지노의 경우 1,204억원으로 총 2,478억원을 납부한 것으로 나타났다(문화체육관광부, 전게 2012년 기준 연차보고서, p.305).

2) 부정적 효과

첫째, 카지노를 비롯하여 각종 사행산업을 허용함에 있어서 가장 문제시되는 부문이 과도한 이용에서 오는 사회적 부작용이다. 즉 카지노게임에 자신이 의도한 것보다 더 많은 시간과 돈을 소비하게 되고, 마약 또는 알코올 중독현상이 나타나 정신적·신체적·사회적으로 심각한 문제에 직면하게 된다는 점이다.

둘째, 카지노를 허용함에 있어서 또다른 문제점은 범죄와의 관련성이라 하겠다. 카지노 이용객들은 카지노에서 돈을 잃게 되면 친구나 가족에게 돈을 빌리거나 은행 또는 금융회사로부터 돈을 대출받으며, 고리대금업자에게 재산을 담보로 돈을 빌려 카지노 자금으로 사용하게 되는데, 심지어는 불법적인 방법으로 돈을 마련하느라 범죄를 저지르는 경우도 허다하다. 이와 같이 카지노업은 단순한 도박산업이며 범죄와 도박중독증, 가정파탄 및 도산, 과소비, 사행심 조장, 폭력조직과의 연루, 불법고리대금, 돈세탁 등 각종 사회악의 온상이라는 부정적인 측면이 공존하고 있는 것이다.

따라서 대부분의 국가에서는 이러한 부작용들을 최소화하기 위해서 카지노감독위원회를 두고 관리·감독을 하고 있다. 우리나라에는 국무총리실 산하에 '사행산업통합감독위원회'가 설치되어 있다.

제2절 우리나라 카지노산업의 개관

1. 우리나라 카지노업의 발전과정[38)]

우리나라 카지노 설립의 법적 근거가 된 최초의 법률은 1961년 11월 1일에 제정된 「복표발행현상기타사행행위단속법」으로, 1962년 9월 동법의 개정된 사항에 외국인을 상대로 하는 오락시설로서 외화획득에 기여할 수 있다고 인정될 때에는 이를(외국인을 위한 카지노설립) 허가할 수 있게 함으로써 카지노 설립의 근거가 마련되었다.

이와 같은 법적 근거에 따라 외래관광객 유치를 위한 관광산업 진흥정책의 일환으로 카지노의 도입이 결정되어 1967년에 인천 올림포스호텔 카지노가 최초로 개설되었고, 그 다음해에 주한 외국인 및 외래관광객 전용의 위락시설(게임시설)로서 서울에 워커힐호텔 카지노가 개장되었다.

그런데 1969년 6월에는 「복표발행현상기타사행행위단속법」을 개정하여 이

38) 오수철 외 3인 공저, 최신 카지노경영론(서울:백산출판사, 2012), pp.69~71.

때까지 카지노에 내국인출입을 허용했던 것을, 이후로는 카지노 내에서 내국인을 상대로 사행행위를 하였을 경우 영업행위의 금지 또는 허가취소의 행정조치를 취할 수 있게 함으로써 카지노에 내국인 출입이 제한되고, 외국인만을 출입시키는 법적 근거가 마련되었다.

1970년대에 들어 카지노산업이 주요 관광지에 확산되어 4개소가 추가로 신설되었으며, 1980년대에는 2개소가 추가 신설되었고, 1990년대에는 5개소가 신설되면서 전국적으로 13개 업체가 운영되었다.

한편, 1991년 3월에는 「복표발행현상기타사행행위단속법」이 「사행행위등 규제 및 처벌특례법」으로 개정됨에 따라 계속적으로 '사행행위영업'의 일환으로 규정되어 오던 카지노를 1994년 8월 3일 「관광진흥법」을 개정할 때 관광사업의 일종으로 규정하고, 문화체육관광부장관이 허가권과 지도·감독권을 갖게 되었다. 다만, 제주도에는 2006년 7월부터 「제주특별자치도 설치 및 국제자유도시 조성을 위한 특별법」이 제정·시행됨에 따라 제주특별자치도에서 외국인전용 카지노업을 경영하려는 자는 제주도지사의 허가를 받도록 하였다.

이와 같이 외국인전용 카지노의 허가권을 갖게 된 문화체육관광부는 2005년 1월 28일자로 한국관광공사 자회사인 (주)그랜드코리아레저에 3개소(서울 2개소, 부산 1개소)의 카지노를 신규 허가하여 2006년 상반기 모두 개장하였다.

한편, 1995년 12월에는 「폐광지역개발지원에 관한 특별법」이 제정되면서 강원도 폐광지역에 내국인 출입카지노를 설치할 수 있는 근거가 마련되었으며, 이에 따라 2000년 10월 28일에 강원도 정선군에 강원랜드 스몰카지노가 개장되었고, 2003년 3월 28일에는 메인카지노를 개장하였다. 이로써 1969년 6월 이후 금지되었던 내국인출입 카지노의 시대가 개막되었다.

2. 우리나라 카지노업체 현황

외국인전용 카지노는 1967년 인천 올림포스호텔 카지노 개설을 시작으로 2005년 한국관광공사에 신규 허가 3개소를 포함하여 2012년 12월 말 기준으로 전국에 16개 업체가 운영 중에 있으며, 지역별로는 서울 3개소, 부산 2개소, 인천 1개소, 강원 1개소, 경북 1개소, 제주 8개소이다. 내국인출입 카지노는 강원랜드카지노 1개소가 운영 중에 있다.

3. 우리나라 카지노업의 허가 등[39]

1) 카지노업 허가의 개요

우리나라 카지노설립의 법적 근거가 된 최초의 법률은 1961년 11월 1일에 제정된 「복표발행현상기타사행행위단속법」으로, 이 법이 1991년 3월에 「사행행위등 규제 및 처벌특례법」으로 개정됨에 따라 계속적으로 사행행위영업의 일환으로 규정되어 오던 카지노를 1994년 8월 3일 「관광진흥법」을 개정할 때 관광사업의 일종으로 규정하고, 문화체육관광부장관이 허가권과 지도·감독권을 갖게 되었다. 다만, 제주도에는 2006년 7월부터 「제주특별자치도 설치 및 국제자유도시 조성을 위한 특별법」이 제정·시행됨에 따라 제주특별자치도에서 외국인전용 카지노업을 경영하려는 자는 제주도지사의 허가를 받도록 하였다.

한편, 2005년에는 「기업도시개발특별법」 개정을 통하여 관광레저형 기업도시 조성시 호텔업을 포함하여 관광사업 3종 이상, 카지노업 영업개시 신고시점까지 미화 3억달러 이상 투자하고 영업개시 후 2년 이내 미화 총 5억달러 이상을 투자할 경우 외국인전용 카지노의 신규허가가 가능하도록 하였다.

또 2009년에는 「경제자유구역의 지정 및 운영에 관한 특별법」 개정을 통하여 경제자유구역에서 외국인 투자금액이 미화 5억달러 이상이고 호텔업을 포함한 관광사업 3종 이상, 카지노 신고시점까지 미화 3억달러 이상을 투자하고 영업개시 이후 2년 이내 총 5억달러를 투자할 경우 외국인전용 카지노 신규허가가 가능하도록 하였다.

39) 조진호 외 4인 공저, 전게서, pp.197~208. 참조.

2) 카지노업의 허가관청

관광사업 중 카지노업은 허가대상업종이다. 즉 카지노업을 경영하려는 자는 전용영업장 등 문화체육관광부령으로 정하는 시설과 기구를 갖추어 문화체육관광부장관의 허가(중요 사항의 변경허가를 포함한다)를 받아야 한다(관광진흥법 제5조 1항). 다만, 제주도는 2006년 7월부터 「제주특별자치도 설치 및 국제자유도시 조성을 위한 특별법」(이하 "제주특별법"이라 한다)이 제정·시행됨에 따라 제주특별자치도에서 외국인전용 카지노업을 경영하려는 자는 제주도지사의 허가를 받아야 한다(제주특별법 제171조의6).

3) 카지노업의 허가요건 등

(1) 허가대상시설

문화체육관광부장관(제주특별자치도는 도지사)은 카지노업의 허가신청을 받은 때에는 다음 요건의 어느 하나에 해당하는 경우에만 허가할 수 있다.

① 최상등급의 호텔업시설 — 첫째, 카지노업의 허가신청을 할 수 있는 시설은 관광숙박업 중 호텔업시설이어야 한다. 둘째, 호텔업시설의 위치는 국제공항 또는 국제여객선터미널이 있는 특별시·광역시·도·특별자치도(이하 "시·도"라 한다)에 있거나 관광특구에 있어야 한다. 셋째, 호텔업의 등급은 그 지역에서 최상등급의 호텔 즉 특1등급이라야 한다. 다만, 시·도에 최상등급의 시설이 없는 경우에는 그 다음 등급(특2등급)의 시설만 허가가 가능하다.

② 국제회의시설업의 부대시설 — 국제회의시설의 부대시설에서 카지노업을 하려면 대통령령으로 정하는 요건(동법시행령 제27조 2항 1호의 요건)에 맞는 경우 허가를 받을 수 있다.

③ 우리나라와 외국을 왕래하는 여객선 — 우리나라와 외국을 왕래하는 2만톤급 이상의 여객선에서 카지노업을 하려면 대통령령으로 정하는 요건(동법시행령 제27조 2항 2호의 요건)에 맞는 경우 허가를 받을 수 있다.

(2) 허가요건

① 관광호텔업이나 국제회의시설업의 부대시설에서 카지노업을 하려는 경우의 허가요건(동법시행령 제27조제2항 1호, '관광진흥조례' 제37조제1항 1호)

가. 해당 관광호텔업이나 국제회의시설업의 전년도 외래관광객 유치실적이 문화체육관광부장관(제주도지사)이 공고하는 기준에 맞을 것

나. 외래관광객 유치계획 및 장기수지전망 등을 포함한 사업계획서가 적정할 것

다. 위의 나.목에 규정된 사업계획의 수행에 필요한 재정능력이 있을 것

라. 현금 및 칩의 관리 등 영업거래에 관한 내부통제방안이 수립되어 있을 것

마. 그 밖에 카지노업의 건전한 육성을 위하여 문화체육관광부장관(제주도지사)이 공고하는 기준에 맞을 것

② 우리나라와 외국 간을 왕래하는 여객선에서 카지노업을 하려는 경우의 허가요건(동법시행령 제27조제2항 2호, '관광진흥조례' 제37조제1항 2호)

가. 여객선이 2만톤급 이상으로 문화체육관광부장관이 공고하는 총톤수 이상일 것(개정 2012.11.20.)

나. 외래관광객 유치계획 및 장기수지전망 등을 포함한 사업계획서가 적정할 것

다. 위의 나.목에 규정된 사업계획의 수행에 필요한 재정능력이 있을 것

라. 현금 및 칩의 관리 등 영업거래에 관한 내부통제방안이 수립되어 있을 것

마. 그 밖에 카지노업의 건전한 육성을 위하여 문화체육관광부장관(제주도지사)이 공고하는 기준에 맞을 것

(3) 허가제한

문화체육관광부장관(제주특별자치도는 도지사)이 공공의 안녕, 질서유지 또

는 카지노업의 건전한 발전을 위하여 필요하다고 인정하면 대통령령으로 정하는 바에 따라 카지노업의 허가를 제한할 수 있다(관광진흥법 제21조 2항).

4) 폐광지역에서의 카지노업허가의 특례

(1) 개 요

「폐광지역개발 지원에 관한 특별법」(제정 1995.12.29. 법률 제5089호; 이하 "폐광지역법"이라 한다)의 규정에 의거 문화체육관광부장관은 폐광지역 중 경제사정이 특히 열악한 지역의 1개소에 한하여 「관광진흥법」 제21조의 규정에 의한 허가요건에 불구하고 카지노업의 허가를 할 수 있다. 이 경우 그 허가를 함에 있어서는 관광객을 위한 숙박시설·체육시설·오락시설 및 휴양시설 등(그 시설의 개발추진계획을 포함한다)과의 연계성을 고려하여야 한다(폐광지역법 제11조 1항).

그리고 문화체육관광부장관은 허가기간을 정하여 허가를 할 수 있는데, 허가기간은 3년이다(폐광지역법 제11조제4항, 동법시행령 제15조). 그런데 이 '폐광지역법'은 2005년 12월 31일까지 효력을 가지는 한시법으로 되어 있었으나, 그 시한을 10년간 연장하여 2015년 12월 31일까지 효력을 갖도록 하였던 것을, 다시 10년간 연장하여 2025년 12월 31일까지 효력을 갖도록 하였다(폐광지역법 부칙 제2조, 개정 2012.1.26).

(2) 내국인의 출입허용

'폐광지역법'에 따라 허가를 받은 카지노사업자에 대하여는 「관광진흥법」 제28조 제1항 제4호(내국인의 출입금지)의 규정을 적용하지 아니하게 함으로써(폐광지역특별법 제11조 제3항) 폐광지역의 카지노영업소에는 내국인도 출입할 수 있도록 하였다. 다만, 문화체육관광부장관은 과도한 사행행위 등을 예방하기 위하여 필요한 경우에는 출입제한 등 카지노업의 영업에 관한 제한을 할 수 있다(폐광지역법 제11조 제3항).

(3) 수익금의 일부 사용지정

폐광지역의 카지노업과 그 카지노업을 경영하기 위한 관광호텔업 및 종합유원시설업에서 발생되는 이익금 중 법인세차감전 당기순이익금액의 100분의 25 이내의 범위에서 강원도 조례에 따라 설치하는 폐광지역개발기금에 내야 한다. 그런데 이 이익금은 폐광지역의 개발과 관련된 관광진흥 및 지역개발을 위한 사업에 사용하도록 하였다(폐광지역법 제11조 제5항, 동법시행령 제16조 2항).

5) 제주특별자치도에서의 카지노업허가의 특례

(1) 개 요

「제주특별자치도 설치 및 국제자유도시 조성을 위한 특별법」(이하 "제주특별법"이라 한다)의 규정에 의거하여 제주특별자치도지사는 제주자치도에서 카지노업의 허가를 받고자 하는 외국인투자자가 허가요건을 갖춘 경우에는 「관광진흥법」 제21조(문화체육관광부장관의 카지노업 허가권)의 규정에도 불구하고 외국인전용의 카지노업을 허가할 수 있다. 이 경우 제주도지사는 필요한 경우 허가에 조건을 붙이거나 외국인투자의 금액 등을 고려하여 둘 이상의 카지노업 허가를 할 수 있다(제주특별법 제171조의6 제1항). 이에 따라 카지노업의 허가를 받은 자는 영업을 시작하기 전까지 「관광진흥법」 제23조 제1항의 시설 및 기구를 갖추어야 한다(제주특별법 제171조의6 제3항).

(2) 외국인투자자에 대한 카지노업허가

(가) 허가요건 — 제주도지사는 제주자치도에 대한 외국인투자(「외국인투자촉진법」 제2조제1항제4호의 규정에 의한 외국인투자를 말한다)를 촉진하기 위하여 카지노업의 허가를 받으려는 자가 외국인투자를 하려는 경우로서 다음 각호의 요건을 모두 갖추었으면 「관광진흥법」 제21조(허가요건 등)에도 불구하고 같은 법 제5조제1항에 따른 카지노업(외국인전용의 카지노업으로 한정한다)의 허가를 할 수 있다(제주특별법 제171조의6 제1항).

1. 관광사업에 투자하려는 외국인투자의 금액이 미합중국화폐 5억달러 이상일 것
2. 투자자금이 형의 확정판결에 따라 「범죄수익은닉의 규제 및 처벌 등에 관한 법률」 제2조제4호의 규정에 의한 범죄수익 등에 해당하지 아니할 것
3. 투자자의 신용상태는 「신용정보의 이용 및 보호에 관한 법률」 제4조

에 따라 신용평가업무에 관한 금융위원회의 허가를 받은 2 이상의 신용정보회사 또는 국제적으로 공인된 외국의 신용평가기관으로부터 받은 신용평가등급이 투자적격 이상일 것

(나) 허가취소 — 도지사는 카지노영업허가를 받은 외국인투자자가 다음 각호의 어느 하나에 해당하는 경우에는 그 허가를 취소하여야 한다(제주특별법 제171조의6 제5항).

1. 미합중국화폐 5억달러 이상의 투자를 이행하지 아니하는 경우
2. 투자자금이 형의 확정판결에 따라 「범죄수익은닉의 규제 및 처벌 등에 관한 법률」 제2조제4호에 따른 범죄수익 등에 해당하게 된 경우
3. 허가조건을 위반한 경우

(3) 관광진흥개발기금 등에 관한 특례

제주특별자치도가 관광사업을 효율적으로 발전시키고, 관광외화수입 증대에 기여하기 위하여 '제주관광진흥기금'을 설치한 경우, 「관광진흥법」 제30조(관광진흥개발기금의 납부)제1항의 규정에도 불구하고 카지노사업자는 총매출액의 100분의 10의 범위에서 일정비율에 해당하는 금액을 제주관광진흥기금에 납부하여야 한다(제주특별법 제171조의7 및 제172조).

6) 카지노사업자의 결격사유

카지노업의 허가를 받기 위해서는 카지노사업자로서의 결격사유가 없어야 한다. 「관광진흥법」에서는 모든 관광사업자에게 일률적으로 적용되는 결격사유와 카지노사업자에게만 특별히 추가하여 적용하는 결격사유를 규정하고 있다. 이는 카지노업이 사행심(射倖心)을 조장하여 공공의 안녕과 질서를 문란하게 하고 국민정서를 해칠 염려가 있어 카지노사업자에 대한 자격요건을 다른 관광사업자보다 한층 강화할 필요가 있기 때문이다. 이에 따라 「관광진흥법」은 다음 각 호의 어느 하나에 해당하는 자는 카지노업의 허가를 받을 수 없도록 하고 있다(동법 제22조 1항).

1. 19세 미만인 자
2. 「폭력행위 등 처벌에 관한 법률」 제4조에 따른 단체 또는 집단을 구성하거나 그 단체 또는 집단에 자금을 제공하여 금고 이상의 형의 선

고를 받고 형이 확정된 자
3. 조세를 포탈(逋脫)하거나 「외국환거래법」을 위반하여 금고 이상의 형을 선고받고 형이 확정된 자
4. 금고 이상의 실형을 선고받고 그 집행이 끝나거나 집행을 받지 아니하기로 확정된 후 2년이 지나지 아니한 자
5. 금고 이상의 형의 집행유예를 선고받고 그 유예기간 중에 있는 자
6. 금고 이상의 형의 선고유예를 받고 그 유예기간 중에 있는 자
7. 임원 중에 제1호부터 제6호까지의 규정 중 어느 하나에 해당하는 자가 있는 법인

제 13 장

리조트사업

제1절 리조트사업의 이해
제2절 주요 분야별 리조트사업

제13장
리조트사업

제1절 리조트사업의 이해

1. 리조트의 개념

1) 사전적 정의

리조트(resort)의 사전적 의미는 "건강, 휴양 등과 관련하여 사람들이 자주 가는 장소" 또는 "대중적인 오락, 레크리에이션의 장소"로 해석되고 있는데, 우리나라의 경우에는 '휴양지', '관광단지' 또는 '종합휴양시설' 등의 개념으로 해석되고 있다.

2) 우리나라 「관광진흥법」에서의 정의

우리나라의 경우, 법규정상 리조트라는 개념에 정확히 상응하는 규정은 아직까지 없고, 이와 유사한 개념으로 현행 「관광진흥법」에서 규정하고 있는 관광객이용시설업 중 종합휴양업(제1종·제2종)으로 분류되어 있을 따름이다.

「관광진흥법」에서 규정하고 있는 종합휴양업이란 "관광객의 휴양이나 여가선용을 위하여 숙박시설 또는 음식점시설을 갖추고 전문휴양시설 중 두 종류 이상의 시설을 갖추어 관광객에게 이용하게 하는 업이나, 또는 숙박시설 또는 음식점시설을 갖추고 전문휴양시설 중 한 종류 이상의 시설과 종합유원시설업의 시설을 갖추어 관광객에게 이용하게 하는 업"을 말한다.

3) 일본의 '종합휴양지역정비법'에서의 정의

일본에서는 '종합휴양지역정비법'(일명 '리조트법')이 제정되어 있어 여기에서 리조트를 "양호한 자연조건을 가지고 있는 토지를 포함한 상당규모(15ha)의 지역에 있어서 국민이 여가 등을 이용하려고 체재하면서 스포츠, 레크리에이션, 교양문화활동, 휴양, 집회 등의 다양한 활동을 할 수 있도록 종합적인 기능이 정비된 지역(약 3ha)"으로 규정하고 있다. 이 정의에 따르면 리조트는 ① 체재성, ② 자연성, ③ 휴양성(보양성), ④ 다기능성, ⑤ 광역성 등의 요건을 모두 겸비하고 있어야 하는 것으로 해석하고 있다. 따라서 하나의 요건만 만족시켰다고 해서 모두 리조트라고 말할 수 없다는 것이다.

4) 리조트의 정의

오늘날 리조트는 흔히 "종합 레크리에이션 장소" 또는 "체재형 관광지"라고 불리지만, 정확한 개념에 대해서는 견해에 따라 차이가 많다. 사회환경 변화에 따른 리조트의 의미는 다양하게 사용되고 있는데, 넓은 의미의 리조트는 "일정한 장소에 거주 또는 체재할 수 있는 생활장소로서 여가를 즐길 수 있는 공간과 개인의 자기발전을 위해 다양한 여가활동을 즐기는 곳" 또는 "일상적인 공간을 떠나 색다른 공간에서 자신을 재정비하는 시간을 가지고 즐기는 행위"라는 의미를 가진다. 한편, 좁은 의미에서의 리조트는 "기분전환을 위하여 레크리에이션과 스포츠 활동을 목적으로 시간을 보내기 위한 특정한 지역 또는 장소"를 의미하는 공간의 개념으로 이해하기도 한다.

일반적으로 리조트는 체재성, 자연성, 휴양성, 보양성, 다기능성 등의 요건을 갖추고 있어야 한다. 즉 리조트의 개념에는 다양한 서비스의 제공이라는 기능적 측면과 다양한 경험과 즐거움의 제공이라는 상징적 측면이 함께 있다. 따라서 리조트는 일정규모의 지역에 레크리에이션, 스포츠, 오락, 교양, 숙박 등을 위한 시설들이 복합적으로 갖추어져 심신의 휴양 및 에너지의 재충전을 목적으로 구성된 지역으로 정의할 수 있다.

따라서 본서에서는 리조트를 "자연경관이 수려한 일정규모의 지역에 관광객의 욕구를 충족시킬 수 있는 레크리에이션, 스포츠, 상업, 문화, 교양, 오락, 숙박 등을 위한 시설들이 복합적으로 갖추어져 재방문을 유도하고 심신의 휴양 및 에너지의 재충전을 목적으로 조성된 4계절 종합휴양지"라고 정의하고자 한다.

2. 리조트의 기본시설[40)]

체재성이 요구되는 리조트는 숙박시설과 이에 부속되는 식음료시설, 문화·위락시설, 스포츠시설, 상업시설 등의 부대시설로 구성된다. 이러한 시설물은 리조트의 입지나 유형에 상관없이 리조트를 운영하는데 필요한 기본적인 시설이며, 입지적인 특징이나 자연환경의 특징에 따라 특별한 활동이나 레크리에이션을 지원하기 위한 별도의 특수시설들이 추가되어지기도 한다.

1) 숙박시설

숙박시설을 구성하는 대표적인 것은 호텔과 콘도미니엄을 들 수 있으며, 리조트 계획시 전체 이미지를 결정짓는 가장 중요한 시설이자 투자가 가장 많이 요구되는 시설이다. 숙박시설은 전체 리조트와 유니트의 형태, 유형 및 질을 결정하는 기준이기 때문에 리조트의 계획 초기단계부터 신중히 다루어져야 한다.

2) 식음료시설

고객들의 식습관과 기호의 변화는 리조트에 있어 식음료시설의 디자인과 운영에 상당한 영향을 주었다. 최근에는 정해진 시설 내의 식당에서 의례적인 식사를 반복하는 것으로부터 멀어져 가는 추세이다. 따라서 다양해진 개인의 선호도에 따라 더 많은 기회가 제공되어야 하며, 그러기 위하여 고려해야 할 사항은 다음과 같다.

① 다양한 소규모 식사공간으로 구성된 레스토랑을 만들고 각각 분명한

40) 김상무 외 2인 공저, 최신 관광사업경영론(서울:백산출판사, 2011), pp.298~301.

개성과 분위기를 연출한다.

② 숙박객들이 리조트 내의 레스토랑을 쉽게 이용할 수 있도록 계획되어야 한다.

③ 호텔, 콘도, 유스호스텔의 투숙객들이 레스토랑, 커피숍, 그릴, 바, 카페, 스낵식당 등을 이용할 수 있도록 배치되어야 한다.

④ 퐁듀 레스토랑, 바비큐, 토속식당과 같은 전문 레스토랑과 바는 숙박시설과 공동으로 혹은 아웃소싱되어 독립적으로 운영될 수 있으며, 특별한 맛이나 특색있는 음식을 제공한다.

최근에는 하나의 리조트에서 여러 개의 레스토랑을 운영하는데 생기는 어려움을 해소하고, 분산된 주방과 저장시설, 그 밖의 지원시설의 수와 규모를 줄이기 위해 많은 양의 음식을 동시에 조리할 수 있는 대형 메인주방을 배치하여 집중적으로 처리하는 추세이다.

3) 레크리에이션시설

리조트가 도심지호텔과 구별되는 가장 큰 특징 중에 하나는 다양한 스포츠시설을 구비하고 있다는 점이다. 스포츠시설 계획에 있어서 고려되어야 할 사항은 이용객의 유형과 그 지역의 기후조건, 그리고 강조하고자 하는 리조트의 이미지 등이다.

특히 골프, 스키, 테니스, 볼링 등 주요 스포츠시설은 고객의 기호와 선호도에 따라 선정되어야 하며, 수영장이나 각종 수상스포츠시설은 리조트가 위치한 지역의 날씨와 자연환경에 큰 영향을 받는다. 일반적으로 리조트가 갖추어야 할 스포츠시설을 알아보면 다음과 같다.

(1) 운동장

운동장과 잔디밭은 리조트의 개발에 부수적으로 조성되는 경우가 많으며, 어른과 아이들 모두가 이용한다. 이용가능한 스포츠로는 간단한 기구 외에 별도의 시설이 필요 없는 배드민턴, 배구, 농구, 족구 등이 있으며, 그 외에 다양한 용도(캠프파이어, 야외콘스트, 야외극장, 단체 야외행사장 등)로 사용할 수 있다.

(2) 골프장

골프코스는 규모가 큰 리조트를 제외하면 꼭 필요한 시설은 아니다. 정규 홀은 40~60ha의 면적을 필요로 하며, 특히 건조한 지역에서는 경제적으로 운영상 부담이 크고, 낭비적인 공간이 되기도 한다. 하지만 최근 골프인구의 급증에 따른 초과수요 현상의 지속과 그린피 인상 등으로 활황국면을 유지하고 있으며, 국내 리조트기업들도 높은 수익성으로 인한 비수기 타개책과 부유층을 유인하는 매력요인으로 리조트 건설 초기부터 골프장 건설을 추진하고 있다.

(3) 수영장 및 사우나

수영장은 모든 유형의 리조트에서 꼭 필요한 시설이며, 보통 사우나, 마사지룸, 피트니스센터와 복합적으로 구성된다. 산지리조트나 추운 지역에 위치한 리조트의 경우 온수의 제공을 기본으로 하고, 규모가 큰 풀은 수온을 유지하고 날씨에 상관없이 실내화하고, 작은 규모의 풀과 별도의 얕은 수심의 풀은 어린이나 수영을 못하는 이용자의 강습을 위하여 필요하다. 수영장은 단지 스포츠만을 위한 시설이 아니라, 휴식, 일광욕, 오락 같은 많은 행위를 수용할 수 있다. 또한 야외만찬이나 바의 배경무대로 쓰일 수 있다. 그래서 대부분의 리조트에서는 실내·실외 수영장을 리조트단지 내에 설치하여 운영하고 있다.

(4) 승마장

승마장은 리조트에 인기있는 시설로 외국의 리조트에서는 빠르게 증가하는 추세이며, 여름과 겨울철에 모두 이용이 가능하며 전원지역 리조트에서 증가하고 있는 추세이다. 승마코스는 산책길로서 리조트 주변을 따라 개발되어야 하며, 이를 연장시켜 승마코스나 며칠 간의 승마여행 코스를 개발할 수도 있다. 이를 위해서 목적지마다 별도의 숙박시설 및 코스 상에서 약 30km마다 서비스시설을 마련하여야 한다.

(5) 동계형 스포츠시설

우리나라의 대표적인 관광시즌은 주된 이용시기가 봄, 여름, 가을에 편중되어 있으며, 겨울철에 이용할 수 있는 휴양시설로는 스키리조트 정도이다.

4계절형 리조트로서의 기준을 충족하기 위해서는 관광비수기인 겨울철에도 방문객들이 즐겨 이용할 수 있는 동계형 레저시설을 구비하는 것이 필요하다. 대표적인 동계형 스포츠시설로는 눈썰매장과 스키장시설을 들 수가 있다.

(6) 기타 시설

문화·위락 시설에는 위의 시설 이외에도 리조트의 매력을 증가시키기 위하여 또는 기후나 자원의 제약을 극복하기 위한 여러 시설이 있다. 여기에 포함되는 시설로는 축제나 전시회를 위한 다목적 홀, 야외극장, 체육시설, 식물원, 동물원 등을 들 수 있다.

3. 리조트사업의 특성과 유형[41)]

1) 리조트사업의 특성

리조트는 현대사회가 부과하는 다양한 스트레스에서 벗어나 본래의 자기를 찾고 싶다는 사람들이 증가함에 따라 보급되어 온 기본적 성격을 갖고 있다.

그래서 사회가 점점 근대화하고, 경제적 가치와 합리성이 한층 중시되어져 가는 것이 예상되면서부터 경쟁사회에 있어서 정신과 육체에 대한 정신적 압박감은 점차 커지고, 이로써 리조트에 대한 요구도 높아져 가게 된 것이다. 리조트사업은 이러한 인간의 정신과 관련되는 사업영역을 갖고 있기 때문에 리조트시설 등의 하드웨어적 요소만으로는 불충분하다. 서비스와 시스템, 사상, 혹은 리조트를 둘러싼 문화, 자연환경 등의 주변적 요소와 전체적 조화가 리조트로서의 성립에 중요한 의미를 갖고 있다.

정신과 육체의 피로를 푸는 것뿐만 아니라 내일의 활력을 배양하고, 가족 또는 친한 사람들과 즐겁게 한 때를 보내거나, 잃어 버렸던 자연으로 회귀하거나, 혹은 창조적인 활동을 하기 위해서 많은 사람들이 리조트를 찾고 있다고 할 수 있다. 이러한 요구에 대응하는 것이 본래의 의미에서 '리조트'

---

41) 김용상외 9인 공저, 관광학(서울:백산출판사, 2011), pp.130~133.

라고 부르는 것이다.

이러한 리조트를 현실의 사업이라는 측면에서 보는 경우, 다른 산업과 비교해 어떠한 특색을 갖고 있는지 살펴보면 다음과 같다.

① 생산과 소비의 동시점(同時點)·동지점성(同地點性)

② 수요의 불안전성

③ 막대한 초기투자

이러한 특징의 하나하나를 보면 다른 산업에도 해당하는 것이지만, 이러한 3가지 특징을 모두 충족하는 것이 리조트사업의 특색이다.

첫째, 생산과 소비의 동시점·동지점성인데, 이것은 서비스업 전반에 걸친 공통적인 특징이다. 다시 말하면 재고(stock)가 없다는 표현이 가능하다. 예를 들면, 리조트지역의 개인용 풀장 주변공간에서 음료를 제공한다는 서비스 제공행위와 음료를 마시면서 일광욕을 하고 시간을 보낸다는 소비행위는 공유하는 시간(동시점)에 공유하는 장소(동지점)를 고려하지 않으면 안된다. 이 때문에 이용자가 많아 의자의 수용량을 상회할 경우에는 자리가 빌 때까지 고객을 기다리게 하지 않으면 안된다(하지만, 기다리고 있는 사이에 기후가 변화하든가, 저녁이 되어서 일광욕을 할 수 없다는 상황도 있을 수 있다). 기다리는 사람이 이용을 단념하지 않게 하기 위하여 공간을 확대한다면(풀 사이드를 넓혀 의자를 증설하고, 숙박시설의 수용량을 올리고, 음료수와 서비스맨의 수를 늘린다), 고객수가 적을 때에는 시설과 노동력이 유휴화하게 된다. 이렇듯 리조트사업은 재고가 없기 때문에 안정적인 서비스 제공이 불가능하다. 이것이 경영을 압박하는 원인이 된다.

둘째, 수요의 불안정성이다. 이것은 수요자측에서 볼 때, 리조트가 그들의 생활가운데에서 얼마만큼의 비중을 갖고 있는가라는 것과 리조트가 시간소비형의 행동이라는 것에 크게 유래하고 있다. 그렇기 때문에 리조트는 대부분의 사람들에게 생활필수는 아니다. 리조트에 대한 수요크기는 경기와 가계의 상황에 크게 좌우되어지는 것이라 생각된다. 더욱이 무슨 일이 있어도 리조트가 생활에 자리잡지 않으면 안된다고 생각하는 사람은 적다. 어차피 리조트에서 시간을 보낸다면, 가능한 한 지내기 쉬운 기후시기와 그 리조트지에서 특정계절에만 있는 것(스키·해수욕 등)이 가능한 시기를 선택하고 싶어 한다. 이 때문에 수요가 불안정하다는 것과 함께 전망도 불투명한 것이 리조트경영을 불안정하게 하는 하나의 요소로 존재한다.

셋째, 막대한 초기투자이다. 리조트사업은 일반적으로 거대한 토지취득과 시설조성 및 기반정비에 거액의 선행투자가 필요하다. 특히 일본처럼 지가가 높고 토지이용상의 각종 규제가 많은 나라에서는 넓은 용지를 확보하는 것만으로도 큰 비용이 발생하게 된다.

2) 한국 리조트의 유형

우리나라 리조트는 고원형이 주종을 이루었으나, 앞으로는 우리나라가 3면이 바다인 지리적 여건으로 해양형 리조트의 개발도 활기를 띨 것으로 전망된다. 관광객들의 휴가철 방문지 선호도에서 바닷가가 단연 1위를 차지하고 있다는 점에서도 개발가능성이 높다고 본다.

주5일제 근무와 조기 출퇴근제 등 탄력적 근무 분위기 확산에 따라 자유시간이 늘어났고, 국민소득 증가와 승용차 보급의 확대 및 가족단위의 레저생활 등으로 레저 패턴이 단순 숙박 관광형에서 체류·휴양형으로 변화함에 따라 다양한 시설을 구비한 대형 리조트의 필요성이 대두되고, 이러한 레저수요의 확대성향이 대기업들의 활발한 참여 현상으로 이어지고 있다.

리조트는 산악형, 수변형, 임해형, 건강·온천·스포츠형, 위락형으로 나눌 수 있다.

제2절 주요 분야별 리조트사업

현재 우리나라에서 운영 중인 리조트는 산악고원형으로 스키장중심으로 구성되어 있다. 따라서 다른 경쟁업체들과 비교해서 특별한 시설이나 컨셉을 가지지 않고 차별화되지 못하고 있는데, 이는 좁은 국토에서 기후에 차이가 없고 산지가 많기 때문이다. 또한 운영면에서도 초기투자자본의 조기회수를 위하여 콘도미니엄 분양을 중심으로 이루어지고 있다.

1. 스키리조트

스키리조트는 스키장을 기본으로 다른 레크리에이션시설을 갖춘 종합휴양지를 의미하는데, 특히 4계절이 뚜렷한 우리나라의 경우 비수기 기간이 너무 길어 스키장만을 운영하기보다는 골프장, 콘도미니엄 등을 복합적으로 갖추는 것이 일반적이다.

스키리조트는 눈이라고 하는 천연자원이 가장 핵심적인 상품으로 다른 리조트에 비해 계절성이 강하다. 또한 스키로 활강하기에 적합한 경사도를 확보해야 하기 때문에 산악지대에 위치하는 것이 가장 큰 특징이다.

'겨울철 스포츠의 꽃'으로 불리는 스키는 1990년대 중반 이후 국민소득수준의 향상, 자유시간의 증가 등으로 빠르게 보급되고 있다. 1989년 이전까지는 용평, 양지파인, 베어스타운 등 5개소에 불과했으나, 1990년에 무주리조트와 사조마을이 개장해 총 7개소로 늘었다. 그후 1992년에는 서울, 대명홍천이, 1995년에는 현대성우, 휘닉스파크 등이 문을 열어 총 11개소로 늘어났다. 그리고 1996년 지산스키장, 2002년 강촌스키장, 2006년에는 오크밸리 스키장, 하이원리조트, 에덴밸리스키장이 개장하였고, 2008년에는 오투리조트와 곤지암리조트가 개장하였으며, 가장 최근에는 알펜시아리조트가 2009년 12월에 개장하였다.

2012년 기준으로 국내에서 운영중인 스키장은 19개소인데, 스키장의 대부분이 경기도와 강원도에 편중되어 있음을 알 수 있다. 이는 이들 지역이 눈이 많이 내리고 눈의 질이 좋은데다 수도권의 스키어를 유치하는 데 접근성이 유리하기 때문이다.

2. 골프리조트

골프리조트란 골프장을 기본으로 각종 레크리에이션시설이 부가적으로 설치되어 있는 리조트를 말한다. 일반적으로 골프장은 컨트리클럽과 골프클럽으로 나누고 있다. 컨트리클럽(country club)은 골프코스 외에 테니스장, 수영장, 사교장 등을 갖추고 있으며 회원중심의 폐쇄적인 사교클럽의 성격을 가지고 있다. 이에 비하여 골프클럽(golp club)은 골프코스가 중심이고 회원제이긴 하나 컨트리클럽에 비해 덜 폐쇄적이다.

이용형태에 따라서는 회원제 골프장과 퍼블릭 골프장으로 구분된다. 회원제 골프장(membership course)은 회원을 모집하여 회원권을 발급하고 예약에 의해 이용하게 하는 골프장으로 회원권 분양에 의해 투자자금을 조기에 회수하는 것이 용이한 장점이 있다. 퍼블릭골프장(public course)은 기업이 자기자본으로 코스를 건설하고 방문객의 수입으로 골프장을 경영하는 형태로 누구나 이용할 수 있고 이용요금도 저렴한 편이지만, 투자비 회수에 장기간이 소요된다는 단점이 있다.

현재 우리나라 지역별 골프장 현황은 서울에 인접한 북부지역의 경부고속도로 또는 중부고속도로 인접지역에 대부분 위치하고 있으며, 서울·인천·경기 등 대도시지역에 편중현상이 나타나고 있다. 새로 건설되는 골프장은 수도권이 어느 정도 포화상태를 보임에 따라 주로 강원도와 제주도에 집중될 것으로 예상된다.

3. 마리나리조트

1) 마리나리조트의 개념

마리나(marina)에 관한 통일적인 정의는 없으나 일반적인 의미로는 다양한 종류의 선박을 위한 외곽시설, 계류시설, 수역시설 및 이와 관련된 다양한 서비스를 갖춘 종합적인 해양레저시설을 말한다.

해양성 레크리에이션에 대한 수요가 점진적으로 더욱 다양화·전문화되어지고 있으므로 수상 및 레크리에이션의 중심시설인 마리나 리조트에 대한 국민의 요청도 함께 증가하고 있다.

최근에는 여가활동이 진행되는 가운데 해양레저 레크리에이션도 다양화되어 해수욕, 선텐, 낚시, 해상유람 등 전통적인 것에 비하여 세일링요트, 모터요트, 수상오토바이, 수상스키, 서핑 등 해양 레저활동의 유형이 다양화되어지고 있다. 이와 같이 해수욕, 보트타기, 요트타기, 수상스키, 스킨다이빙, 낚시, 해저탐사 등과 같은 다양한 해변 레저활동을 즐길 수 있는 체제를 위한 종합적인 레저·레크리에이션 시설 또는 지역을 마리나 리조트(marina resort)라고 말한다.

해양 레저스포츠의 발전을 위하여 마리나의 개발이 세계 각 도시에서 시작된 배경에는 지역에 따라 특성이 다르겠지만, 공통점은 마리나의 개발이 도시조성에 있어서 매력적인 요소가 매우 많다는 점과 대도시 주변에서는 항만의 재개발에 대한 요청이 높아지고 있다는 것이다.

마리나리조트 개발형태는 해변형, 마리나형, 종합휴양형, 기능전환형, 신규개발형으로 분류할 수 있는데, ① 해변형은 해수욕을 중심으로 하며, 주로 해변을 이용하는 해양 레크리에이션을 진흥하는 형태이고, ② 마리나형은 마리나를 중심으로 해양성 레크리에이션 기지화를 목표로 하는 형태이고, ③ 종합휴양형은 장기체재를 염두에 두고 종합적 휴양지 개발을 지향하는 형태이고, ④ 기능전환형은 어항·창고 등을 포함하여 기존기능을 전환시켜 새로운 레크리에이션적 수변이용을 촉진시키는 형태이며, ⑤ 신규개발형은 대규모 인공개발을 통하여 해양성 레크리에이션 공간을 새롭게 조성하는 형태로 타 기능도 포괄적으로 포함하여 개발을 전개하는 형태이다.

2) 국내 주요 마리나리조트[42]

현재 국내에서 운영중인 주요 마리나리조트를 소개하면 다음과 같다.

(1) 부산 수영만 요트경기장 마리나

부산 수영만 요트경기장(Busan Yachting Center)은 1983년 건설되어 1986년 아시안게임과 1988년 서울올림픽 때 요트경기를 개최한 곳이다. 총규모가 234,573㎡로서 약 1,390척의 요트를 계류할 수 있는 세계적인 요트경기장으로 아시아에서는 최대 규모를 자랑하며, 부산의 명물이자 국제적인 관광명소가 되었다.

부산 지하철 2호선 동백역에서 도보로 10분 거리에 위치하며, 인근에 해운대해수욕장과 동백섬 등이 있다. 마리나 단지 내에는 시네마테크와 국제무역전시관도 갖추고 있다. 시네마테크는 1999년 8월 개관한 이후 부산국제영화제 야외 상영관으로 활용되는 등 복합 영상문화공간의 역할을 하고 있

42) 유도재, 리조트경영론(서울:백산출판사, 2013), pp.294~298.

다. 이 외에도 마리나 내에는 요트학교, 윈드서핑학교, 잠수학교 등 각종 해양레저 강습소와 부산수상항공협회, 스킨다이빙협회, 우주소년단 등 전문단체들이 들어서 있다. 또한 수영만 해역은 요트를 타기에 적합한 자연여건을 갖추고 있어 매년 국내외 요트경기대회가 개최되고 요트 매니아들이 가장 많이 즐겨 찾는 곳이다.

(2) 충무마리나 리조트

민간마리나의 형태로서 경남 통영시에 위치하고 있는 충무마리나 리조트는 한국 최초의 육·해상 종합리조트로서 미개발된 부분을 포함하여 총규모는 14,966㎡이며, 해상 계류장은 통영시로부터 공유수면을 임대하여 사용하고 있다. 계류능력은 130척(육상 40척, 해상 90척)으로서 요트를 포함한 다양한 종류의 해양레저스포츠와 해양관광을 즐길 수 있는 곳이다.

충무 바닷가에 위치한 콘도미니엄은 272실의 객실을 갖추고 있는데, 어느 객실에서나 쪽빛 남해 바다와 아름다운 충무항을 감상할 수 있도록 설계되어 있고, 마리나는 요트전용 항구로서 해양레저스포츠에 대한 강습과 투어 등이 실시된다.

주요 시설은 마리나 시설과 자체에서 보유하고 있는 총 24척의 요트(모터요트 15척, 세일요트 9척)와 요트클럽하우스, 요트수리소, 요트급유소, 요트적치장 등의 복합시설을 갖추고 연중무휴 회원제로 운영하고 있다.

(3) 전곡항 마리나

전곡항은 경기도 화성시 서신면 전곡리에 있는 어항이다. 전곡항마리나는 2009년 11월에 1단계로 113척(해상 60척, 육상 53척)의 요트와 보트를 계류할 수 있는 시설을 갖추고 개장하였다. 수도권에는 3개의 마리나(서울마리나, 김포마리나, 전곡항마리나)가 있는데, 그 중 가장 큰 규모를 자랑하는 마리나이다.

전곡항마리나는 파도가 적고 수심이 3m 이상 유지되는 수상레저의 최적지로서 밀물과 썰물에 관계없이 24시간 배가 드나들 수 있는 장점을 살려 다기능 테마어항으로도 조성되었다. 또한 2008년부터 매년 '경기국제보트쇼'와 '코리아메치컵 세계요트대회'가 개최되면서 전국적으로 알려지게 되었다.

2012년 1월에는 제2마리나시설 확충공사를 마치고 79척의 해상계류시설을 개장하여, 현재는 약 190척의 계류시설을 갖추게 되었다. 경기도는 전곡항과 가까운 서신면 제부도항에도 6만 6천여㎡ 규모의 마리나를 2014년 말 완공할 예정이다.

(4) 목포 요트마리나

전남 목포시가 '해양레저의 꽃'으로 불리는 요트산업을 선점하기 위해 삼학도 목포 내항에 2010년 7월 요트마리나 시설을 개장하였다. 서남권의 해양관광 레저산업의 중추 역할을 담당하게 될 '목포 요트마리나' 조성사업은 2006년 착공하여 4년간 70억(국비 35억, 지방비 55억)원의 사업비를 투자해 완공함으로써 국내 요트산업의 발전에 동참하게 되었다. 마리나의 경영은 목포에 위치한 대불대학교에서 위탁경영하고 있다.

목포시는 주5일근무제 정착과 소득향상에 따른 국민의 여가패턴이 육상관광에서 해양관광으로 수요가 변화하는 추세에 맞춰 해양레저산업의 핵심인 요트산업을 서남권에서 선점해 나가겠다는 꿈을 실현한 것이다.

목포 요트마리나는 해상부에 50피트 급 요트 32척이 접안할 수 있는 부유체식 요트계류장이 있으며, 육상부에는 클럽하우스, 요트 인양기, 레포츠 교육장, 육상적치장, 주차장 등의 부대시설을 갖췄다. 목포시는 마리나 개장과 함께 10억 5000만원의 예산을 들여 51피트 급 쌍동선 세일링 보트를 건조하였고, 요트마리나 시설에 맞춰 요트조종면허 취득 교육과 체험프로그램 등 요트스쿨도 함께 운영하고 있다.

4. 온천리조트

온천(hot spring)이란 지열로 인해 높은 온도로 가열된 지하수가 분출하는 샘을 말하는 것으로 휴양, 요양의 효과가 크고 주변풍경과 결합되어 관광자원으로서의 가치를 구성한다. 대개 화산대와 일치하는 지역에 주로 분포하고 있는데, 화산국인 일본, 아이슬랜드, 뉴질랜드를 비롯해 미국, 캐나다, 에콰도르, 콜롬비아 등 남북아메리카 화산대와 중부유럽 내륙국가에 많이 산재되어 있다. 이 중에서 세계적으로 유명한 온천은 독일의 바덴바덴(Baden Baden), 캐나다의 밤프(Banff), 미국의 옐로스톤 공원(Yellowstone Park), 일본의 아타미(熱海) 등을 꼽을 수 있다.

국내 온천의 이용형태는 여관, 호텔, 콘도 등과 같은 숙박시설과 밀접한 관련성을 맺고 있기 때문에 온천리조트는 숙박시설 중심의 관광지가 형성되는 것이 일반적이며, 1980년대 후반까지도 국내 국민관광시설의 상당수가 온천을 중심으로 발달했었다. 그러나 최근까지도 대부분의 국내 온천리조트의 개발유형은 가족단위 여행이나 편리한 교통수단으로 이용객들이 원하는 장소에 쉽게 접할 수 있는 장소에 소규모 숙박시설 중심의 정체된 개발이 주를 이루고 있는 것이 사실이다.

우리나라 온천리조트는 선진국에 비해 관광자원으로서 뒤떨어지지 않으며 그 이상의 효용을 가지고 있다. 하지만 온천리조트마다 특성이 없고 획일적인 개발방식과 단순한 이용시설로 인해 건강·보양을 목적으로 하는 체류형보다는 단순한 경유형 숙박관광지로서의 역할을 벗어나지 못하고 있는 곳이 대부분이라 할 수 있다.

온천은 국민의 심신휴양 및 건강증진 등에 크게 기여하고 있는 귀중한 관광자원이다. 따라서 정부는 1981년에 일반 지하수와는 달리 온천자원에 대한 적절한 보호와 효율적인 개발·이용 및 관리를 도모함으로써 공공의 복리증진에 이바지하기 위하여 1981년에 「온천법」을 제정하였던 것이다.

현재 동 법령의 규정에 따라 관할 지방자치단체로 하여금 온천발견 신고·수리, 온천원 보호지구 또는 온천공 보호구역 지정, 온천개발계획 수립·승인, 일일 적정 양수량에 의한 온천수이용허가 절차를 이행하게 하는 등 온천 개발·이용 및 관리 업무를 수행하고 있다.

제 14 장

외식산업

제14장 외식산업

제1절 외식산업의 이해

1. 외식의 개념

외식(外食)은 내식(內食)과 대칭되는 개념으로 두 용어 모두 일본에서 유래된 것이다. 일본 외식산업에서 가정 내 식사, 즉 내식과 구분하여 외식(外食)이라는 용어를 사용하여 왔지만 이는 단순히 가정이라는 장소적 구분만으로는 설명이 부족하다.

가정 밖에서 이루어지는 식생활을 모두 외식으로 정의한다면, 집에서 조리한 도시락과 김밥을 가지고 야외나 여행지에서 식사를 할 때 분명히 가정 밖에서 식생활을 한다고 하여 외식으로 볼 수는 없을 것이며, 또 외식점포에서 도시락, 햄버거, 피자 등을 구입하여 가정에서 식사할 때도 이를 내식으로 볼 수는 없을 것이다.

일본의 도이토시오(土井利雄)는 소비자의 외식행위도 다양하고 새로운 개념을 가진 업체들의 등장으로 인해 외식의 내식화(內食化), 내식의 외식화(外食化) 등 다양한 형태의 외식행위를 설명하기도 한다. 즉 내식적 내식(內食的 內食)은 가정에서 직접 조리하여 가정에서 직접 식사하는 행위를 설명하며, 외식적 내식(外食的 內食)은 가정에서의 조리행위가 극히 제한되는 반조리 식품과 완전 조리식품을 구매하여 가정에서 식사하는 형태를 의미한다.

내식적 외식은 가정에서 조리한 음식을 가정 밖에서 식사하는 행위를 말하며, 외식적 외식은 일반적인 외식행위, 즉 레스토랑에서의 식사행위를 의미한다. 넓은 의미로서의 외식의 범위는 내식적 외식과 외식적 외식을 포함하는 형태를 외식의 범위로 간주할 수 있을 것이다. 하지만 외식산업을 생산과 소비의 관점에서 또한 영리추구의 산업이라는 관점에서 이해한다면 외식은 외식적 외식(外食的 外食)을 의미한다고 볼 수 있다.

한편, 사전적 의미로서의 외식의 정의는 "가정 밖에서 행하는 식사행위의 총칭", "자기 집이 아닌 밖에서 식사하는 것"을 말하며, 학자들의 정의는 "가정 이외의 장소에서 시간에 구애됨이 없이 대가를 지급하는 모든 식생활활동"을 외식이라고 정의하고 있다.

이상에서의 사전적 의미와 학자들의 견해를 종합적으로 정리하면, 외식이란 "가정 밖의 외식상업시설에서 식음료와 서비스를 제공받고 그에 대한 대가를 지급하는 식사활동"이라고 정의할 수 있다.

2. 외식산업과 외식업소의 개념 구분

1) 외식산업의 정의

외식산업이란 인간의 기본적인 욕구를 충족시켜 주는 음식과 관련된 산업으로 경제발전과 더불어 국민경제에 차지하는 비중이 매우 높은 대표적 서비스산업이라 할 수 있다. 또한 외식산업은 식사를 조리해서 제공하는 식품제조업, 소비자에게 직접 판매하는 소매업, 서비스를 중심으로 하는 서비스산업의 성격이 강한 복합산업이라 할 수 있다.

외식산업은 1940년대와 1950년대를 거치면서 미국에서 "Dining-out industry" 또는 "Foodservice industry" 등으로 불려졌으며, 이 용어를 1970년대 이후 일본에서 외식산업이라고 번역하여 사용하였다. 이후 우리나라에도 롯데리아를 시작으로 외식업이 본격화되면서 외식산업이라는 용어를 사용한 것으로 본다.

우리나라는 1980년대 이전만 해도 음식의 생산 및 판매와 관련된 사업들을 요식업, 식당업, 음식업 등으로 지칭하여 오다가 1979년도에 일본에서

패스트푸드 업체인 롯데리아가 상륙하면서 일반적으로 매스컴 등에서 "외식산업"이라는 용어가 본격적으로 사용되기 시작하였다.

이러한 외식산업에 대한 다양한 의견들을 종합해 정의하면 "외식산업은 서비스가 주된 상품이므로 그 명칭을 외식서비스산업으로 부르는 것이 옳다고 생각되지만, 일반적인 표현으로 외식산업이라고 정의한다면 가정 밖에서 식사 혹은 이에 따르는 서비스를 제공하는 외식업 상업시설의 총체"로 볼 수 있겠다. 또한 "외식산업은 식사를 조리해서 제공한다는 측면에서는 식품제조업에 가까우며, 최종 소비자와 직결되어 판매한다는 측면에서는 소매업의 특성을 갖추고 있다. 따라서 외식산업은 식품제조업, 소매업, 서비스업의 3가지 산업적 성격을 합한 복합산업"이라고 정의할 수 있겠다.

2) 외식업소와 외식산업의 개념 구분[43)]

오늘날 외식업소란 조리주체, 조리장소, 취식장소 등 세 가지 요소를 갖추고 영리 또는 비영리를 목적으로 식사와 음료 등의 물적 상품과 인적 서비스를 제공하는 곳을 말한다. 이에 비해 앞에서 설명한 바 있는 외식산업은 일정한 장소에서 식음료를 유·무형의 서비스와 함께 특정 또는 불특정 다수에게 상업적 또는 비상업적 목적으로 제공하는 사업체들의 집합을 의미한다. 즉 외식업소 다수가 모인 것을 외식산업이라 할 수 있다. 그러나 외식업소와 외식산업 양자 중 어느 쪽이 더 좋고 나쁘다고 단정짓거나 정확하게 양자를 구분짓기에는 무리가 있어 보인다.

우리나라에서 외식업소라는 용어가 사용되기 전에는 요식업소, 식당, 레스토랑 등으로 불렸으며 일반적으로 음식점이라는 용어가 널리 사용되었다. 특히 '식당'이라는 표현은 외식업소라는 용어가 일반화되기 이전에 식사하는 모든 장소를 총칭하는 것이었지만, 소비자의 소득수준이 높아지고 여가시간이 확대됨에 따라 삶의 질에 대한 소비자들의 질적 욕구가 다양해지고 높아졌으며, 식사라는 것을 생리적 욕구 충족을 위한 차원이 아니라 그 이상의 차원으로 생각하는 경향이 나타나게 되었다. 이에 따라 외식업소는 고객을 대상으로 식음료 판매 및 고객 상호간 유대감을 쌓고 정보를 교환하는 커뮤

43) 정용주 저, 외식경영론(서울:백산출판사, 2012), pp.36~49.

니케이션 장소의 역할과 함께 문화생활의 공간으로 자리매김하고 있다.

3) 레스토랑의 정의

레스토랑의 어원은 1600년경 프랑스에 커피 및 코코아, 포도주 등 간단한 음료와 술을 판매할 수 있는 커피하우스(Coffee House)가 출현하였는데 이 커피하우스가 레스토랑의 전신이라고 할 수 있다. 이곳에서는 간단한 음료수를 마시면서 흥미있는 사건들에 대해 토론하며 그 지역의 상류사회에서 흘러나오는 최신 뉴스와 소문들을 주고받았다. 이러한 커피하우스의 발달로 1760년 프랑스 루이 15세 집권기간 중 몽 브랑제(Mon Boulanger)라는 사람이 자신의 집에서 양의 다리를 식재료로 사용하여 원기회복을 해준다는 수프를 만들어 판매하였는데 이 요리를 "Restaurers"라 불렀으며, 훗날 이 요리를 먹는 장소를 '레스토랑(Restaurant)'이라 부르게 된 것에서 유래된 것으로 전해진다.

국어사전에서는 레스토랑을 "식사를 할 수 있도록 설비된 방, 음식물을 만들어 손님에게 파는 집"으로 설명하고 있다. 이러한 내용을 종합하면 레스토랑이란 "일정한 장소에 필요한 시설을 갖추고 영리 또는 비영리를 목적으로 식음료의 상품과 인적 서비스를 동시에 제공하는 곳"이라고 할 수 있다.

4) 외식업소의 분류

외식업소는 소비자의 식생활을 향상시키고 고용인구를 창출하는 등 외식산업 전반에 걸쳐 중요한 역할을 하고 있으며, 단순히 음식을 제공하는 시설이 아닌 서비스와 분위기, 청결 등 종합적인 상품을 판매하는 장소로 휴식공간의 의미도 지니고 있다. 또한 외식활동이 하나의 문화생활로 자리잡기 시작하면서 다양한 형태의 레스토랑이 출현하고 변화하는 유행성을 지니고 있다. 이러한 변화에 따라 외식업소를 분류해 보면 다음과 같다.

(1) **셀프서비스 레스토랑**(Self Service Restaurant)

셀프서비스(Self Service)는 고객이 메뉴를 선택한 다음 고객이 직접 음식을 운반하거나 이동하여 점포 내 또는 점포 외에서 먹는 형태를 말한다.

대체적으로 가격이 저렴하고 신속하며, 간편하게 제공되기 때문에 식사시간이 짧고 식사후 고객이 직접 잔반을 처리하게 된다. 주로 햄버거나 샌드위치류 등의 패스트푸드 음식류와 카페테리아, 단체급식, 뷔페레스토랑 등의 셀프서비스에 해당된다고 할 수 있다.

(2) 테이블 서비스 레스토랑(Table Service Restaurant)

테이블 서비스 레스토랑은 고객의 주문에 의하여 직원이 식음료를 제공하는 레스토랑을 말하며, 일반적인 레스토랑에서 이루어지는 가장 전형적인 서비스 방식의 레스토랑이다. 테이블 서비스 레스토랑은 셀프서비스 레스토랑에 비하여 가격이 비싸고 식사제공시간이 늦으며, 이로 인하여 식사시간이 긴 편이다.

(3) 카운터 서비스 레스토랑(Counter Service Restaurant)

카운터 서비스 레스토랑은 주방대면 서비스 방식(Open Kitchen Service Style)이라고 할 수 있으며, 카운터가 테이블의 역할을 대신할 수 있어 조리사가 조리하는 과정을 지켜보면서 식사할 수 있는 형식을 말한다. 대표적인 예로 회전초밥과 같은 레스토랑을 들 수 있다.

(4) 동양식 레스토랑(Oriental Restaurant)

동양식 레스토랑은 동양의 기본적 문화가 농경문화에 바탕을 두고 발달하여 주로 곡물류 음식 및 장류 등을 활용한 조리가 주류를 이루고 있다. ① 한국식 레스토랑, ② 일본식 레스토랑, ③ 중국식 레스토랑, ④ 태국식 레스토랑 등으로 대별되고 있다.

(5) 서양식 레스토랑(Western Restaurant)

서양식 레스토랑은 서양조리의 근간을 이루고 있으며, 목축문화에 뿌리를 두고 발전하였기 때문에 육류에 기반을 둔 요리가 많으며, 육식에 따른 향신료의 사용법이 발달하였고, 나이프와 포크를 사용하는 문화적 특징을 가지고 있다. ① 미국식 레스토랑, ② 프랑스식 레스토랑, ③ 이탈리아식 레스토랑, ④ 스페인식 레스토랑 등으로 대별되고 있다.

(6) 패스트푸드 레스토랑(Fast Food Restaurant)

패스트푸드 레스토랑은 즉석 편의식품점으로 셀프서비스 방식을 주로 사용하고 제공시간이 빠르며 가격이 저렴한 편으로 대용식이나 간식의 간단한 메뉴로 구성되어 있다. 주로 햄버거나 샌드위치류, 프라이드치킨류 등을 판매하는 경우가 많으며 시간과 장소에 제약받지 않는 편이고, 동일한 방식으로 신속하게 제공되는 시간절약형 레스토랑을 말한다.

(7) 패밀리 레스토랑(Family Restaurant)

패밀리 레스토랑은 가장 넓은 의미로 사용되는 레스토랑의 대표적 명칭으로 가족단위에서 출발하여 대중화된 레스토랑을 말한다. 주로 가족이나 모임, 단체가 주요 대상이며 테이블 서비스와 풀서비스 방식을 사용하며, 코스메뉴(Course Menu)를 비롯하여 일품요리(A la carte) 등 다양한 메뉴로 구성된 레스토랑을 말한다.

(8) 테이크아웃 레스토랑(Take Out Restaurant)

테이크아웃 레스토랑은 점포에 객석이 없거나 있다고 해도 고객이 구매하여 가지고 가는 비율이 높은 레스토랑을 말한다. 패스트푸드와 유사한 측면이 있으나 내식의 간편화를 위한 개념의 레스토랑이라고 할 수 있다. 주로 커피나 김밥, 만두, 어묵 등을 판매하는 소형점포를 들 수 있다.

(9) 다이너 레스토랑(Diner Restaurant)

다이너는 중간 정도 가격의 풀서비스 레스토랑으로 영업시간이 비교적 길며 24시간 영업을 하는 곳도 있다. 다이너 레스토랑은 식사시간에 따라 제공되는 메뉴에 구애받지 않고 모든 메뉴를 주문할 수 있다.

(10) 스페셜티 레스토랑(Specialty Restaurant)

스페셜티 레스토랑은 한 가지 음식만을 전문적으로 생산·판매하는 레스토랑으로 예를 들면 스테이크, 오믈렛, 샌드위치, 해산물 등의 특정 상품을 전문으로 하는 레스토랑을 말한다.

(11) 카페테리아(Cafeteria)

카페테리아는 고객이 직접 기호에 맞는 메뉴를 선택하여 요금을 지급하고 가져다 먹는 셀프서비스 방식의 간이식당을 말하며, 대형 건물이나 휴게소, 단체급식소 등에 출점하여 있는 레스토랑을 말한다.

(12) **테마레스토랑**(Theme Restaurant)

테마레스토랑은 기차나 항공기, 극장, 동굴, 열대우림 등 테마에 적합한 분위기와 직원들의 서비스를 갖추고 식음료를 판매하는 레스토랑을 말한다.

(13) **그릴**(Grill)

그릴은 주로 일품요리(A la carte)를 제공하는 레스토랑으로 육류를 중심으로 특별요리와 특선요리 및 고급일품요리를 취급한다. 아침, 점심, 저녁 등 모든 식사시간대에 식사를 할 수 있다.

(14) **드라이브 인 레스토랑**(Drive In Restaurant)

드라이브 인 레스토랑은 승용차를 이용하는 고객이 레스토랑 내부로 들어가지 않고 자동차에 앉은 채로 음식을 주문하고 제공받는 레스토랑을 말하며, 주로 햄버거, 피자, 치킨 등의 패스트푸드를 위주로 한다.

(15) **다이닝 룸**(Dining Room)

다이닝 룸은 최고급 전문레스토랑으로 일반적으로 영업시간을 정해 놓고 조식을 제외한 점심과 저녁식사를 제공한다. 최근에는 다이닝 룸이라는 명칭을 사용하지 않으며 일부 페밀리 레스토랑을 고품격 콘셉트(Concept)로 변형시켜 캐주얼 다이닝 레스토랑으로 부르기도 한다.

(16) **뷔페 레스토랑**(Buffet Restaurant)

뷔페 레스토랑은 다양한 음식을 만들어 진열된 상태에서 고객이 일정 금액을 지급한 후 고객의 기호와 취향에 따라 음식의 양이나 시간, 횟수 등의 제약을 받지 않고 주로 셀프서비스 방식으로 음식을 먹는 곳을 말한다.

3. 외식산업의 기능

외식산업이란 인간의 기본적인 욕구를 충족시켜 주는 음식과 관련된 산업으로 경제발전과 더불어 국민경제에서 차지하는 비중이 매우 높은 대표적 서비스산업이라 할 수 있다. 이 같은 외식산업은 음식판매를 기본으로 하여 안락하고 편안한 분위기 속에서 고객의 수요에 맞춰 식음료서비스를 제공하며, 각종 모임을 위한 장소를 주선하고 주차시설을 확보하는 등 각종 편의를 제공하는 사회적·문화적 기능을 하고 있는데, 세부적인 기능을 살펴보면 다음과 같다.

첫째, 외식산업의 본질적 기능은 도시에 있어서 생활하는 사람들에게 거주지에 가까운 곳, 근무지와 외출하는 곳에서 가까운 곳에 점포를 개설하고 그들의 생명유지에 필요한 식사수요의 발생을 기다리고 그것이 이루어졌을 때 식사를 제공하는 것이다.

둘째, 외식산업은 도시사회의 진화와 보조를 맞추어서 입지조건의 변화를 계속 발생시킴으로써 외식점포의 다산다사(多産多死) 현상을 되풀이하면서 식(食)의 다양화와 서비스 수준의 향상을 실현하는 기능을 갖고 있다.

셋째, 외식서비스산업의 3대 기능은 ① 식자재의 조달기능, ② 식사와 요리를 제공하는 조리·가공기능, ③ 판매와 서비스를 하는 기능이다. 외식서비스산업이 이러한 3개의 활동기능을 갖고 있는 면에서 보면 3가지 산업적 성격을 합쳐 있는 면에서 기능적 면을 고려할 수 있다. 즉 조리·가공기능이란 구체적으로는 요리라는 상품을 만드는 것(제조기능), 식사 또는 요리를 상품으로 하여 최종 소비자에게 판매되는 외식서비스산업으로서의 소매업적 성격을 갖고 있다(소매기능). 또한 제조기능과 소매기능에 병행해서 서비스 기능이 있다.

4. 외식산업의 특성

외식산업은 단순한 음식업의 개념에서 벗어나 식사는 물론 인적 서비스나 분위기를 소비자의 기호에 맞게 제조하여 판매하는 복합적인 산업으로 자리 잡고 있다. 이러한 외식산업은 사업적 측면에서 볼 때 점포의 위치를 중시하는 입지산업이며, 경영주, 종업원, 고객과의 관계가 중요하다.

외식산업의 특성은 크게 인적 서비스의 의존도가 높은 노동집약성, 생산과 소비의 동시성, 시간과 공간의 제약성, 식자재의 부패 용이성, 입지의존성 등을 들 수 있는데, 이 외에도 외식산업은 고객의 기호가 강하게 영향을 미치는 산업이므로 고객지향적인 관점에서 운영방침을 설정하는 것이 중요하다.

제2절 외식산업의 범위44)

1. 외식산업의 분류기준

외식산업은 사회·경제·문화적 생활패턴의 변화와 국민소득의 증가에 따른 소비자들의 외식형태의 변화에 따라 다양화·세분화되어 왔다. 외식산업의 분류는 시대별 사회·경제적 환경의 변화에 따라 혹은 관련법규의 변천에 따라 그 기준을 달리하고 있으며, 국가나 학자마다 분류체계가 다르다.

외식산업을 분류하기 위해서는 먼저 업종과 업태의 구분이 필요하다. 여기서 업종(type of business)이란 외식업체가 판매하고 있는 상품, 즉 어떤 메뉴를 제공하는가를 의미하는 것으로 예를 들어 한식, 양식, 일식, 중식 등을 말한다. 이에 대하여 업태(type of service)란 외식업체의 영업방식이나 서비스형태를 의미하는 것으로 커피숍, 패스트푸드(fast food), 패밀리레스토랑(family restaurant) 등이라 볼 수 있다. 이러한 업태의 차이에 따라 메뉴와 가격, 점포 및 입지, 마케팅시스템 등이 다르다.

2. 우리나라 외식산업의 분류

우리나라의 외식산업 분류는 통계청에서 분류하는 '한국표준산업분류', '식품위생법상의 분류', '관광진흥법상의 분류'로 구분되고 있다.

1) 한국표준산업분류

통계청의 한국표준산업분류(Korea Standard Industrial Classification)는 산업관련 통계자료의 정확성 및 비교성을 확보하기 위해 생산단위(사업

44) 정용주 저, 외식마케팅(서울:백산출판사, 2012), pp.23~33.

체단위, 기업체단위)가 주로 수행하는 산업활동을 유사성에 따라 체계적으로 유형화한 것이다.

우리가 외식산업이라 칭하는 '음식점업'은 한국표준산업분류에서 구분하고 있는 대분류인 '숙박 및 음식점업'으로 되어 있으며, 그 하위개념인 중분류에서는 다시 '음식점 및 주점업'(56)으로 분류된다. 그리고 중분류의 하위체계인 소분류에는 '음식점업(561)과 주점 및 비알코올음료점업'(562)으로 분류되고 있다.

그리고 소분류의 하위개념인 세분류에서, 음식점업(561)의 경우는 일반음식점업(5611), 기관구내식당업(5612), 출장 및 이동 음식업(5613), 기타 음식점업(5619)으로 분류한다. 그리고 비알코올음료점업(562)의 경우는 주점업(5621)과 비알코올음료점업(5622)으로 분류된다.

세분류의 하위개념인 '세세분류'에서는 '세분류'를 기준으로 더욱 자세하게 분류되고 있다.

특히 소분류에서의 '음식점업'(561)은 "구내에서 직접 소비할 수 있도록 접객시설을 갖추고 조리된 음식을 제공하는 식당, 음식점, 간이식당, 카페, 다과점, 주점 및 음료점업 등을 운영하는 활동과 독립적인 식당차를 운영하는 산업활동"을 말한다. 또한 여기에는 접객시설을 갖추지 않고 고객이 주문한 특정 음식물을 조리하여 즉시 소비할 수 있는 상태로 주문자에게 직접 배달(제공)하거나 고객이 원하는 장소에 가서 직접 조리하여 음식물을 제공하는 경우도 포함된다. 다음 〈표 14-1〉은 한국표준산업분류에 따른 우리나라 외식업의 분류이다.

(1) 일반 음식점업(5611)

각종 정식을 제공하는 한식당, 일식당, 중식당, 서양식당 등의 음식점 및 기관구내식당을 운영하거나 행사장 단위의 출장급식 서비스를 제공하는 산업활동을 말한다.

① 한식 음식점업(56111)

한국식 음식을 제공하는 산업으로, 예를 들면 설렁탕을 판매하는 점포나 해물탕집, 해장국집, 보쌈집, 냉면집 등을 말한다.

〈표 14-1〉 한국표준산업분류상의 음식점업 및 주점업

<table>
<tr><th>대분류</th><th>중분류</th><th>소분류</th><th>세분류</th><th colspan="2">세세분류</th><th>비고</th></tr>
<tr><td rowspan="18">1
숙박 및
음식점업</td><td rowspan="18">56
음식점
및
주점업</td><td rowspan="14">561
음식점업</td><td rowspan="6">5611
일반
음식점업</td><td>55211</td><td>한식점업</td><td></td></tr>
<tr><td>56111</td><td>한식 음식점업</td><td></td></tr>
<tr><td>56112</td><td>중식 음식점업</td><td></td></tr>
<tr><td>56113</td><td>일식 음식점업</td><td></td></tr>
<tr><td>56114</td><td>서양식 음식점업</td><td></td></tr>
<tr><td>56119</td><td>기타 외국식 음식점업</td><td></td></tr>
<tr><td>5612
기관
구내식당업</td><td>56120</td><td>기관구내식당업</td><td></td></tr>
<tr><td rowspan="2">5613
출장 및
이동음식업</td><td>56131</td><td>출장 음식서비스업</td><td></td></tr>
<tr><td>56132</td><td>이동음식업</td><td></td></tr>
<tr><td rowspan="5">5619
기타
음식점업</td><td>56191</td><td>제과점업</td><td></td></tr>
<tr><td>56192</td><td>피자, 햄버거, 샌드위치 및 유사음식점업</td><td></td></tr>
<tr><td>56193</td><td>치킨전문점</td><td></td></tr>
<tr><td>56194</td><td>분식 및 김밥전문점</td><td></td></tr>
<tr><td>56199</td><td>그 외 기타음식점업</td><td></td></tr>
<tr><td rowspan="4">562
주점 및
비알코올
음료점업</td><td rowspan="3">5621
주점업</td><td>56211</td><td>일반유흥주점업</td><td></td></tr>
<tr><td>56212</td><td>무도유흥주점업</td><td></td></tr>
<tr><td>56219</td><td>기타 주점업</td><td></td></tr>
<tr><td>5622
비알코올
음료점업</td><td>56220</td><td>비알코올음료점업</td><td></td></tr>
</table>

자료: 통계청, 한국표준산업분류(제9차개정), 2008.

② 중식 음식점업(56112)

중국식 음식을 제공하는 산업으로 자장면 및 짬뽕 등의 음식을 파는 산업활동을 말한다.

③ 일식 음식점업(56113)

정통 일본식 음식을 전문으로 제공하는 산업활동을 말하며, 예를 들면 일식횟집, 일식 우동집 등을 말한다.

④ 서양식 음식점업(56114)

서양식 음식을 제공하는 산업활동으로 스테이크 등을 판매하는 서양식 레스토랑을 말한다.

(2) 기관구내식당업(5612)

회사 및 학교, 공공기관 등의 기관과 계약에 의하여 구내식당을 설치하고 음식을 조리하여 제공하는 산업활동을 말한다. 예를 들면 회사나 학교 등의 구내식당을 운영하는 경우를 말한다.

(3) 출장 및 이동음식업(5613)

외부의 특정한 공간에서 음식과 음료 등을 제공하는 산업활동을 말한다.

① 출장 음식서비스업(56131)

주로 가족모임이나 소규모의 다양한 연회행사 등의 파티행사를 예로 들 수 있다. 실내공간의 한계에서 탈피할 수 있고, 고객 욕구충족의 장점이 있다.

② 이동음식업(56132)

특정장소에서 고정적으로 영업을 하는 것이 아니라 장소를 옮겨다니면서 음식점을 운영하는 산업활동을 말한다.

(4) 기타 음식점업(5619)

분식류 및 피자, 스낵 등 정식류 이외의 각종 식사류를 조리하여 소비자에게 제공하는 간이음식점을 운영하는 산업활동을 말한다.

① 제과점업(56191)

접객시설을 갖추고 즉석식 빵 및 생과자, 아이스크림 등을 소비자에게 제공하는 산업활동을 말한다. 예를 들면 파리바게트, 뚜레쥬르, 크라운베이커리 등이 있다.

② 피자, 햄버거, 샌드위치 및 유사 음식점업(56192)

피자, 햄버거, 샌드위치 및 이와 유사한 음식을 전문적으로 제공하는 산업활동을 말한다. 예를 들면 맥도날드, 버거킹, 미스터피자 등의 전문음식점이 대표적인 예이다.

③ 치킨전문점(56193)

치킨을 전문적으로 제공하는 산업활동을 말한다. 예를 들면 BBQ, 교촌, 굽네치킨 등 치킨의 판매가 주된 목적인 전문점을 말한다.

④ 분식 및 김밥 전문점(56194)

김밥이나 국수, 만두 등의 분식류를 제공하는 식당을 말하며, 김밥나라, 종로김밥, 김가네 김밥 등이 그 예이다.

⑤ 그 외 기타 음식점업(56199)

상기의 음식점업에 분류되지 않은 간이식당을 운영하는 산업활동을 말한다. 간이휴게식당 등이 그 예이다.

(5) 주점 및 비알코올음료점업(562)

접객시설을 갖추고 알코올성 및 비알코올성 음료 판매를 위주로 이와 관련된 요리를 판매하는 산업활동을 말한다.

① 주점업(5621)

나이트클럽, 바, 대포집 등과 같이 주류 및 이에 따른 요리를 판매하는 영업을 말한다.

② 일반유흥 주점업(56212)

접객요원을 두고 주류를 판매하는 유흥주점을 말한다. 예를 들면 접객서비스 방식의 룸살롱, 바, 서양식 접객주점, 한국식 접객주점 등이 있다.

③ 무도유흥 주점업(56212)

무도시설을 갖추고 주류를 판매하는 유흥주점을 말한다. 예로는 카바레 등이 있다.

④ 기타 주점업(56219)

대포집, 선술집 등과 같이 접객시설을 갖추고 대중에게 술을 판매하는 영업으로 소주방, 호프집, 막걸리집 등이 있다.

(6) 비알코올음료점업(5622)

접객시설을 갖추고 비알코올성 음료를 만들어 제공하는 산업활동으로 커피전문점이나 주스전문점, 찻집, 다방 등이 이에 해당된다.

2) 「식품위생법」상의 외식산업 분류

「식품위생법」은 제36조(시설기준) 제1항 제3호에서 '식품접객업'이라는 용어를 사용하여 외식업소를 표현하고 있으며, 「식품위생법 시행령」 제21조(영업의 종류) 제8호에서는 식품접객업의 종류 및 영업내용을 명시하고 있다. 즉 휴게음식점영업, 일반음식점영업, 단란주점영업, 유흥주점영업, 위탁급식영업, 제과점영업으로 분류하고 있다.

(1) 휴게음식점영업

주로 다류(茶類), 아이스크림류 등을 조리·판매하거나 패스트푸드점, 분식점 형태의 영업 등 음식류를 조리·판매하는 영업으로서 음주행위가 허용되지 아니하는 영업을 말한다. 다만, 편의점, 슈퍼마켓, 휴게소, 그 밖에 음식류를 판매하는 장소에서 컵라면, 일회용 다류 또는 그 밖의 음식류에 뜨거운 물을 부어주는 경우는 제외한다.

(2) 일반음식점영업

음식류를 조리·판매하는 영업으로서 식사와 함께 부수적으로 음주행위가 허용되는 영업을 말한다.

(3) 단란주점영업

주로 주류를 조리·판매하는 영업으로서 손님이 노래를 부르는 행위가 허용되는 영업을 말한다.

(4) 유흥주점영업

주로 주류를 조리·판매하는 영업으로서 유흥종사자를 두거나 유흥시설을 설치할 수 있고 손님이 노래를 부르거나 춤을 추는 행위가 허용되는 영업을 말한다.

(5) 위탁급식영업

집단급식소를 설치·운영하는 자와의 계약에 따라 그 집단급식소에서 음식류를 조리하여 제공하는 영업을 말한다.

(6) 제과점영업

주로 빵, 떡, 과자 등을 제조·판매하는 영업으로서 음주행위가 허용되지 아니하는 영업을 말한다.

3) 「관광진흥법」에 따른 외식산업 분류

관광과 외식산업은 불가분의 관계에 있다. 「관광진흥법」에서는 구체적으로 외식업소를 분류하고 있지는 않지만, 음식점 또는 식당이라는 표현으로 명시하고 있다. 외식산업과 관계가 있는 관광객이용시설업의 관광공연장업과 관광편의시설업에서의 관광유흥음식점업, 관광극장유흥업, 외국인전용유흥음식점업, 관광식당업 등이 있다. 세부적인 사항은 다음과 같다.

(1) 관광공연장업

관광객을 위하여 공연시설을 갖추고 한국전통가무가 포함된 공연물을 공연하면서 관광객에게 식사와 주류를 판매하는 업을 말한다. 관광공연장업은 1999년 5월 10일 「관광진흥법 시행령」을 개정하여 신설한 업종으로서 실내관광공연장과 실외관광공연장을 설치·운영할 수 있다.

(2) 관광유흥음식점업

식품위생법령에 따른 유흥주점영업의 허가를 받은 자가 관광객이 이용하기 적합한 한국 전통분위기의 시설(서화·문갑·병풍 및 나전칠기 등으로 장식할 것)을 갖추어 그 시설을 이용하는 자에게 음식을 제공하고 노래와 춤을 감상하게 하거나 춤을 추게 하는 업을 말한다.

(3) 관광극장유흥업

식품위생법령에 따른 유흥주점 영업의 허가를 받은 자가 관광객이 이용하기 적합한 무도(舞蹈)시설을 갖추어 그 시설을 이용하는 자에게 음식을 제공하고 노래와 춤을 감상하게 하거나 춤을 추게 하는 업을 말한다.

〈표 14-2〉「관광진흥법」에 따른 외식산업 분류

음식점 종류	식품위생법상 영업허가	관광진흥법상 업종	관광진흥법상 관리형태	비 고
휴게음식점업	음식점시설	관광객이용시설업	특별자치도지사·시장·군수·구청장(자치구의 구청장을 말함)에게 등록	주류, 다류, 아이스크림류 등을 조리·판매하거나 패스트푸드점, 분식점 형태의 영업 등 음식·주류를 조리·판매, 음주 불허
일반음식점영업	음식점시설	관광객이용시설업	특별자치도지사·시장·군수·구청장(자치구의 구청장을 말함)에게 등록	음식류를 조리·판매하는 영업으로서 식사와 음주행위가 허용됨
제과점영업	음식점시설	관광객이용시설업	특별자치도지사·시장·군수·구청장(자치구의 구청장을 말함)에게 등록	주로 빵, 떡, 과자 등을 제조·판매하는 영업, 음주 불허
관광유흥음식점업	유흥주점	관광편의시설업	특별자치도지사·시장·군수·구청장(자치구의 구청장)의 지정	노래와 춤, 음식 제공 가능
외국인전용유흥음식점	유흥주점	관광편의시설업	특별자치도지사·시장·군수·구청장(자치구의 구청장)의 지정	노래와 춤, 음식 제공 가능
관광식당업	유흥주점	관광편의시설업	지역별 관광협회 지정	한국 전통음식, 해당 조리사자격 소지 필수

(4) 외국인전용 유흥음식점업

식품위생법령에 따른 유흥주점영업의 허가를 받은 자가 외국인이 이용하기 적합한 시설을 갖추어 그 시설을 이용하는 자에게 주류나 그 밖의 음식을 제공하고 노래와 춤을 감상하게 하거나 춤을 추게 하는 업을 말한다.

(5) 관광식당업

식품위생법령에 따른 일반음식점영업의 허가를 받은 자가 관광객이 이용하기 적합한 음식 제공시설을 갖추고 관광객에게 특정 국가의 음식을 전문적으로 제공하는 업을 말한다.

제3절 외식산업의 성장과 발전

1. 국내 외식산업의 발전요인[45)]

인류의 출현과 함께 생명유지를 위한 수단으로 이용되었던 음식 섭취는 오늘날 인간의 삶의 질과 수준을 높여 풍요롭게 할 뿐만 아니라 개인적·사회적 욕구까지도 충족시키는 수단으로 이용되고 잇다. 특히 산업화·국제화 등의 사회적 환경변화로 인해 외식산업도 양적인 성장과 함께 질적인 성장을 하게 되었다.

국내 외식산업이 성장·발전하게 된 배경으로는 경제발전에 따른 소득의 증가와 일자리 증가로 인한 여성의 사회진출 및 맞벌이 가정의 증가, 핵가족화와 독신자 증가, 고령화시대 도래로 인한 건강기능성 식품에 대한 관심 증가, 주5일 근무로 인한 여가시간의 증대 등을 들 수 있다. 외식산업의 발전요인을 구체적으로 살펴보면 다음과 같다.

1) 경제적 요인

경제가 발전함에 따라 국민소득을 비롯한 가처분소득이 증가하여 가치소비가 증가하게 되었으며, 외식시장이 세분화·다양화되었다. 또한 세계화로 인한 경제교류 및 시장개방으로 해외 외식기업의 국내 진출이 활발해졌을 뿐만 아니라 국내 대기업의 외식시장 참여율이 높아져 국내 외식기업의 해

45) 함동철·강재희 공저, 외식산업창업과 경영(서울:백산출판사, 2013), pp.21~24.

외시장 진출 또한 확대되고 있다.

2) 사회적 요인

산업화로 인해 일자리가 증가하면서 여성의 사회진출로 인한 맞벌이 부부와 부모세대와 분리하여 생활하는 핵가족화 현상이 야기되었다. 특히 주5일 근무로 인한 여가시간의 증대로 외식에 대한 욕구가 고급화·다변화되었다. 또한 독신자와 신세대, 노령층, 여피족 등 새로운 세대의 출현은 외식의 증대뿐만 아니라 배달서비스, 테이크아웃, 인터넷 쇼핑몰, 홈쇼핑 등 판매방식에도 영향을 미치게 되었다.

3) 문화적 요인

현대인들이 항상 시간에 쫓기는 생활을 하다 보니 식생활 패턴이 밥과 반찬으로 구성된 전통적인 식습관에서 반조리식품, 패스트푸드 등 간편식을 추구하는 식생활로 바뀌고 있다. 또한 해외여행의 증가와 인터넷의 생활화는 식생활을 서구화·다양화하여 국내 외식시장에 글로벌음식과 퓨전음식을 취급하는 식당들이 증가하게 되었다. 그러나 최근 전통음식의 우수성이 입증되었을 뿐만 아니라 다양한 상품이 개발됨에 따라 전통음식에 대한 관심이 다시 증가하고 있다.

4) 과학기술적 발전요인

주방시설의 과학화와 식품가공기술 등의 발달로 인해 식품이 다양화되고 포장기술의 발달로 장기보존이 가능하게 되었다. 또한 메뉴상품의 과학화·표준화를 통해 대량생산이 가능하게 되었으며, 이로 인한 자동화시스템 도입으로 생산성이 향상되어 원가절감에 크게 기여하게 되었다. 이러한 과학기술의 발달로 인해 외식프랜차이즈 산업이 보급·확산되어 해외 외식브랜드의 국내 보급과 국내 외식브랜드의 해외진출이 활발해지는 계기가 되었다.

5) 고객요인

위의 경제적·사회적·문화적·과학기술적 요인은 고객 인식의 변화를 가져

왔다. 기존의 식당이 단순히 배를 채우는 장소였다면, 오늘날 음식을 판매하는 외식업체는 만남의 장소, 여가와 휴식의 장소, 가치추구의 장소로 인식되는 등 고객의 인식이 변하고 있다. 또한 웰빙 트렌드로 건강기능성 음식, 저열량 음식 등에 대한 관심이 증가하고 있으며, 자신의 취향을 고려한 음식을 선호하는 등 변화하는 고객의 욕구 충족을 위해 다양한 메뉴상품을 개발함으로써 외식산업 발전에 기여하고 있다.

2. 국내 외식산업의 문제점

국내 외식산업은 산업기반이 확고하게 정립되지 못한 상태에서 양적인 급성장 추세를 보여왔다. 따라서 미래의 유망산업으로 지속적인 성장이 기대되는 외식업계는 내외적으로 해결해야 할 몇 가지 과제를 안고 있는데,이를 살펴보면 다음과 같다.

1) 경영기법의 미축척

일찍이 외식산업을 발전시킨 선진국의 다국적 외식업체에 비해서 우리나라의 외식업체는 아직도 경영기법의 축적이 이루어지지 못하고 있는 것이 현실이다. 대기업들은 해외브랜드들과 제휴하여 선진경영기법을 습득하여 경영하고 있으나, 영세성을 면치 못하고 있는 대부분의 외식산업체들은 체계적인 경영이 이루어지지 못하고 있는 실정이다.

2) 영세한 생업형

대부분의 외식업소가 가족 노동력 중심의 영세한 생업형으로 운영하고 있기 때문에 직원교육, 서비스, 메뉴개발, 원가의식, 위생관리 등의 사항에 대하여는 힘을 쏟을 여력이 없다.

3) 직업의식 결여

외식업이 발전한 선진국에서는 전문직종으로 분류되면서 사회적으로 각광받고 있는데 반해, 우리나라에서는 직업의식의 결여로 전문적인 직업의식을 통해 얻을 수 있는 경영기법의 축적이 이루어지지 못하고 전문인력의 부족난을 겪고 있는 실정이다.

4) 외식관련 산업의 미발달

외식관련 산업의 미발달이 외식산업 발전에 장애요인이 되고 있다. 그 중에서 가장 심각한 것이 주방기기 부문이다. 현재의 주방기기 회사들 대부분이 영세하고 기술수준이 낮기 때문에 외식업소에서는 품질관리와 대량생산에 어려움이 많다.

5) 규제위주의 전근대적 법제도

다국적 외식기업의 국내진출이 본격화되고 새로운 개념의 신업종 및 업태출현이 가속화되고 있음에도 불구하고, 변화하는 사회·경제적 환경에 대처할 수 있는 법규 및 행정제도가 개선되지 못하고 규제위주의 전근대적인 법제도가 지배하고 있는 현실이다.

6) 다국적 외식기업의 국내 진출

다국적 외식기업의 국내진출은 선진화된 경영노하우를 전수받아 국내 외식산업이 성장할 수 있는 긍정적인 면도 있으나, 막대한 자본력과 우수한 경영시스템으로 무장한 이들 기업이 대거 국내에 진출하여 시장을 잠식하고 있다. 뿐만 아니라 여기에 일부 재벌도 가세하여 자체개발보다는 손쉬운 방법으로 다국적 외식기업의 국내진출에 앞장서고 있어 막대한 로얄티가 국외로 유출되는 현상이 나타나고 있다.

3. 외식산업의 발전방안

위에 예시한 문제점들은 단기간 내에 모두 해결하기는 불가능한 일이지만, 이를 단계적으로 해결하는 방안으로 다음 사항을 제시하고자 한다.

1) 현대적 대단위 시스템 구축

영세한 자영업체들이 연합회조직을 구성해 식재료 및 양념을 중앙공급식으로 배달하는 현대적인 대단위시스템을 구축하면 규모의 경제를 추구할 수 있게 될 것이다.

2) 독자적인 브랜드 개발

외국브랜드의 라이센스 사업은 한계가 있다. 따라서 외국업체와 대등한 입장에서 승부를 걸기 위해서는 그동안 외국체인점을 운영했던 노하우를 가지고 품질과 가격면에서 외국브랜드와 충분한 경쟁력을 갖추어, 이제는 독자적인 브랜드를 개발하여 외식사업을 전개해야 한다. 최근에는 외국브랜드와 제휴관계를 맺고 외식산업에 뛰어들었던 대기업들이 독자브랜드 사업을 활발하게 전개하면서 외국에 진출하고 있다.

3) 전문인력 양성 및 교육훈련 강화

정기적인 교육프로그램 실행 및 각종 세미나 참석 등으로 종업원에게 전문기술을 습득하게 하고 직업의식을 제고시켜야 한다. 그리고 우수한 종업원에게는 해외연수의 기회를 부여하여 선진외국의 기술을 배워오도록 해야 한다. 또한 대학에도 정규과정을 개설하여 전문인력을 양성하고 체계적인 틀 속에서 연구도 병행하는 노력이 수반되어야 한다.

4) 전통음식의 과학화 개발

한국특유의 입맛을 겨냥하는 이른바 신토불이 식품인 전통음식을 과학화한 식품으로 개발함으로써 소비자의 기호에 적극 부응해야 할 것이다. 건강식 등 전통음식의 관광상품화는 우리 고유의 전통문화를 세계에 알릴 뿐만 아니라 외화획득으로 국가경제발전에도 기여할 수 있다.

5) 외식산업 관련 법제도의 정비

외식산업이 경쟁력을 갖추고 사회경제에 기여할 수 있는 산업으로 정착하기 위해서는 규제일변도의 법제도를 외식업계의 현실에 맞게 재정비하도록 해야 한다. 이와 같이 외식업계가 합리적 경영을 할 수 있도록 정부의 적극적인 지원이 필요하다.

참고문헌

강덕윤 외, 현대관광학개론, 백산출판사, 2012.
강만호, 카지노경영론, 백산출판사, 2010.
고상동 외, 리조트 경영과 개발, 백산출판사, 2012.
고택운 외, 카지노경제학, 백산출판사, 2014.
김광근 외, 관광학의 이해, 백산출판사, 2013.
김광득, 여가와 현대사회, 백산출판사, 2011.
김기홍 외, 카지노경영, 대왕사, 2009.
김미경외, 신관광학, 백산출판사, 2012.
김사헌, 관광경제학, 백산출판사, 2012.
김상무 외, 최신 관광사업경영론, 백산출판사, 2011.
김성혁 외, 최신관광사업개론, 백산출판사, 2013.
김용상외, 관광학(제5판), 백산출판사, 2012.
김종은, 관광자원해설론, 백산출판사, 2014.
김창수, 테마파크의 이해, 대왕사, 2011.
김천중, 크루즈관광의 이해, 백산출판사, 2008.
김현희 외, 외식산업경영의 이해, 백산출판사, 2011.
사행산업감독위원회, 사행산업백서, 국무총리실, 2009.
오수철 외, 최신카지노경영론, 백산출판사, 2012.
유도재, 리조트경영론, 백산출판사, 2013.
이경모·김창수, 관광교통론, 대왕사, 2004.
이상춘, 관광자원론, 백산출판사, 2014.
이호길 외, MICE산업과 국제회의, 백산출판사, 2012.
이후석, 관광자원의 이해, 백산출판사, 2003.
임주환, 신관광학의 이해, 백산출판사, 2004.
정용주, 외식경영론, 백산출판사, 2012.

정의선, 관광학원론, 백산출판사, 2011.
조진호 외, 관광법규론(제7판), 현학사, 2014.
최풍운 외, 호텔경영관리론, 백산출판사, 2013.
함동철 외, 외식산업 창업과 경영, 백산출판사, 2013.
문화체육관광부, 관광동향에 관한 연차보고서(2001~2013).
小谷達男, 觀光事業論, 日本 學文社, 1994.
末武直義, 觀光論入門, 法律文化社, 1981.
鈴木忠義, 現代觀光論, 有斐閣. 1974.
鹽田正志, 觀光學硏究, 日本學術選書, 1974.
津田昇, 觀光交通論, 東洋經濟新聞社, 1989.
前田 勇著, 김진탁 역, 現代觀光總論, 백산출판사, 2003.
岡本伸之, 최규환 역, 觀光學入門, 백산출판사, 2003.

저자약력

위정주

Leceo de cagayan University(박사)

현) 경동대학교 관광학부 교수
  전국호텔등급심사위원
  고성군군계획위원회 부위원장

김종견

연세대학교 경영학과 졸업 / 미국 캘리포니아 Azusa. P. 대학교 대학원 졸업

현) 경동대학교 관광학부 교수
  농림축산식품부 일반농산어촌개발사업 평가위원
  한국농어촌경제연구소장

최정환

세종대학교 대학원 호텔관광경영학(박사)

현) 경동대학교 관광학부 교수
  한국호텔관광학회 부회장

김상윤

동경대학교 대학원 야외휴양정책전공(농학박사)

현) 경동대학교 관광학부 교수
  원주지방환경청 환경성평가자문단 자문위원, 지역경관심의위원회 위원
  국립공원관리공단 설악산국립공원사무소 지역협력위원회 공동위원장

최신 관광학의 이해

2014년 12월 10일 초판 1쇄 인쇄
2014년 12월 14일 초판 1쇄 발행

지은이 위정주 · 김종견 · 최정환 · 김상윤
펴낸이 진욱상 · 진성원
펴낸곳 백산출판사
교 정 조진호
본문디자인 오양현
표지디자인 오정은

저자와의 합의하에 인지첩부 생략

등 록 1974년 1월 9일 제1-72호
주 소 서울시 성북구 정릉로 157(백산빌딩 4층)
전 화 02-914-1621/02-917-6240
팩 스 02-912-4438
이메일 editbsp@naver.com
홈페이지 www.ibaeksan.kr

ISBN 979-11-5763-006-6
값 23,000원